Tristan Jones • Treibgut

Tristan Jones

Treibgut

Gestrandet in New York

pietsch

First published 1992 by Sheridan House, Inc.,
145 Palisade St., Dobbs Ferry, New York 10522, USA
under the title: *Adrift.*

Deutsche Fassung: **Irina und Willi Zeiss**

Einbandgestaltung: Nicole Lechner

Titelbilder: Christopher Cunningham Photography (Jones-Portrait),
Thomas Günther (Skyline von New York)

Redaktionelle Betreuung: Astrid Breuer-Greiff

ISBN 3-613-50382-4

1. Auflage 2001

Lektor: Oliver Schwarz
Innengestaltung: Ipa, 71665 Vaihingen/Enz
Druck: Druckerei Gutmann, 74388 Talheim
Bindung: Buchbinderei Riethmüller, 70176 Stuttgart
Printed in Germany

Inhalt

Ar y diwedd y mae barnu.

(Am Ende musst du selbst urteilen.)

Yr Hen Gyrys o Ial – Ein walisischer Barde, *The Red Book of Hergest*, A.D. 1937. Lugh, Govannon, Taran, Rhiannon und Dagda sind die alten keltischen Götter aus Wales, die Götter des Lichts, des Feuers, des Donners und der Liebe. Dagda war der Gott und Hüter des Caldron (magischer Kessel), Vorläufer des Heiligen Grals.

Vorwort zur Neuausgabe 1992

Nachdem in den letzten siebzehn Jahren vierzehn Bücher von mir veröffentlicht worden sind, habe ich wenig Hoffnung, dass es mir gelingt, meine Leser zu unterhalten und gleichzeitig zu warnen. Leichter wäre es, meiner Einschätzung nach, ein Streichholz an einem Stück Seife anzuzünden.

In meinen ersten beiden Büchern *Die unglaubliche Seereise* und *Gefangen im Eis* verzichtete ich auf Prognosen und Voraussagen, alles spielte sich in „Vergangenheit" und „Gegenwart" ab. Mir ging es dabei wie einem Vogel auf See, für den es auch nichts anderes gibt. Die Zeit an Land gab mir einen anderen Blickwinkel der Dinge – einen zugegebenermaßen etwas unbeliebten – und daraus entstanden einige Ausblicke in die Zukunft, alle trugen Früchte. Einige dieser Früchte waren schwer zu ertragen, andere waren süß wie Nektarinen, vermischt also, wie das Leben selbst, könnte man sagen.

In *Abenteuer eines eigensinnigen Seemanns* erlaubte ich mir, einen stetigen politischen Drang der „Sechziger-Generation" nach rechts vorherzusehen, die Krise der Sozialsysteme und die aus dem Inneren kommende Umwandlung der Sowjetunion. Reagan, Thatcher, Solzhenitsyn und die Geschichte selbst haben mich bestätigt.

In dem vorliegenden Buch *Treibgut*, das ich im Jahre 1978 schrieb, erkundete ich was, wie ich vermutete, eine klaffende Wunde der Zukunft werden würde: die Obdachlosigkeit in den großen Städten. Zu der Zeit, als ich meine Episoden aus der Bowery und London an meine Verleger schickte, waren diese zu erschrocken oder zu höflich, sie abzulehnen oder sie als ungewöhnliche Anfälle zwischen langen Reisen einfach zu streichen. Keiner meiner Kritiker irgendwo erwähnte diese Versuche, zur Quelle der Gefahr vorzudringen – aber für mich waren sie mehr als nur eine simple Atlantiküberquerung. Das Establishment der internationalen

„Entdecker“, die sich mit der Organisation von Flugtickets von Nepal bis Tierra del Fuego herumschlagen, denen ich erzählte, um was es mir ging, schrieb alles meiner angeborenen Verrücktheit zu und bedauerte meine Pläne, genau so wie meine Methoden – wie kann man mittellos irgendwo den ärmsten Teil einer Großstadt ansteuern? Dabei bedeutet das Wort „entdecken“ so viel wie „herausschreien“, und das habe ich gemacht, und ich tue es immer noch. Meine Exkursionen in diese Hölle auf Erden wurden nie in ein Buch der Rekorde aufgenommen, aber das Buch *Social Psychology*, fünfte Auflage von Worther, Cooper und Goethals aus dem Brooks/ Cole Verlag, erwähnt sie. So erfahren wenigstens die Studenten etwas vom meinem Leben mit den Ausgestoßenen. Hoffentlich lernen sie daraus, dass nichts und niemand überflüssig oder hoffnungslos ist, so lange der menschliche Geist die Oberhand behält.

Später, in dem Buch *Quer durch Europa*, durchlebt und geschrieben im Jahre 1985, sagte ich den Kollaps des Sowjet-Imperiums in Osteuropa voraus. Selbst gegenüber den sowjetischen Kommunisten behauptete ich, dass die Sowjetunion einmal an der Tür Europas anklopfen würde. Jedermann – selbst meine deutsche Crew – dachte, ich sei wieder einmal irre. Erst kürzlich haben mir Tausende von Lesern Glückwünsche zur Genauigkeit meiner Voraussagen geschickt, aber kein einziger der „Literaturkritiker“ hat sie je erwähnt. Wie andere Schriftsteller und sogenannte „Intellektuelle“, existiere ich sozusagen überhaupt nicht, außer für meine Freunde Paul Theroux, Jonathan Raban und Jan Morris. Doch während all die „intellektuellen“ schleimigen Schwätzer dahinquasselten, war ich auf der Donau und habe mich mit den kommunistischen Bürokraten herumgestritten. Und ich würde es wieder tun.

Ein „Danke“ von meinen Lesern bedeutet mir ohnehin viel mehr als alle Preise in der Welt.

Danke!

Tristan Jones
Rawai, Thailand
Januar 1992

Vorwort zur Erstausgabe 1980

Im Jahre 1938 fuhr ich unter meinem ersten Skipper Tansy Lee (1866–1958). Draußen auf der Nordsee, in einer lausigen Nacht im heulenden Sturm, fragte ich ihn, warum er nicht an Land arbeitete.

„Hab' ich mal gemacht, Junge", antwortete er. „Damals 1880 – als ich vierzehn war, genau so alt wie du jetzt. Einen ganzen Monat lang hab ich an Land gelebt, als Erntehelfer, aber der Bauer hat mir nichts bezahlt."

„Was war da los?", fragte ich Tansy.

„Was da los war?", antwortete er, „zerrissen, verschlissen und angeschissen war ich... aber dann ging's glücklicherweise aufwärts, dann war ich doch irgendwie hingerissen. Aber du, mein Junge, solltest besser auf See bleiben,... an Land musst du verdammt höllisch aufpassen... alle wirklichen Probleme kommen nur von dort!"

Kein Zeitreisender, kein intelligentes Wesen von einem anderen Planeten (wenn es so etwas gibt), würde die „Zivilisation" der westlichen Küstenregionen fremdartiger finden als ich, nachdem ich siebenunddreißig Jahre auf See gelebt hatte. Zweiundzwanzig Jahre davon war ich auf kleinen Segelschiffen unterwegs gewesen, meist alleine und mit äußerst bescheidenen Mitteln, wie ich in meinen Büchern *Gefangen im Eis*, *Geschichten eines eigensinnigen Seemanns* und *Die unglaubliche Seereise* beschrieben habe.

Die Namen einiger Leute, die in diesem Buch vorkommen, habe ich geändert, um sie zu schützen, auch einige Orte und einige Daten. In dem politischen Klima, das heute noch in Uruguay und Argentinien herrscht, ist das leider eine Notwendigkeit. Möge bald der Tag kommen, an dem dies nicht mehr nötig sein wird.

Tristan Jones
Lissabon, London und New York
Mai–Dezember 1979

Für Lugh, Govannon, Taran, Rhiannon und Dagda, den Hüter des Caldron: Überleben, Trotz, und Träume – für alle, die in Gefahr sind.

Teil 1: Zerrissen

A wand'ring minstrel I –
A thing of shreds and patches,
Of ballads, songs and snatches,
And dreamy lullaby!
My catalogue is long,
Thro' ev'ry passion ranging,
And to your humours changing,
I tune my supple song!
I tune my supple song!

(Ein fahrender Spielmann bin ich –
Ein Ding aus Lumpen und Flicken,
Voll Balladen, Songs und Possen
Und sanften Wiegenliedern.
Mein Repertoire ist groß,
An jede Stimmungslage
Und deine sich ändernden Launen,
Pass' ich mein Ständchen an!
Pass' ich mein Ständchen an!)

Aus „A Wand'ring Minstrel I", *The Mikado*, W.S. Gilbert

So fare thee well my darling,
And a thousand times adieu,
For we're outward bound from the Holy Ground
And the girls we all love true –
We will sail the salt seas over
'Til we return for sure –
And still we'll live in hopes to see
The Holy Ground once more –
FINE GIRL YOU ARE!
(You're the girl I do adore) –
And still we'll live in hopes to see
The Holy Ground once more!

(So leb' denn wohl mein Liebling,
Und tausend Mal adieu.
Denn wir fahren hinweg vom Heiligen Boden
Und den über alles geliebten Mädchen.
Wir fahren über die salzige See
Bis wir wieder kommen, sicher.
Wir leben in der Hoffnung, noch einmal
Den Heiligen Grund zu seh'n.
DU BIST EIN FEINES MÄDCHEN!
(Das Mädchen, das ich verehre)
Wir leben in der Hoffnung, noch einmal
Den Heiligen Boden zu seh'n.)

Aus *The Holy Ground*, einer Seemannsballade aus dem 19. Jahrhundert. Der „Heilige Boden" war der Rotlichtbezirk auf der Scotland Road in Liverpool; der Grund und Boden dort gehörte der katholischen Kirche.

1 Tangos und Tränen

... und nachdem Du in Reichweite der Ruinen von Tiahuanaco gesegelt bist, was nun?

Während meiner 60.000 Seemeilen langen Reise, die endete, wo dieses Buch beginnt, hatte ich ein seegehendes Schiff so hoch in den Himmel gebracht, wie das überhaupt möglich ist, bevor die Menschheit Wasser auf einem Stern findet. Ich hatte eine Herausforderung an die Zukunft gestellt. Aber ich war in jeder Hinsicht ein gebrochener Mann.

In einem wahnsinnigen Transportprojekt hatte ich mein 21-Fuß-Schiff *Sea Dart* von der Pazifikküste Perus über die Berge der Anden geschmuggelt, durch das ganze Land hindurch. Am Ende hatte ich 1974 den Titicacasee erreicht und war dann auf einem Gewässer gefangen, das über viertausend Meter hoch über dem Meeresspiegel liegt. Am Anfang hatte ich geplant, das Schiff vom See aus an die Pazifikküste von Chile zu transportieren, um es dann für eine Reise über den Ozean nach Australien auszurüsten, aber der Weg durch Chile hindurch wurde mir von der Revolution, die Präsident Allende zu Fall brachte, versperrt.

Auf dem See war ich an einem seidenen Faden gesegelt, denn ich war immer knapp bei Kasse und die Gegend war für ihren politischen Aufruhr und ihre Unruhen bekannt. Außerdem stellten mich die Kälte und die sauerstoffarme Luft, die jede Anstrengung schmerzhaft machten, vor große Probleme.

Damals hatte ich drei Alternativen: Ich konnte auf dem See bleiben und verhungern, ich konnte mein Schiff verlassen und irgendwie versuchen, in meine Heimat, nach England, zu kommen, oder ich konnte versuchen, mit *Sea Dart* weiterzumachen und den Kontinent durchqueren. Natürlich wählte ich die letzte Möglichkeit, ein Seemann kann nicht anders. (Anm. d.

Übers.: Das ganze Abenteuer ist in dem Buch *The Incredible Voyage. A Personal Odyssey* beschrieben; dt. Ausgabe: *Die unglaubliche Seereise*, Pietsch Verlag, Stuttgart).

Der Abstieg vom Titicacasee zum Oberlauf der Dschungelflüsse, die zum Atlantik führen und dann weiter, bedeutete einen Kampf mit einem der am wenigsten erforschten Gebiete dieser Erde, einem „weißen Fleck" auf der Landkarte.

Im August 1974 begann ich meine Durchquerung des Kontinents von Südamerika. Zuerst brachte ich das Schiff durch eine, wie sich herausstellte, fehlgeschlagene Militärrevolte in La Paz, der Hauptstadt Boliviens, hindurch. Dann bewältigten wir die unglaublich primitiven Straßen der Cordillera Real, die fast siebentausend Meter über dem Meer aufragt, und dann kamen wir hinunter in den glühendheißen Brennofen der Chaco Wüste, wo unser uralter Lastwagen den Geist aufgab.

Nach überaus mühsamem Schieben über viele Kilometer quer durch den Dschungel, erreichten wir den piranhaverseuchten Oberlauf des Rio Paraguay, in der Grünen Hölle des Mato Grosso. Huanapaco, mein indianischer Quechua-Kumpel und ich steuerten *Sea Dart* mit Eingebung und der Hilfe Gottes durch den unendlich scheinenden Dschungelsumpf hindurch, in dem tierische Todesschreie hallten – einen teuflischen Irrgarten aus peinigenden stinkenden Wasserfallen, voller heimtückischer Bestien. Fast verhungert und verrückt vor Hoffnungslosigkeit brachen wir zu den offenen Pampas von Paraguay durch. Von dort aus suchten, wanden, schlängelten und schlugen wir uns einen Weg über zweitausendfünfhundert Seemeilen auf unbekannten, mit Felsen übersäten Flussläufen. Wir durchquerten das höllische, von Moskitos schwärmende, grüne Labyrinth des Rio Paraná Deltas und kamen in die Bucht des Rio de la Plata und nach Buenos Aires in Argentinien.

Mit der Güte Gottes und achterlichem Wind liefen wir am Weihnachtsabend 1974 Buenos Aires an. Wir beide, Huanapaco und ich, waren stolz auf unsere Leistung und gleichzeitig niedergedrückt durch unsere Mittellosigkeit. Es war uns beiden klar, dass wir uns in die Reihen der Inkas und der Konquistadoren eingereiht hatten, aber ohne das Land des Goldes und der Seelen auszurauben, und auch nicht, um zu beweisen, dass wir „Supermänner" waren, sondern nur um unser Wort zu halten, im Vertrauen aufeinander, und jeder für sich, im eigenen Gewissen und der Verantwortung gegenüber dem Schiff.

Ich traf Hagan im folgenden Januar in der Coco Bar in der Calle Florida in Buenos Aires, bald nachdem ich im Hafen angekommen war. Nachdem ich Huanapaco mit dem Flugzeug in seine Heimat zurückgeschickt hatte, blieb mir wenig Geld übrig. In eine Bar mit Klimaanlage zu gehen, heraus aus der klebrigen, schwülen Hitze, war eine besondere Ausnahme.

Die Coco Bar lag im Rotlichtbezirk, es war ein Platz, den ein Seemann besuchen konnte, wohlwissend, dass ihn die Mädchen hinter dem Tresen nicht übers Ohr hauen würden und dass man ihn draußen nicht überfallen würde, wenn er vielleicht etwas über den Durst getrunken hatte. Denn Maggie Collins stellte extra einen von ihren „Boys" ab, einen ihrer Türsteher, um den Gast sicher in sein Hotel oder auf sein Schiff zu begleiten. Maggie war eine ältere Frau und stammte aus Irland. Sie hatte vor langer Zeit einen argentinischen Seemann geheiratet und war mit ihm nach Buenos Aires gezogen. Jetzt war sie Witwe und hielt ein mütterliches Auge auf ihre Stammgäste, von denen manche zwischen ihren Reisen seit über dreißig Jahren zu ihr kamen. Maggie war sehr freundlich zu mir, und Ende Januar erlaubte sie mir sogar, meine Rechnung anschreiben zu lassen, bis das Geld für die Artikel eintreffen würde, die ich an viele Redakteure von Zeitschriften in der ganzen Welt verschickt hatte.

An diesem besonderen Nachmittag machte die Sonne des südlichen Sommers die spannungsgeladene Stadt Buenos Aires zu einem Backofen. Isabel Perón hatte die Stadt zwei Monate vorher in einen „Belagerungszustand" versetzt. Die Horden der Wochenendbesucher, die zum Einkaufen oder zum Spazieren gehen aus den ausgedehnten Vorortgebieten und vom Land in die größte Stadt der südlichen Hemisphäre hereinströmten und aufgeputzt und flirtend die Calle Florida entlang schlenderten, machten mich als einen im Exil lebenden Seemann noch unzufriedener mit meiner Situation. Maggies Bar war da so etwas wie ein Hafen im Sturm. Dort erwarteten mich die Grundregeln des zivilisierten Benehmens, dort konnte ich Englisch sprechen, meine Muttersprache, die nach der langen Zeit in Fremdsprachenkonversation irgendwie zu verkümmern schien. Es spielt keine Rolle, wie fließend man eine andere Sprache beherrscht, nur in der Muttersprache kann man sich absolut präzise und exakt ausdrücken. Selbst in Nordamerika freue ich mich jedes Mal, wenn ich britisches Englisch höre, in Südamerika brauchte ich das zur Rettung meines eigenen Seelenfriedens.

„'Lo Captain." Maggie nannte mich immer so. Normalerweise habe ich das nicht so gerne, aber Maggie ließ ich das durchgehen.

„Prima Tag, Maggie!“ Ich schaute mich kurz in der Bar um. Es waren ein paar jüngere Seeleute da, augenscheinlich Skandinavier, denn sie hatten hellblonde Haare. Es hätten auch Holländer oder Deutsche sein können, aber dafür tranken sie zu schnell. Dann ein paar ältere Männer, vielleicht Schiffsoffiziere oder Maate. Am hinteren Ende der inneren Theke stand ein großer, hagerer Mann von vielleicht fünfundvierzig Jahren mit hellbraunem Haar und rotem Bart, ganz allein. Er strahlte irgendwie Traurigkeit aus. Er schaute mich nicht an, als ich ihn musterte, aber ich wusste, dass er mich beim Hereinkommen in die düstere Bar beobachtet hatte. Zuerst hielt ich ihn auch für einen Seemann, aber seine Kleider sahen nicht danach aus, denn sie waren im südamerikanischen Stil geschnitten, seine Weste und seine Krawatte waren für europäische Verhältnisse an einem so heißen Nachmittag ein wenig zu elegant. Mir fiel auf, wann immer jemand zur Tür herein kam oder hinaus ging, schaute er nervös hin.

Ich bedankte mich für das Bier, das Maggie mir reichte, und rieb mir die Seite der Nase. In Zeichensprache war das die Frage, ob er ein Bulle war. Maggie lachte, „Ire“, murmelte sie, „irisch-chilenisch.“

„Cheers!“, prostete ich Maggie zu. Sie drehte sich zu dem Iren um.

„Mike!“, rief sie laut.

Der einsame Mann, der in sein Weinglas gestarrt hatte, hob den Blick.

„Begrüß' mal einen keltischen Kollegen hier!“, sagte Maggie, als ich auf ihn zu ging. Ich schüttelte seine Hand, während Maggie uns vorstellte. Tatsächlich ist es so, dass die Iren und die Engländer, besonders die Waliser, sich umso mehr auf ihre gemeinsame Vergangenheit besinnen, je weiter sie von ihrer Heimat entfernt sind, nur in den Vereinigten Staaten ist das nicht so. Dort trifft die Härte der amerikanischen Erfahrungen mit den charakteristischen Erinnerungen an die große Hungersnot zusammen und macht die meisten (aber zum Glück nicht alle) Amerikaner irischer Abstammung zu Anti-Engländern. In Südamerika ist das eine andere Sache, vielleicht weil die Iren dort als Vorarbeiter oder als Offiziere der Marine, als Berufs- oder Zeitsoldaten ankamen, besonders in Chile, Argentinien und Uruguay. Das heißt, sie waren bei ihrer Ankunft mehr oder weniger schon oben in ihrer Karriere und nicht ganz am unteren Ende wie in den USA.

„Nett, dich zu treffen, darf ich dir einen ausgeben!“, antwortete Hagan. Er sprach das gleiche präzise, aber nicht hochnäsige Englisch wie die meisten in Südamerika geborenen Briten. Buenos Aires hat von allen

Städten außerhalb Englands den größten Bevölkerungsanteil englischer Abstammung. Die meisten von ihnen, besonders die älteren, sind perfekt zweisprachig.

„Höre, du kommst aus Chile“, sagte ich. „Wie geht's so?“

„War seit achtzehn Monaten nicht mehr da“, sagte Hagan, „bin haarscharf herausgekommen.“

Der Satz kam irgendwie klobig heraus. „Der Sauhund Pinochet...“ Er hielt mitten im Satz inne, als sich die Tür öffnete und ein argentinischer Marineseemann herein kam.

Im Zeitraum einer Woche und über mehrere Treffen in Maggies Bar lernte ich nach und nach Hagans Geschichte kennen. Er war der Sohn eines irischen Maats der Britischen Marine, der ein chilenisches Mädchen irischer Abstammung geheiratet hatte. Früher war er Vorarbeiter in einer Kupfermine im Norden von Chile und Gewerkschaftssprecher gewesen. Als im Jahre 1973 die gewählte sozialistische Regierung von Salvadore Allende durch eine Militärrevolution gestürzt wurde und General Pinochet an die Macht kam, gehörte die Ermordung vieler Menschen zur Tagesordnung. Hunderte von Linken (in Chile war das jeder, der nicht ein ausgesprochener Faschist war), verschwanden spurlos, wurden erschossen, eingesperrt oder für immer ins Exil verbannt.

Hagan war einer, der Glück gehabt hatte. Die Minenverwaltung hatte ihn gewarnt. Er hatte sich ein Jahr lang in den Bergen versteckt gehalten, und als er erkannte, dass eine Gegenrevolution nicht in Frage kam, war er über die Grenze nach Argentinien geflüchtet. Die Geschichte, die er mir von seinem Überlebenskampf bei der Überquerung der Andengipfel mit dem übrig gebliebenen, verhungernden Rest der Pinochet-Gegner erzählte, würde ein eigenes Buch füllen. Als sie endlich in Argentinien waren und den peronistischen Regierungseinheiten auswichen, indem sie von einem Nest der ERP (Revolutionsarmee der Bevölkerung Argentiniens) zum anderen geschoben wurden, kam Hagan nach Buenos Aires. Hier versteckte er sich in der Masse, lebte von dem, was ihm seine Freunde von der ERP zusteckten und von Maggies „Anschreibetafel“.

Drei Tage, nachdem ich Hagan das erste Mal getroffen hatte, brachte er eine Frau mit, die er mir auf spanisch vorstellte. Roberta war ebenfalls chilenischer Flüchtling und sprach kein Englisch. Sie war spanischer Abstammung, dunkelhäutig und fast so groß wie ich, etwa einsfünfundsiebzig. Sie kam aus Santiago, der Hauptstadt von Chile.

Roberta war es auch, die mir Mitte Februar die Nachricht brachte, dass man Hagan festgenommen hatte und ihn die argentinische Armeejustiz jetzt im Villa Devoto Gefängnis verhörte.

„Was werden sie mit ihm machen, was meinst du, Roberta?“, fragte ich.

Roberta fuhr mit der Hand über ihre Kehle. „Avellanada“, sagte sie, und meinte damit den Friedhof, wo die *desparecidos*, „die spurlos Verschwundenen“, mit Bulldozern in Gräben verscharrt wurden. Dann murmelte sie: „Oder sie schicken ihn zurück nach Chile... was weiß ich?“

„Und wenn sie Hagan nach Chile zurück schicken?“

Roberta fuhr wieder mit der Hand über die Kehle und sagte nur ein Wort: *„Seguro!“* Bestimmt! Sie schüttelte den Kopf; ihr Haar war kurz geschnitten wie das eines Jungen.

Wir gingen aus Maggies Bar hinaus in den gleißenden Sonnenschein auf der Calle Florida und schoben uns durch die Menge der Spaziergänger, meist gutgenährte und vornehm angezogene Leute, arrogant und hochnäsig. Wir wussten beide, dass unter der Oberfläche dieser Schau in Argentinien die Geheimpolizei aktiv war. Drüben, hinter den Anden in Chile, war der Alptraum noch schlimmer. Dort bestanden die Menschenrechte nur aus dem Recht zu verhungern, dem Recht zu sterben und dem Recht, sich vor den herumfliegenden Kugeln zu ducken.

„Ich werde so schnell wie möglich hier abhauen, Roberta!“, sagte ich.

„Wo willst du hin?“

„Weiß' noch nicht genau, hängt vom Zustand des Schiffes ab. Vielleicht kann ich nach Brasilien, und wenn nicht, nach Uruguay.“

Sea Dart war im Augenblick nicht in der Verfassung, irgendwo hinzusegeln. Während der Höllenreise durch den Mato Grosso und den reißenden Rio Paraná hinunter hatten sich durch das dauernde Aufsetzen die Kielbolzen gelockert, der Mast war durch die vielen Zusammenstöße mit überhängenden Bäumen beschädigt, die Farbe am Rumpf und die Segel waren verrottet, und im Deck hatten sich durch die gewaltigen Temperaturunterschiede zwischen der sengenden Sonne am Tag und der bitteren Kälte der Nacht so große Risse gebildet, dass durch sie mehr Tageslicht herein kam als durch die Bullaugen. Ich hatte auch keine Vorräte mehr und sehr wenig Geld. Ich würde bestimmt drei Monate brauchen, um das Schiff seeklar zu machen. Und jetzt stand ich auf der schwarzen Liste der Militärpolizei als Freund von „Terroristen“ und „unerwünschten Ausländern“.

„Kannst du mich mitnehmen?“, bettelte Roberta.

„Sicher, aber erst muss ich am Schiff arbeiten – vor ein paar Wochen kann ich es nicht bewegen. Was ist mit dir? Kannst du dich so lange verkriechen?“

„Ich kann es versuchen. Ich habe ein paar Kontakte droben in Rosario. Dort kann ich vielleicht eine Weile unterkommen. Wie kann ich mit dir in Kontakt bleiben?“

„Über Maggie. Wenn du in Rosario untergetaucht bist, schick' einen Brief mit deiner Adresse“, sagte ich ihr.

An der Kreuzung zur Calle Lavalle standen zwei Militärpolizisten und suchten in der Menge. Wir gingen noch langsamer. „Ich hau' ab“, zischte Roberta. Sie gab mir einen flüchtigen Kuss, eigentlich streifte sie nur meinen Bart.

„Viel Glück, *amiga*!“, rief ich ihr nach, als sie rückwärts in der Menge auf der Calle Florida verschwand.

Roberta schaffte es nie nach Rosario. Ein paar Tage später erzählte mir Maggie, dass man sie am Bahnhof verhaftet und die Militärpolizei sie in das große Internierungsgefängnis Villa Devoto gebracht hatte.

„Sie weisen sie nach Chile aus“, sagte Maggie, „so wahr Gott grüne Äpfel wachsen lässt!“

Dann schwiegen wir beide, wir wussten, was das bedeutete. Wenn Roberta Glück hätte, dann würde sie zwanzig Jahre in einem Konzentrationslager bekommen. Sie war ein eingetragenes Mitglied der sozialistischen Partei Chiles. Hier in Argentinien, nach zehn Jahren brutaler Militärregierung, mit achtzehntausend bekannten politischen Gefangenen und Tausenden von *desparecidos*, die einfach verschwunden waren, mit den Morden, die auf der rechten wie linken Seite Tag für Tag verübt wurden, war es schon schlimm genug. Aber in Chile wurde erst richtig die Sau rausgelassen! Für Leute wie Roberta oder Hagan gab es in Chile nur zwei Möglichkeiten: irgendwie überleben oder sterben.

Die militärische „Ordnungs“-Gewalt versuchte am 5. März, die „Gesetzes“-Gewalt von Isabel Perón zu übernehmen. Ich wurde am 14. März auf der Straße verhaftet und zur Identifizierung drei Tage lang im Revier 13 der *prefectura* in Buenos Aires festgehalten, unter schweinestallähnlichen Bedingungen, mit fünfzehn anderen Männern und Jungen in einer Zelle von nur fünf Quadratmetern. Dort wurde ich Zeuge, wie ein Militärpolizist einem Jungen das Auge herauskickte, während die Männer durch die Gitter kotzten und zusammenbrachen. Wenn man sich auf die Zehenspitzen stellte, konnte man durch die Gitterstäbe des Zellenfensters das Denkmal von Simón Bolívar sehen – dem Befreier.

Die ganze Zeit über, in der sich das abspielte, sich Terror über Terror ereignete, schlenderten die *portenos* von Buenos Aires, die Mitglieder der Bourgeoisie, in ihrer eleganten Aufmachung durch die Straßen und fuhren in schnittigen europäischen oder amerikanischen Limousinen durch die Boulevards. Obwohl sicher manche von ihnen nicht genug zum Essen hatten, waren sie wie die Pfauen herausgeputzt, die Männer ernst und *macho*, die Frauen hager unter ihren steifen Hochsteckfrisuren, mit Diamanten an den Fingern, während das Herz Argentiniens, Männer, Frauen, Jungen und Mädchen hinter den hellgelben Mauern der *prefectura* brutal misshandelt und gefoltert wurde. Außerhalb der Mauern verschleppten die sadistischen Extremisten der irren argentinischen Antikommunistischen Allianz ihre Opfer, Intellektuelle und Linke, Unschuldige genau so wie „Verantwortliche" und verbrannten sie bei lebendigem Leib, schreiend, in abgestellten Autos, auf den Ausfallstraßen nach La Plata und Rosario.

In jeder Nacht machten die linksorientierten *montenoros* das Gleiche. Nicht nur ein paar isolierte Zwischenfälle, nicht nur ein paar einzelne Opfer, nein, Dutzende davon, jede Nacht. In den großen Vororten der Stadt ging alle paar Minuten eine Bombe hoch, bei Tag und bei Nacht, und trotzdem ging diese irre Parade der pompösen Eleganz weiter, hinauf und hinab, auf der Calle Lavalle, auf dem Pueyrredon und der Libertador Allee.

Ich hatte Glück, die Polizei hatte mich mit einem Seemann von einem der großen Cargoschiffe verwechselt. Ich wurde freigelassen, bevor sich die politische Polizei mit mir beschäftigte. Sobald ich frei war, nahm ich Kurs auf die Docks, wo *Sea Dart* beim Club Nautico vor Anker lag.

Wie in fast allen Staaten mit Polizeidiktaturen, die ich erlebte, gab es auch in Argentinien wenig Kooperation zwischen den einzelnen Zweigen der Polizei untereinander und den bewaffneten Streitkräften. Tatsächlich gab es zu jener Zeit, Anfang 1975, acht verschiedene Machtblöcke einschließlich der Armee, der Marine, der Luftwaffe und der verschiedenen Polizeiorganisationen. Sie arbeiteten alle für sich allein. Von der Straße aus gesehen, schien es, als würden sie alle gegeneinander arbeiten. Die Marine unter Admiral Emilio Massera schien gemäßigter zu sein als andere, sie war mehr der demokratischen Regierung zugewandt und stand viel weniger rechts als die Armee, die Luftwaffe oder die fünf Polizeiorganisationen. Das Hauptdock des Hafens von Buenos Aires war ein abgeriegelter Bezirk der Marine, es durften keine Soldaten herein. Unter den mitleidigen Augen der argentinischen Seeleute nahm ich *Sea Darts* Anker an Deck, setzte die zerlumpten Segel und hinkte die Küste entlang nach Westen zu dem kleinen Fischereihafen von Olivos, der etwa acht Meilen entfernt war.

Eine Woche vorher hatte ich Olivos besucht und mich umgeschaut; ich wusste, dass es tagsüber keine Wache gab. Auf dem Weg an der Küste entlang nahm ich meine britische Nationalflagge weg und überpinselte den Schiffsnamen und den Heimathafen am Spiegel mit weißer Farbe. Das Schiff war jetzt einigermaßen getarnt, und aus einiger Entfernung unterschied es sich nicht besonders von der Flotte der anderen kleinen Schiffe, die im Hafen von Olivos vor Anker lagen. Ich legte *Sea Dart* dazwischen.

Ich hatte nicht beim Zoll oder der Einwanderungsbehörde ausklariert, weil ich befürchtete, die politische Polizei würde *Sea Dart* an die Kette legen. Ich sprach mit niemandem, als ich Buenos Aires verließ, und als ich in Olivos ankam, fragte auch keiner nach mir oder dem Schiff. Im Argentinien von 1975 hatte jeder Polizist an der Ecke etwas zu fragen.

Im April begann ich, *Sea Dart* für die Reise nach Brasilien klar zu machen, obwohl ich kein Geld für ein neues Segelkleid hatte, das sie dringend gebraucht hätte. Ich säuberte die Bilge und strich sie an, legte den Mast und fügte ein Stück Stahlrohr ein, um die Verbiegung auszugleichen. Dann pinselte ich den Rumpf und das Deck mit grauer Farbe an, so dass sie sich nicht mehr von den anderen Schiffen unterschied. Am Abend arbeitete ich beim Schein der Öllampe auf meiner Schreibmaschine. Es war stickig in der winzigen Kabine, denn ich musste den Niedergang schließen und die Bullaugen verhängen, damit der wachhabende Polizist nicht sehen konnte, dass jemand an Bord war. In meinem Versteck in Olivos schrieb ich sieben oder acht Kurzgeschichten und verschickte sie an Segelzeitschriften in verschiedenen Ländern. Natürlich schrieb ich nichts über meine derzeitige Lage, es könnte ja sein, dass man die Geschichten veröffentlichen würde, während ich immer noch hier war. Während ich einen Jungen wegschickte, um die Manuskripte aufzugeben – ich traute mich nicht selbst in die Post hinein, da alle Postämter von der Polizei überwacht wurden – fragte ich mich, ob die Leser meiner Geschichten fühlen würden, unter welchen Bedingungen und in welchem Zustand der Angst sie geschrieben worden waren. Eingeklemmt in einer kleinen, dampfendheißen Kabine, nur zwei Meter breit, drei Meter lang und einsfünfundzwanzig hoch.

Ich hatte die britische Botschaft in Buenos Aires besucht, ein Festungs-ähnliches Gebäude mit starker Bewachung. Aber ich hatte nichts von meiner Verhaftung und den anderen Vorfällen erzählt, sonst hätten mir die Beamten nur erklärt, dass ich das Land sofort verlassen sollte. Wie konnte ich ohne *Sea Dart* hier weg? Nach allem, was wir zusammen durchgemacht hatten auf unseren langen Reisen? Ich konnte sie doch nicht einfach verlassen! Man hätte mir genau so gut sagen können, ich solle mir die Beine abhacken. Die Botschaftsangestellten waren höflich und liebenswürdig zu dem „verrückten alten Seebären" (Sie sind schon ein toller Typ, wirklich...), denn sie konnten ja nicht wissen, dass ich auf der Liste von Isabel Peróns Schlägertypen stand, als ein Freund der chilenischen Gewerkschaftsleute.

Am 8. Mai feierte ich meinen einundfünfzigsten Geburtstag, indem ich das Haus des Nazi-Kriegsverbrechers Martin Bormann ausspionierte. Ich hatte Karl, der Gärtner in einer der Villen war, getroffen. Er war deutsch-argentinischer Abstammung, seine Großeltern waren nach Argentinien ausgewandert, und heimlich war er ein argentinischer Linker. Er hatte sich die Schiffe im Hafen angeschaut, und wir hatten eine Unterhaltung begonnen. Ich hatte ihm zwar erzählt, dass ich Peruaner sei, aber er hatte mich schnell durchschaut.

Nachdem wir auf meine Einladung ein paar Mal an Bord eine Tasse Tee zusammen getrunken hatten und er mich auf ein Bier an Land eingeladen hatte, fasste er Vertrauen zu mir. Er erzählte, dass ein ehemaliges großes Tier der Nazis in der Nähe lebte. Er brauchte ein paar Wochen, bis er zum ersten Mal den Namen Bormann erwähnte. Karl erzählte mir, dass der alte Nazi in einem Erholungsheim in Santa Cruz in Bolivien war und dort wegen Herzbeschwerden behandelt wurde. Jetzt sei er wieder zu Hause in seiner Villa, die nur ein paar hundert Meter vom Präsidentenpalast in Olivos entfernt läge.

Das musste ich sehen! Karl und ich schlenderten durch die englisch anmutenden, baumbestandenen Straßen des Vororts und sahen lässig aus.

In meinen alten Klamotten und sonnenverbrannt wie ich war, würde ich kein Aufsehen erregen. Karl und ich nahmen Kurs auf die Villa Bormann.

Oh Johnny came over the other day,
Way Rio!
Oh Johnny came over the other day,
For we're bound for the Rio Grande!

He told what the Old Man had to say,
Way Rio!
He told what the Old Man had to say,
For we're bound for the Rio Grande!

That sailors is tinkers and tailors is men,
Way Rio!
That sailors is tinkers and tailors is men,
For we're bound for the Rio Grande!

(Und Johnny kam neulich 'mal rüber,
Auf nach Rio!
Und Johnny kam neulich 'mal rüber,
Denn wir wollen zum Rio Grande!

Er erzählte, was der Alte zu sagen hatte,
Auf nach Rio!
Er erzählte, was der Alte zu sagen hatte,
Denn wir wollen zum Rio Grande!

Seeleute sind Kesselflicker und Schneider sind Männer,
Auf nach Rio!
Seeleute sind Kesselflicker und Schneider sind Männer,
Denn wir wollen zum Rio Grande!)

Aus *Rio Grande*, einem Fallen- oder Ankerwindenshanty etwa aus der Mitte des 18. Jahrhundert, der zu einer sehr klagenden Melodie gesungen wird. Das Wort „Rio“ wird ausgesprochen wie „Rye-oh“.

2 Rio Grande!

Für die Verhältnisse in Olivos war Bormanns Villa mittelgroß, das heißt, für normale Verhältnisse war sie riesig. Wie viele andere Villen in der Gegend war sie im englischen Tudor Stil gebaut und ich schätzte, dass sie bestimmt fünfzehn Zimmer hatte, aber man konnte nicht besonders viel sehen, weil das Haus von Bäumen und dichten Büschen umgeben war. Außerdem gab es noch einen hohen Zaun mit Stacheldraht ringsum. Etwa zwei Meter innerhalb des äußeren Zauns war ein zweiter, zirka einssechzig hoch, der augenscheinlich elektrisch geladen war. Der Gärtner sagte mir, dass es innen vier bewaffnete Wachleute gäbe, die rund um die Uhr Dienst hatten, und ich sah selbst vier argentinische Soldaten, die vor dem Zaun umher patrouillierten.

Ich dachte, dass man mindestens zwanzig gut ausgebildete Männer, einen gepanzerten Wagen oder besser einen kleinen Panzer brauchen würde, um überhaupt bis zur Haustür von Martin Bormanns Haus zu kommen. Auf dem Rückweg dachte ich: „Verdammt noch Mal, was soll ich mir Gedanken machen wegen einem uralten kranken Mann aus den vierziger Jahren. Der Teufel wird ihn schon bald selbst holen.“ Außerdem hatte ich selbst schon genug Probleme. Was war schon ein Kriegsverbrecher, verglichen mit den tausend anderen?

Mitte Juli hatte ich genug Geld aus dem Verkauf meiner Artikel erhalten, so dass ich das Schiff mit Proviant beladen konnte. Aber ich ging wieder nicht zum Ausklarieren. Ich entschloss mich abzuwarten, denn es war mitten im Winter. Es würde schon eine neblige Nacht kommen, in der ich mich unter der Nase der schwerbewaffneten Soldaten auf den Molen der Hafeneinfahrt hinausschleichen könnte. So machte ich es auch, aber es war ein riskantes Geschäft, denn die Soldaten waren schießwütig. Mitten in einer dunklen Nacht legte ich Kurs auf die Küste von Uruguay an, in der Bucht des Plata. Wie durch ein Wunder wurde ich nicht entdeckt, und am Morgen rollte ich fröhlich in Richtung Montevideo, der Hauptstadt von Uruguay. Ich war etwa fünf Meilen von der Küste entfernt, in einem der engen Kanäle, die durch die seichte Bucht voller Schlammbänke hinaus führen. Am späten Vormittag kam plötzlich ein starker Sturm von Süden her auf, ein *pampero*, wie man sie nennt. Er kam urplötzlich und versetzte *Sea Dart* auf die felsige Küste Uruguays, obwohl ich notgedrungen vor der Küste den Anker fallen ließ. Mit übermenschlicher Anstrengung gelang es mir, einige Segel zwischen *Sea Darts* Kiele und den Felsen, auf den sie aufschlug, hineinzuschaffen und sie schwimmfähig zu halten. Aber ihr Spiegel wurde schwer beschädigt. Als der Sturm nachließ, gelang es mir auf irgendeine Art, in den Hafen von Montevideo hinein zu kommen. Ich segelte das Schiff auf eine Schlammbank und schlief vor Erleichterung und Erschöpfung ein.

Es gab keine Möglichkeit, *Sea Dart* innerhalb eines Jahres so weit zu reparieren, dass ich mit ihr hätte nach Hause segeln können. Mindestens solange würde ich brauchen, um das notwendige Geld zusammen zu bringen. Hier gab es kaum eine Aussicht, Arbeit zu bekommen. Ich konnte nur Artikel schreiben, und das brauchte Zeit, einmal für das Schreiben selbst und dann für das Warten auf Geld. Also ging ich wieder ein Risiko ein. Unter den Nasen der Militärpolizei schmuggelte ich *Sea Darts* Ausrüstung durch die Einfahrt zum Dock hinaus, den Sextanten, die Seekarten, den Außenborder (mit der Begründung, er müsse repariert werden), die Festmacherleinen und das Gummibeiboot. Ich verscherbelte alles für etwa ein Drittel des Wertes. Es brachte genug ein für ein bescheidenes Leben an Land, bis ich das Geld für meine Heimreise zusammen hatte – es fehlten mir etwa noch 250 Dollar.

Im Juli traf ich ein Arrangement mit der Reederei Houlder Brothers. *Sea Dart* würde auf dem Frachter *Hardwicke Grange* nach Hause fahren und wir vereinbarten, dass die Frachtkosten in England bezahlt würden.

Als das Schiff auf dem Frachter verladen war, sicher und gut festgezurrt, musste ich mich nur noch um mich selbst kümmern. Ich fand ein Zimmer in einer billigen Pension im Rotlichtbezirk von Montevideo. Tagsüber sah das Gewirr aus kleinen Gassen ganz respektabel aus. Die *Madames* der Etablissements saßen auf den Balkonen, während die Mädchen (und Jungen) zum Einkaufen in die kleinen Läden der Metzger und Gemüsehändler gingen. Andere sonnten sich auf den Flachdächern der Häuser. In der Nacht, so ab zehn Uhr am Abend, gingen überall in der Stadt die elektrischen Lichter aus. Die regierungsorientierten Zeitungen sagten, das wäre eine ökonomische Notwendigkeit. Aber vorher, zwischen sechs und zehn Uhr, war in den Straßen und Gässchen der Teufel los. Dann drängten die *putas* und *putos* in Horden auf die Straßen, in vollem Aufputz. Seeleute und Fischer tauchten auf, und die Gassen waren voller Geschrei, Gesang und Gitarrenmusik. An der Ecke spielte eine Drehorgel, und der bestochene Polizist schaute nirgendwo hin. Vom Fenster meines Zimmerchens aus hatte ich einen guten Überblick, es war zwar kein idealer Platz zum Nachdenken und zum Schreiben, aber gut für die Unterhaltung, und das Essen in den umliegenden Cafés war spottbillig. Ich schrieb während des Tages, und nach einem billigen Essen saß ich am Fenster und schaute mir das Theater ringsum auf der Straße an. Wenn mir nach Bewegung zumute war, ging ich zum Hauptplatz der Stadt hinauf, der nur einige Blocks entfernt war, um dort ein paar Stunden auf einer Bank zu sitzen. Ich dachte, so die Zeit zu verbringen, bis das Geld von den Artikeln eintreffen würde, die ich nach Frankreich, Australien und in die USA geschickt hatte. Wenn ich genug zusammen hätte, würde ich nach Hause fliegen. Das war auch Zeit, denn ich war seit meinem drei Monate langen Aufenthalt sieben Jahre zuvor nicht mehr in meiner Heimat gewesen. Auf einem kleinen Schiff, fern der Heimat, ist es schon schlimm genug, wenn man pleite ist, aber an Land ist es noch viel schlimmer, besonders in Südamerika, wo es wenig Aussicht gibt, Arbeit zu finden.

So vergingen die Tage und Nächte. Ab und zu besuchte ich den Yachtclub im Haupthafen, vielleicht gab es doch irgendwie eine kleine Chance, einen Job zu bekommen, vielleicht die Reparatur eines Schiffes oder eine Überführung. Jede Woche ging ich einmal zum Club, und in der zweiten Woche hatte ich Glück. Señor Cardona wollte in der ersten Augustwoche seine sechzig-Fuß-Motoryacht nach Rio Grande du Sol in Brasilien überführt haben. Vor dem Ablegen gab es noch Arbeit an dem Schiff, und Señor Cardona gab mir die Schlüssel. Wir machten ab, dass ich noch eine Mannschaft von zwei Leuten finden sollte. Wir vereinbarten einen Preis von dreihundert Dollar, das würde reichen, um mit dem Bus zurück nach Montevideo zu kommen und um den Rest meines Flugtickets nach England zu bezahlen. Ich war erleichtert.

Ich musste nach Montevideo zurück, denn ich hatte noch nicht alles Geld aus dem Verkauf von *Sea Darts* Ausrüstung erhalten. Das würde ich erst am Ende des Monats bekommen, wenn der Mittelsmann das Zeug verkauft und seinen Profit abgezogen hatte.

Am nächsten Abend war ich in der Stimmung zum Feiern. Ich ging in ein Kino und schaute mir einen (stark zensierten) Film von Fellini an. Am Eingang wurde jeder durchsucht, aber das war jetzt schon zur Routine geworden. Ich saß eine Stunde im Kino und schaute mir den grausam zerschnittenen Film an, dann ging ich raus. Als ich hinaus trat, sah ich eine bekannte Silhouette auf dem Gehsteig gegenüber. Ich ging langsam weiter, starrte und rannte dann über die Straße, um einen besseren Blick zu bekommen – ich schaute auf Robertas Hinterkopf! Ich ging schnell weiter und fasste sie am Arm. Sie drehte sich um und weinte leise. „Ich habe in der ganzen Stadt nach dir gesucht!"

„Warte, Roberta", sagte ich, „geh' ein paar Minuten hinter mir her, bis wir aus dem Licht sind." Ich ging in Richtung einer dunklen Stelle.

„Dios Mio!", war alles, was Roberta sagen konnte. Ich dachte, dass es ein unwahrscheinlicher Zufall war, dass ich sie gesehen hatte, ich fühlte es, aber ich sagte nichts. Es war, als hätte mich eine unsichtbare Hand zu dieser Stelle geführt.

Als ich ein paar Schritte vor Roberta her ging, fragte ich mich: „Was passiert jetzt, zum Teufel?" Es ging mir in Uruguay ganz gut, ich hatte sechs Kurzgeschichten geschrieben, und das Geld kam langsam herein. Ich hatte einen Job, der mich nach Hause bringen würde, die Polizei hatte mich hier noch nicht belästigt... ich blieb stehen, Roberta holte mich ein.

Im Dunkeln ergriff Roberta wieder meine Hand und schüttelte sie. „Tristan", sie schrie fast, „ich habe dich überall in der Stadt gesucht!"

„Psst, langsam, Roberta", murmelte ich, „geh' langsam weiter, und erzähl' mir, was passiert ist!"

„Die ERP hat die Mauer der Villa Devoto gesprengt, einhundertzwanzig kamen heraus. Die Todesschwadronen des Militärs sind unterwegs. Es gibt wieder Tausende von *desparecidos*, sie jagen die Körper mit Dynamit in die Luft..."

„Hagan?"

„Ja, er kam heraus, aber es geht ihm schlecht. Er hat eine Kugel im Knöchel. Wir haben es geschafft, ihn in einen Wagen zu bekommen, er ist jetzt am Mar de Plata, er versteckt sich..."

„Scheiße!"

„Ja, er erholt sich, aber er muss aus Argentinien heraus, schnell... er kann nicht über das Land nach Norden – alles wird beobachtet." Roberta quasselte weiter, „die Todesschwadronen benutzen auch Hubschrauber, für *comida para los peces.*"

„Fischfutter?"

„Ja, sie bringen die *desparecidos* auf den Ozean hinaus, an Händen und Füßen gefesselt, dann schlitzen sie ihnen die Bäuche auf..." Roberta fuhr mit der Faust schnell von ihrem Bauch zur Brust. „...dann werfen sie sie ins Wasser. Auf diese Art schwimmen sie nicht oben."

Wir kamen zum Hauptplatz, gerade als die elektrischen Lampen flackerten und ausgingen. Vier Armeelastwagen stoppten und spuckten bewaffnete Soldaten aus, die sich auf die Gehsteige verteilten. Wir schlenderten weiter und versuchten, unverfänglich auszusehen, wie zwei Verliebte – oder Vater und Tochter. Bald waren wir durch das Tor hindurch in der Altstadt und relativ sicher vor einer Kontrolle. Wir gingen weiter zum Rotlichtbezirk, wo sich mein Zimmer befand. Roberta fragte, was ich befürchtet hatte. „Kannst du Hagan helfen, Tristan?"

„Mein Schiff ist auf dem Weg nach England, Roberta." Ich schaute sie an. Sie war viel bleicher, viel hagerer als das letzte Mal vor vier Monaten. „Jedenfalls", fragte ich sie, „wie seid ihr überhaupt hierher gekommen?"

„Fischerboot", sagte sie, „Freunde." Unter ihren Augen hatte sie dunkle Schatten.

„Können die ihn nicht 'rausbringen?"

„Sie können ihn aus dem La Plata herausbringen, aber es ist sehr riskant für sie, ihn an die Küste von Uruguay zu schaffen. Die Küstenwache kontrolliert sehr scharf, und wenn er nicht auf der Crewliste steht, dann nehmen sie ihn fest und schaffen ihn zurück nach Argentinien. Die Regierung dort wird ihn..." Sie ließ den Rest ungesagt. Wir wussten beide, dass man Hagan in Argentinien sofort erschießen würde.

„Wann gehst du zurück?", fragte ich Roberta.

„Morgen, sehr früh", antwortete sie.

„In Ordnung, komm' zu mir, ich werd' mir etwas überlegen. In ein paar Tagen überführe ich eine Motoryacht nach Brasilien, wir machen ein Rendezvous mit deinem Fischerboot und treffen uns auf See. Ich nehm' in als einen Mann meiner Crew mit nach Brasilien."

Als wir bei der Pension von Señor Rodriguez ankamen, fing der Regen an herunterzuprasseln. Die Straßen waren dunkel und leer.

Ich legte das Treffen auf den 7. August. Ich hatte die 60-Fuß-Motoryacht am 5. August fertig zum Auslaufen und verzögerte die Abfahrt mit der

Entschuldigung, dass ich noch eine Angelegenheit bei der britischen Botschaft zu erledigen hätte. *Conchita* war sehr stabil gebaut und hatte zwei Paxman Diesel. Als wir aus Montevideo heraus waren, erklärte ich meiner Crew, zwei Fischern aus Uruguay, beide um die Zwanzig, was wir tun würden. Jeder von ihnen würde zwanzig Dollar bekommen dafür, dass sie den Mund hielten. Sie stimmten eifrig zu, zwanzig Dollar sind eine Menge Geld bei einem Jahresverdienst von fünfhundert Dollar.

Das Rendezvous war für die Mittagszeit auf 55° westlicher Länge und 36° südlicher Breite abgemacht. *Conchita* rollte dort eine Stunde lang im hohen Schwell des Südatlantiks, bevor der Fischtrawler auftauchte. Ein kalter Wind wehte aus Süden. Die See war zu rau und die beiden Schiffe konnten nicht aneinander längsseits gehen. Das Fischertrawler ließ ein Beiboot zu Wasser, drei Figuren kletterten hinein und ruderten zu uns herüber. Als sie näher kamen, sah ich dass Roberta, Hagan und ein Fischer in dem leichten Beiboot saßen.

Schnell war Hagan an Bord. Er sah schlecht aus, bleich, abgezehrt, und er konnte nicht stehen. Meine zwei Crewleute mussten ihn stützen und in den Salon hinunter schaffen. Das war bei seiner Größe nicht einfach.

„Kommst du auch, Roberta?“, rief ich, während der Fischer das Beiboot vom Schiff abhielt.

„Nein, ich gehe zurück“, rief Roberta.

„Komm' schon... in Brasilien bist du sicherer!“, brüllte ich in den Wind.

„Nein, ich werde hier gebraucht!“, antwortete sie. Dann wendete sie sich dem Fischer zu, der anfing die Riemen zu bewegen und das Beiboot von *Conchita* weg brachte. Im Südwesten wurde der Himmel schwarz; es sah aus, als würde sich ein *pampero* zusammenbrauen. Die Bucht von Plata ist kein guter Platz, wenn ein *pampero* aufzieht; wir hatten keine Zeit zu verlieren, *Conchita* musste in die Weite des Ozeans hinaus, so schnell als möglich.

Obwohl die Weiten der Pampas weit hinter dem Horizont lagen, bestimmt einhundert Seemeilen entfernt, konnten wir die Staubwolken sehen, die der Wind in den Himmel wirbelte. Es war, als würde der Teufel Argentinien mit dem Besen ausfegen. Über dem grauen Winterhimmel bildete sich eine lange Wolke von Ost nach West, wie ein in den Himmel gezeichneter Breitengrad. Die Wolke hatte die Form einer Zigarre, sie wird auch *cigarro* genannt, und sie drehte sich um sich selbst, wie eine riesiges, aufgerolltes, schmutziges Federbett. Um uns herum wurde die See rotzgrün, wie James Joyce es einmal in der Irischen See beschrieb, der kalte Wind, der den ganzen Weg aus der Antarktis herauf kam, zerrte an unserem Ölzeug und trieb uns Tränen in die Augen.

Das kleine Beiboot des Fischers hob und senkte sich, es verschwand hinter den rollenden Hügeln des kalten Falklandstroms. Der Fischertrawler, etwa zweihundert Meter von uns entfernt, steuerte den Bug gegen die See. Fahnen aus silberweißer Gischt strömten vom Bug zum Achterschiff, hinter dem hoffnungsvolle Seevögel in der Luft umeinander wirbelten, sich hoben und senkten und das leere Kielwasser absuchten, als wären sie durch unsichtbare Fäden mit dem Schiff verbunden.

Ich balancierte auf dem Seitendeck von *Conchita* und schaute zu, wie das Beiboot kleiner und kleiner wurde, bis es nur noch ein Fleck war, der gelegentlich auf den Wellenkämmen auftauchte. Seit über einem Jahr, seit ich damals an der Pazifikküste von Südamerika an Land gegangen war, war ich wieder im tiefen Ozean.

Als ich hinter Roberta her starrte, gingen mir Fetzen von Erinnerungen durch den Kopf, all das Elend und das Leid, das ich auf diesem gottverlassenen Kontinent erlebt hatte. Vor meinem geistigen Auge sah ich wieder die Armut, den Schmutz und den Hunger, und all das Machogehabe, die eitle Zurschaustellung, die Quälereien und die Gewalt der fünf Gefängnisse, in denen ich eingelocht gewesen war, all die unsinnigen, blöden, sadistischen Grausamkeiten, all die schmierige Kriecherei, die Panik, die blinde Hoffnungslosigkeit und all die Verschwendung. Ich knirschte mit den Zähnen und schaute mich um, auf die sturmgepeitschte See und den Himmel. Ich schwelgte in meiner Umgebung und ich wusste, dass ich in diesem Augenblick nirgendwo anders sein wollte als hier, dass ich mit niemandem auf der Welt tauschen wollte und dass ich in keiner anderen Gesellschaft sein wollte. *Conchita* sprang in der steiler werdenden See auf und ab. Ich dankte allen Mächten, die es mir erlaubt hatten zu überleben und mich wieder die Macht und die Majestät des Ozeans erfahren ließen. Die See macht nicht den geringsten Unterschied zwischen mächtigen oder reichen Männern. Sie verlangt einfach ihren Tribut, und dafür gibt sie eine Fülle an Glücksgefühl zurück, die sich ein an Land lebender Mensch kaum vorstellen kann. Sie macht alle Menschen, die sie lieben und respektieren, im Inneren zu wahren Königen.

Ich winkte hinüber zu einer sehr mutigen Frau und ging ans Rad.

Als wir weit draußen im Ozean waren, übergab ich das Ruder an einen Mann der Crew und ging hinunter, um nach Hagan zu sehen. Er saß auf dem Sofa des Salons und hatte ein Bein hochgelegt.

„Gott, bin ich froh, dass du aufgetaucht bist!“, sagte er in Englisch, „da draußen ist die Hölle los!“

„Rau, eh?“

„Sie hatten mich fünf Tage lang mit einer Kapuze über dem Kopf angekettet. Dreimal war ich im 'Operationssaal’, sie lachten und johlten und...“

„Und was?“

„Der 'Operationssaal’, wie sie ihre Folterkammer nennen, weißt du, sie haben dort elektrische Brenneisen, die sie dir...“, er suchte nach Worten, „...hinten rein schieben, dann schalten sie den Strom ein. Das haben sie... ich weiß nicht mehr... bestimmt ein Dutzend Mal mit mir gemacht, und dann das „Unterseeboot“, ich weiß nicht, wie oft, ich wurde ohnmächtig.“

„Das Unterseeboot?“

„Sie tauchen dich in den Abwassertank des Gefängnisses, einen großen Behälter aus Beton, voll mit Fäkalien – mein Gott!“

Einen Moment lang waren wir still. Dann sagte ich: „Ich schreib' dich auf die Crewliste. Du kommst ohne Probleme nach Brasilien rein. Ich frage mich nur, was man dann mit dir macht.“

„Ich habe genug Geld dabei, genug, um von Rio Grande mit dem Bus nach Sao Paulo zu kommen. In Sao Paulo bin ich okay.“

Ich gab Hagan einen Humpen Kaffee. „Und dann?“, fragte ich ihn.

„Versuche ich, in die USA zu kommen, denke ich.“

„Was ist mit Irland?“

„Auch eine Idee“, murmelte er ohne Begeisterung.

„Was macht dein Fuß?“, fragte ich.

„Ich gehe wieder zu einem Doktor, wenn ich in Sao Paulo bin“, seufzte er. „Was mich am meisten beunruhigt ist, dass Roberta nicht dabei ist, aber sie wollte nichts davon wissen. Ihr Vater ist im Gefängnis...“

„Warum machst du das alles, Mike?“

„Was mache ich?“

„Du kämpfst gegen diese Dreckschweine“, ich zeigte mit dem Daumen nach Backbord, nach Westen.

Er schaute mich an, seine blaugrünen Augen sahen fest in meine. Sie waren wie die Augen eines Kindes, aber sie zeigten Falten des Leidens und Furchen der Qualen. „Ich kämpfe nur ums Überleben", erklärte er.

„Aber all' die Sachen mit der ERP in Argentinien, weißt du, da sind eine Menge verrückter Fanatiker dabei...", sagte ich.

„Nicht mehr als auf der anderen Seite", warf er dazwischen, „und außerdem, wie ich sagte, kämpfe ich nur für mein eigenes Überleben. In Chile war ich Vorarbeiter, um Himmelswillen, Tristan, weißt du, was das heißt? Alles was ich wollte, war genug Lohn, um ein einfaches Leben zu fristen und einigermaßen sichere Arbeitsverhältnisse für den Haufen armer Teufel, die so etwas nicht einmal kannten. Alles, was die andere Seite will, ist noch mehr Profit jedes Jahr. Menschen... keiner kann wie ein Tier leben, Tristan. Noch nicht einmal die Indianer in der Atacama Wüste. Nicht mehr! Sie wissen, dass es etwas Besseres gibt und sie streben danach... irgendwann... irgendwie." Hagan seufzte und legte den Kopf auf die Hand.

Nach einem Augenblick der Stille sah Hagan zu mir auf. „Jedenfalls", fragte er leise, „warum zum Teufel, bist du hier, wieso kommst du sechshundert Meilen hierher, um mich aus dieser... Scheiße ...herauszuholen? Ist doch kein Geld drin!"

Ich setzte meine Tasse sorgfältig auf dem bockenden Salontisch ab. „Weil ich es mag!", sagte ich.

Ich ging zur Leiter des Niedergangs. Hagan lehnte sich zurück, grinste mich an und schüttelte den Kopf. Ich blinzelte ihm zu, drehte mich um und kletterte nach oben ins Ruderhaus.

Obwohl Hagan in den ersten Stunden seekrank war, fand ich danach heraus, dass er viel belesener war, als ich nach den ersten Unterhaltungen angenommen hatte. Wir verbrachten viele Sunden auf unserer Reise nach Rio Grande damit, die Vorzüge einzelner Autoren zu diskutieren, englische und spanische, von Agatha Christie über Caradoc Evans, Unamuno und Ortega bis zu Rubén Darío. Wir sprachen auch über Politik aus südamerikanischer Sicht. Ich hatte das Gefühl, dass Hagan viel näher zu Tom Paine stand als zu Karl Marx. Alles, wofür dieser Mann kämpfte, war für einen Schutz vor der Tyrannei und einen gerechten Lohn, ganz einfach.

Conchita kam drei Tage später in Rio Grande an. Hagan und ich gingen an Land, sobald uns der brasilianische Zoll einklariert hatte. Ich fuhr mit ihm in einem Taxi zur Busstation.

„Hier", sagte er und drückte mir einen Umschlag in die Hand, als wir uns verabschiedeten. „Ein kleines Andenken von den Jungs.“ Er humpelte zum Bus hin.

Ohne nachzudenken steckte ich den Umschlag in die Tasche, half ihm in den Bus und winkte hinterher. Als ich mich umdrehte, um zum Hafen zurückzulaufen – kein Taxi wenn nicht unbedingt notwendig – fühlte ich den Umschlag in meiner Tasche und riss ihn auf. Ich wischte mir den feinen Staub aus dem Gesicht, den der starke Wind mir ins Gesicht geblasen hatte. In dem Umschlag waren zehn Zwanzig-Dollar-Banknoten. Ein kleines Vermögen!

Hundert Dollar teilte ich mit meiner Crew, sie waren es nicht, die mich danach in Argentinien verrieten, dessen war ich mir ziemlich sicher. Es war vielleicht einer von dem argentinischen Fischtrawler, denn die Regierungsseite fand nie heraus, wo Hagan an Land gegangen war. Sechs Monate später schaffte er es, nach Irland zu kommen und wurde später eingebürgert.

Am 15. August kam ich nach einer anstrengenden Busfahrt auf dem Landweg nach Montevideo zurück. Die Polizei von Uruguay und Argentinien brauchte fünf Tage, um Hagans Flucht mit *Conchita* und mir in Verbindung zu bringen.

Die Geheimpolizei trat um fünf Uhr am Morgen meine Tür ein. Ich schreckte auf und blickte in drei Mündungen von Maschinenpistolen, die auf meinen Kopf zeigten. „Wenn Sie sich bewegen, sind sie tot“, sagte eine Grabesstimme leise in Spanisch. Er stand so nahe, es hätte sein Knoblauchatem sein können, der mich aufgeweckt hatte, und nicht seine Stimme.

Die Grabesstimme nahm im Licht der dreckigen Glühlampe auf dem Flur langsam Gestalt an. Sie gehörte zu einem fetten Typen mit einer weißen Kapuze auf dem Kopf, die Schlitze für die Augen hatte. Darunter hatte er einen blauen Nadelstreifenanzug an. Die Grabesstimme hatte eine automatische Pistole auf mein linkes Auge gerichtet. „Bleiben Sie absolut ruhig!“, befahl er, fast liebenswürdig.

Die drei uniformierten Polizisten senkten ihre Waffen und begannen, das Zimmer zu durchsuchen. Durch die Tür hindurch konnte ich Señora Rodriguez auf dem Flur sehen, die Mutter des Pensionsbesitzers. Sie wimmerte und weinte, mit dem Ende ihres schwarzen Schals wischte sie sich die Tränen weg. Die *Policia de Seguridad* – die PoSeg – machten mit ihrer Durchsuchung weiter, zwei der Bullen waren sehr jung, Anfang zwanzig, und der kurze Dicke vielleicht fünfzig. Sie suchten mit großem

Eifer, rissen die Schubladen aus der Kommode, warfen meine Kleider und Schreibsachen auf den Fußboden und zogen meine Jacken von den Bügeln im Schrank. Der kleine Dicke fand meinen Koffer unter dem Bett, machte ihn auf – leer! Er zog ein Messer hervor und schnitt die Innenverkleidung heraus, die Stücke warf er auf den Flur hinaus. Alles, was er sagte war: *„Puta!"*

Grabesstimme inspizierte jetzt das fertige Manuskript einer Kurzgeschichte, die ich für ein französisches Segelmagazin geschrieben hatte, während mir der Dicke seine Pistolenmündung ans Ohr presste. Grabesstimme rammte das Manuskript in die Tasche seines Mantels. Der Dicke spuckte zum Fenster hinaus, das geschlossen war, ein dicker Klumpen grüner Spucke lief an der Scheibe herunter.

„Langsam aufstehen!", sagte Grabesstimme. „Ganz langsam!" Ich stand auf, nackt. Señora Rodriguez drehte den Kopf weg.

„Anziehen – langsam!", sagte Grabesstimme.

„Um was geht es eigentlich?", fragte ich, es waren die ersten Worte, die ich seit dem Aufwachen gesprochen hatte.

„Halt's Maul, Gringoschwein!" Der Dicke rammte mir die Pistolenmündung unter das Ohr, mein Kopf begann zu dröhnen. Zur gleichen Zeit trat er mir mit voller Wucht in die Eier.

Zehn Minuten später gingen wir in das Libertad- (Freiheit) Gefängnis hinein, ich in Handschellen und mit Fußfesseln an den Knöcheln. Als wir durch den Haupteingang kamen, sagte Grabesstimme: „Schau' dir noch einmal den Sonnenaufgang an, Gringo, wenn es nach mir geht, wirst du ihn nie mehr sehen!" „Leck' mich am Arsch!", sagte ich leise auf Englisch, aber durch seine Kapuze hindurch und bei dem Geschnatter einiger PoSeg- Typen um uns herum konnte er mich sicher nicht hören. Wenn er mich gehört und verstanden hätte, hätte ich das hier später sicher nicht mehr aufschreiben können.

„Wo ist Hagan?", wollte der Dicke wissen, während einer der jüngeren Polizisten einen halben Liter Olivenöl in meine Kehle zwang. Ich schüttelte den Kopf. Mit der vollen Kraft seines Stiefels kickte der Dicke unter meine linke Kniescheibe. Ich fiel zu Boden. Grabesstimme schnappte mich an der Gurgel und zog mich wieder hoch. Dann brachten mich die beiden jüngeren Polizisten in eine Zelle.

„Wo ist Hagan?", wieder ein Tritt, diesmal auf das rechte Knie, und von Grabesstimme: *„¿Donde está Hagan?"*

„*No se, no conosco Hagan* – keine Ahnung, kenne keinen Hagan." Eine Faust vom Dicken ins Gesicht. „Wo ist Hagan?" Die dreckigen Zellenwände um mich herum begannen sich zu drehen. Schweigen. Ein Tritt von Grabesstimme mit der Sohle in meinen Rücken, meine Knie gaben fast nach.

„Wo ist Hagan?" Ein voller rechter Haken vom Dicken, ich fiel auf den Boden und in die Dunkelheit hinein.

Stunden später, nachdem mich der Dicke und Grabesstimme zusammengeschlagen hatten, kam ich in einer Zelle des Libertad-Gefängnisses wieder zu mir. Ich lag in einer Pfütze von altem Urin und hatte Zeit, darüber nachzudenken, wie sich die Dinge entwickelt hatten. Genau genommen fünf Tage lang. Fünf Tage schmerzhaften Nachdenkens, denn ich war in einer Einzelzelle. Fünf Tage, die nur durch Gebrüll, Schüsse und Schreie unterbrochen wurden – nur Gott selbst konnte wissen, was sich da draußen abspielte. Einmal am Tag wurden eine fettige Suppe und ein Klumpen Brot durch die Luke in der Tür geschoben. Fünf Tage der Ungewissheit, ob man aus mir einen *desparecido* machen würde.

In der Zelle gab es keine Möbel, es lag nur eine dreckige Matratze auf dem noch mehr verdreckten Boden. In einer Ecke gab es ein Loch, das zu einem offenen Abwasserkanal führte, darüber gab es einen Wasserhahn an der Wand, aber es kam kein Wasser heraus. Die Exkremente meiner Vorgänger in der Zelle waren zu einer monumentalen, eingetrockneten, stinkenden Pyramide von fast einem Meter Höhe angewachsen. Das einzige Fenster in der Zelle, etwa zwanzig Zentimeter im Quadrat, war ganz oben an der Wand, es gab keine Möglichkeit, hinaus zu sehen. Alles, was man machen konnte, war in der Zelle hin und her zu gehen, nach den Moskitos zu schlagen und die Inschriften an der Wand zu lesen.

„Auf Wiedersehen Maria – hallo Tod!"

"Viva las putas."

„Diego war zehn Monate hier –möge der Direktor dieses Gefängnisses an Krebs *del culo* verrecken."

„Ramirez ist ein Verräter, ich verurteile ihn hiermit zum Tode – Guido."

„Der Wachmann Sanchez ist ein *maricón*."

„CS58 hat noch drei Tage zu leben – aber ich werde ewig leben!"

„Lang lebe die Menschheit!"

Stundenlang lief ich in der Zelle herum und sagte Gedichte auf – Shakespeare, Donne, Milton, Byron, Tennyson, Wilde – ich hoppelte mit meinen grausam schmerzenden Knien umher und wiederholte immer und immer wieder, dass mich diese Sauhunde nicht kaputt kriegen würden.

Am Nachmittag des fünften Tages kam eine Wache und befahl mir, herauszukommen. Zu dieser Zeit war ich durch das schlechte Essen schon ziemlich geschwächt. Ich stolperte in den Flur hinaus, der genau so dreckig war wie die Zelle, aus der ich gerade heraus kam. „Mach' dich sauber, da drüben ist ein Wasserhahn", kommandierte die Wache. Ich tat, was er mir zubrüllte; das kalte Wasser, das über meinen Kopf und den Rücken rann, nahm mir fast den Atem. Ich kam wieder hoch und strich mit einer Hand mein Haar glatt. „Du sollst lebhaft aussehen, es ist ein Engländer hier. Er hat deine Entlassung bewirkt, du glücklicher *hijo de puta!*" Er schob mich vorwärts.

Das Besucherzimmer stand im kompletten Kontrast zu dem, was ich im Rest des Gefängnisses gesehen hatte. Zum einen waren die Wände blütenweiß getüncht, zum anderen gab es Möbel. Der Fußboden war sauber geschrubbt, und es stank nicht nach Scheiße.

Ein junger Mann, etwa dreißig, saß auf einem Stuhl, er hatte sandfarbenes Haar und einen Schnurrbart. Er trug ein Jackett und Hosen aus Tweed – und einen Schlips. Er sprang auf, als er mich sah, packte meine Hand und gab mir eine Zigarette.

„Hab' ein paar gute Neuigkeiten für dich, alter Kumpel", sagte er, als er mir Feuer gab.

„Ist mir ein besonderes Vergnügen", keuchte ich und wunderte mich, wie er meine Freilassung so schnell ausgehandelt hatte.

„Ja, phantastisch, nicht wahr?", sprudelte er heraus. „Alle in der Botschaft und im Club waren wirklich überrascht!"

„Überrascht? Club?"

„Natürlich, können Sie ja nicht wissen, nicht wahr?", sagte der Botschaftsangestellte, „Indien hat verloren, 120 zu 6! Phantastisches Spiel, bestes Kricket, das ich in den letzten Jahren gesehen habe!"

Aber, um ihm gerecht zu werden, er hatte mich am nächsten Morgen aus dem Gefängnis draußen, und alle Verfahren gegen mich waren eingestellt.

Viel später hörte ich, dass Roberta im Jahre 1976 verhaftet wurde, in Cordoba, in Argentinien. Sie wurde ein *desparecido*, „im Gefängnis verschollen". So viel ich weiß, hat niemand mehr etwas von ihr gehört, weder ihre Verwandten noch ihre Freunde. Sie war nur eine von Tausenden, aber in meinen Erinnerungen nimmt sie einen besonderen Platz ein. Wenn ich einen Tango höre, kann ich nicht umhin an sie zu denken und an die vielen anderen, die so waren wie sie.

Der Mittelsmann, der mein Beiboot, den Kompass und die anderen Sachen von *Sea Dart* verhökert hatte, tauchte bald danach auf. Natürlich beschiss er mich um hundert Dollar, aber das machte mir wenig aus. Erstens konnte ich nichts dagegen machen, und zweitens hatte ich zusammen mit den hundert Dollar, die Hagan mir gegeben hatte, (gerade) mein Flugticket nach England zusammen.

Daneben hatte ich nur noch mein ausgefranstes Hemd, meine zerrissenen alten Jeans, ein kaputtes Paar Deckschuhe, meine Notizen und meine klapprige Schreibmaschine. Aber ich hatte meine Ticket nach London! Nach sieben langen und harten Jahren in der Fremde ging ich nach Hause. Und ich tat es aus eigenen Kräften, aufgrund meiner eigenen Anstrengungen!

We're going home – I heard them say,
Oh fare thee well, oh fare thee well,
Our orders came from home today –
Oh fare, oh fare thee well.

(Wir fahren nach Haus, hört' ich sie sagen,
So lebt denn wohl, so lebt denn wohl.
Der Befehl kam heut' von zuhause
So lebt denn, so lebt denn wohl.)

Aus einem Fallenshanty des 18. Jahrhunderts

3 Zeig' mir den Weg nach Haus

Das riesige schwedische Linienflugzeug war fast leer, ab Rio waren nur noch drei Passagiere an Bord. Nach den vielen Jahren des Lebens am Rande des Existenzminimums fühlte ich mich wieder unter dem Einfluss der westlichen Lebensart, der Macht und der Verschwendungssucht.

In Rio luden wir fast alle Passagiere aus, scheue, höfliche, nett angezogene Dienstmädchen für die brasilianischen Neureichen, die *nouveaux riches*, und übergewichtige Ehefrauen von Angestellten der Militärregierung von Uruguay, Argentinien und Brasilien, die einen Einkaufstrip machten. Ein paar abgehetzt aussehende Geschäftsleute waren auch dabei, die während des Flugs durch dicke Bündel offiziell aussehender Formulare geblättert hatten, und ein paar Schmuggler, die man praktisch auf jedem internationalen Flug in Südamerika antrifft. Sie versuchten, wie immer, unauffällig zu sein, inkognito, in ihren schicken Anzügen oder teuren Lederjacken, mit ihren Goldringen an den Fingern und ihren harten, zuversichtlichen, wissenden Augen.

Das Flugzeug hatte in Rio über eine Stunde Aufenthalt. Ich ging in den Transitraum und schickte eine Postkarte an Roberta, damit sie wusste, dass ich sicher aus Uruguay herausgekommen war. Ich schaute mir die Parade der Menschen an. Es gab wenig Anzeichen auf das wahre Rio, auf die krankheitsverseuchten Slums, die *favelas*, die sich auf den wasserlosen Hügeln, nur ein paar Meilen von hier, ausbreiteten.

Nur ein paar Gruppen von Bauern, meist Familien, erinnerten an die Welt draußen. In dieser ungewohnten Umgebung sahen sie scheu aus, steif in ihrem besten Sonntagsstaat, die Männer mit schwarzen Filzhüten in komischem Winkel auf dem Kopf, und die Frauen in schreienden Farben, sonnenverbrannt, schweigsam. Wie ich starrten sie auf die Fremden in ihren engen weißen Hosen und Gucci-Sandalen. Die Flughäfen der

Dritten Welt sind ein Mikrokosmos der sozialen Strukturen, nur sind die Verhältnisse umgedreht. Hier gibt es nur wenige Unterprivilegierte, aber dafür ein Gewimmel der glücklichen Minderheit, die nicht ihre gesamte kreative Energie dafür aufwenden muss, um für die nächsten Tage etwas zum Essen zu finden. Die Reichen sitzen zur Dekoration in den Lounges der Airports herum und nehmen die Welt draußen nicht wahr. Nein, im Flughafen von Rio bemerkte man fast nichts von den Millionen Menschen, die in den *favelas* rundherum ihr Leben vergeudeten.

Der Polizist am Eingang mit seiner schmucken Uniform, der den vorbeigehenden Mädchen zulächelte, ließ mich fast vergessen, dass draußen Polizisten als Exekutionskommandos herumtobten, die jeden verfolgten, der nur den kleinsten Mucks gegen die Regierung von sich gab, die Menschen hinrichteten, ohne sie vorher festzunehmen, geschweige denn vor Gericht zu stellen.

Hier am Flughafen herrschte das Rio des Copacabana-Strandes, der *carrioca*, des Karnevals und der Christusstatue aus Beton, die mit ausgebreiteten Armen oben auf dem Zuckerhut steht und wirkungslosen Segen verbreitet. Plastikstühle, Plastikwände, Plastikdecken und vielleicht Plastikseelen, die sich in ihrem augenscheinlichen Plastikkokon vor der sie umgebenden Plastik-Scheinwelt versteckten.

Die einzige Erleichterung kam aus den Gesichtern einiger junger Menschen, meist nordischen Typs, deren Augen und Gesichtsausdruck in Verbindung mit ihrem Reisegepäck darauf hinzuweisen schienen, dass es ihnen bewusst war, dass draußen der Nachtwind flüsterte und vom Ozean erzählte, dass der Mond im dritten Quartal stand und dass der Oriongürtel aus der östlichen Scheibe der Erde aufstieg.

Plötzlich veränderte sich mein inneres Bild, und ich dachte an das andere Ende Brasiliens, an San Lazaro, diesen elenden Haufen von Hütten am Ufer des schlammig schwarzen Rio Apa, wo Wolken von Moskitos in der Luft hingen. Ich dachte an die glasigen Augen und die totengleichen Fratzen der Einwohner, Gesichter ohne Hoffnung, scheinbar ohne Intelligenz. Das war da drüben. Ich blickte durch das westliche Fenster der nichtssagenden Airport Lounge hinüber zum schwarzen Horizont, der hinter den Lichtern des Flughafens lag. Ja, da drüben, tausend Seemeilen oder weiter, da drüben im Mato Grosso, hinter den öden versengten Hügeln, hinter den schweigend schuftenden Landarbeitern, die für ihren Lohn betteln mussten, hinter all den trostlosen, dampfenden Sümpfen, hinter den Tausenden von Quadratkilometern unfruchtbarer feuchter Erde des mörderischen Dschungels – San Lazaro.

Dann wanderten meine Gedanken weiter nach Westen, wo die vom Kauen der Cocablätter berauschten Quechua- und Aymara-Indios in der dünnen kalten Luft der hohen Anden zitterten, und noch weiter nach Westen, zu den elenden, aus Wellpappe gebauten *barrios*, den Slums, die sich meilenweit am Rand von Lima ausdehnen, der ältesten Hure Südamerikas. Ich dachte an die Millionen von Menschen, die dort ihr Leben fristeten unter Bedingungen, die selbst einen amerikanischen Schweinezüchter erbleichen lassen würden.

Meine Gedanken wanderten nach Süden zu den bodenständigen Leuten in Chile, Argentinien, Paraguay und Uruguay, in Ländern des etablierten Terrors, der dort offiziell und inoffiziell herrschte, wo das Leben eines Menschen nicht mehr wert war als sein Schatten auf dem verdammten Boden.

Ich ging in Gedanken nach Norden zu dem tödlichen Morast der ecuadorianischen Beamtenhierarchie und zu den großen Villen der Mafia in Kolumbien, mit dem größten Trainingslager und Betätigungsplatz für Zuhälter – Buenaventura! Mein geistiges Auge wanderte weiter über die von der Armee bewachten Marihuanafelder in Kolumbien hinweg, vorbei an den pompösen Neureichen in Venezuela, der arroganten, gierigen Oberschicht, hinunter zu der Hölle der umgekehrt rassistischen Guianas – und dann zurück nach Brasilien und der Airport Lounge. Ich blickte noch einmal auf die unglaubliche Parade der Eitelkeiten um mich her, drehte mich um und ging wieder ins Flugzeug.

Ich trug einen schweigenden, bohrenden Zorn in mir, wenn ich an die blinde Gleichgültigkeit der südamerikanischen Oberschicht dachte, die die Bevölkerung ihres Landes zwei entgegensetzten politischen Systemen opferte, zu denen die Menschen selbst überhaupt keine Beziehung hatten. Sie tun es immer noch, und die Menschen werden keine Beziehung dazu aufbauen, so lange der Pazifik an die Küste der Atacama Wüste schwappt, so lange der Wind vom Atlantik über die Pampas streicht, der Geist von Manco Capac über die Höhen der Anden wandert und der Wind der Welt die See gegen die Klippen von Kap Hoorn peitscht.

Auf Wiederseh'n Südamerika – mach's gut!

„Bitte schnallen Sie sich an, Sir!“

„Er ... oh ... was haben Sie gesagt, Miss?“

„Bitte schnallen Sie sich an, wir starten gleich ...“

„Oh, ja, danke, Miss ... ich hab geträumt ...“

„Ich hoffe, Sie hatten einen schönen Traum!“

„Er ... ja ... es war wirklich ... ein schöner Traum.“

Die schwedische Stewardess war groß, schlank, blond und hatte blaue, ganz blaue Augen. Sie lächelte.

„Von was haben Sie geträumt?“, wollte sie wissen.

„Ich träumte, ich wäre schon zu Hause, in einem guten Pub, mit einem Glas Bier ...“

„Sie sind Engländer, Sir?“

„Könnte man sagen.“

„Ah, ich dachte einen Moment ...“, sie zögerte, weiterzusprechen und blickte auf meine Lumpen, mit denen ich im Luxus der hinteren Sitzreihe saß. „Ich dachte, Sie wären ... er ... vielleicht so eine Art Seemann ... aber natürlich ...“, sie atmete durch.

„Kann man auch so sagen, Miss.“ Ich grinste sie an.

Einen Moment lang blickte die Stewardess etwas verwirrt, dann lächelte sie wieder. „Sie haben Glück auf diesem Flug!“ sagte sie. „Wir sind acht Leute, um euch drei Passagiere zu verwöhnen.“

„Klingt wie im Strand Palace Hotel“, scherzte ich, „besser als zu Hause!“

Das schwedische Mädchen lachte und ging den Gang entlang. Ich schloss wieder die Augen. Tausende und Abertausende von Lichtern, die den Hafen von Rio unter uns wie ein Diadem erscheinen ließen, als wir in den Nachthimmel stiegen, konnten mich nicht am Fenster halten. Ich hatte Rio früher schon gesehen, in der Abenddämmerung – vom Ozean aus. Die Erinnerung an diesen großartigen Anblick ist einer meiner kostbarsten Schätze.

Der Jet stieg höher und höher, er machte eine Kurve nach Steuerbord. Plötzlich wusste ich, dass wir über der See waren. Es war, als ob ich sie fühlen konnte, sie zog mich zu sich hin, zu einem Leben, das nur mit Geduld gelebt werden kann, Abkürzungen gibt es dort nicht, auch keine schlauen Manöver, nur richtig oder falsch. Ich stellte mir vor, ich könnte den Ozean murmeln hören, seinen Gesang über der Kontinentalplatte: „Was gibt es da? Was gibt es da?“

In meinen letzten Gedanken vor dem Einschlafen war mir bewusst, dass wir schon hundert Seemeilen draußen über dem Ozean waren. Hundert Meilen! Mit *Sea Dart* hätte ich eineinhalb Tage dafür gebraucht! Kein Wunder, dass diese Leute im Flughafen so weit von der Realität entfernt schienen, so gleichgültig in ihrer Akzeptanz der technologischen Wunderdinge. Kein Wunder, dass sie aussahen, als hätten sie noch nie einen Traum in ihrem Leben gehabt, sie hatten vergessen, dass sie von primitiven, behaarten Höhlenmenschen abstammten, die einst zu den Sternen hinaufgeblickt hatte.

Meine Gedanken wanderten wieder zur See, ich konnte sie vor mir sehen, da unten, Tausende von Metern unter uns, während wir durch die Stratosphäre rasten wie Konserven in einer Dose. Da unten rief jede Woge des Ozeans nach mir.

Die See zeigt nicht, dass sie irgendetwas von der Menschheit weiß. Wir können keine Gräben in sie hineinformen oder Denkmäler auf ihr errichten. Tausend Menschen können an einem Tag über den gleichen Quadratmeter ihrer Oberfläche hinwegziehen, aber wenn wir weg sind, gibt es keine Anzeichen dafür, dass wir jemals dort waren oder dass wir überhaupt existieren. Wenn kein Schiff auf ihrer Oberfläche zu erblicken ist, dann sieht die See genau so aus wie schon seit Milliarden von Jahren – als hätte es die Menschheit nie gegeben.

Warum zog sie dann an mir? Warum hatte ich Sehnsucht nach ihr? Die See ist untreu, launisch, manchmal ausgesprochen grausam und boshaft, aber sie hat eine Stimme, die uns Befehle erteilt – sie bittet nicht, sie befiehlt! Und wenn wir zaudern oder zögern, dann ändert sie ihre Melodie, sie singt ein Lied der Verführung ob unserer Frechheit, die eine unserer rettenden Gnaden ist, und die uns vielleicht Vergebung für unsere elenden Fehler sichert. Wenn das Gesicht des Ozeans sich verdunkelt, wenn die See ärgerlich wird, wenn all unsere Kraft und selbst unsere Hoffnung dahin ist, dann nimmt sie unsere Kühnheit, die wir zuletzt aufopfern müssen, und spielt damit wie ein Baby mit einem Beißring, sie wirft sie auf uns zurück, ganz nach Laune, wie sie unsere Aufmerksamkeit gerade einschätzt, wie sie die Standhaftigkeit unserer Herzen beurteilt. Der pompöse Glanz an Land bedeutet ihr nichts, es ist ihr egal, was wir fühlen, ob wir reich sind oder mächtig, ob wir „Sexappeal" haben oder nicht, ob wir *„machismo"* sind oder „schön", ob wir „Talent" haben oder aus welcher Familie wir abstammen – es bedeutet ihr keinen Deut. Sie kennt nur das Richtige und das Falsche, sie akzeptiert nur die Grundbegriffe von Tugend und Wert.

„Ihr Abendessen, bitte!" Die schwedische Stewardess riss mich aus meinen Gedanken. „Danke, Miss!" Plastikgabel ... Plastikmesser ... Plastiktablett ... hmm ... Plastikfisch, ja, ... der Wein ist nicht schlecht – Corbières, eine Vision der Pyrenäen, vom Becken des Canal du Midi in Castelnaudary aus gesehen, tauchte vor mir auf. Später setzte ich den Kopfhörer auf, Kanal fünf, Tschaikowskis *Sympathique*. Phantastisch, absolut herrlich! Ich schloss die Augen ... dachte wieder an den Ozean unter uns. Wie oft hatte ich ihn überquert? „Lass' mal sehen ... ja, dreiundzwanzig Mal. Nur dreimal in großen Schiffen und dreimal mit dem Flugzeug, diesen Flug mitgerechnet. Eine Menge Ozean unter Segel, in kleinen Schiffen, wenige davon über fünfunddreißig Fuß. Warum machte ich das? Oft genug, um damit mein Brot zu verdienen, aber manchmal auch nur, weil ich es einfach wollte!"

„Also komm' jetzt, es muss schon noch etwas mehr dran sein als nur das. Was ist mit dem Erfolgsgefühl?", fragte ich mich.

Ja, das auch, aber das ist nicht mein Erfolg, das muss man verstehen. Es ist nicht mein eigener Erfolg. Es ist Teil eines Prozesses, dem jeder unterworfen ist, der je gelebt hat. Es ist die erfolgreiche Anwendung bestimmter Methoden und Fähigkeiten, die man meist von anderen gelernt hat, um die blinden Kräfte der Natur zu nutzen. Nicht um sie zu zähmen, das gehört noch in die Zukunft. Es ist, weil man ein Teil von diesem Prozess ist. Ein Teil von dem, das irgendwann zum Vorstoß ins Universum führt. Weil man ein winziges Partikel in einem Strom von Wissen und Können ist und der Macht. Es ist, weil ich mir meiner Existenz in dem Streben der Menschheit nach den Sternen bewusst bin.

Ich schaute zum Fenster hinaus in den Himmel. In der tiefen Schwärze funkelten die Sterne. Unter mir strömte die Tragfläche anscheinend bewegungslos über die Wolken der südöstlichen Passatwinde. Voraus eine schwache Vorahnung der Morgendämmerung, ein ganz schwaches, leichtes, milchiges Gold über dem östlichen Horizont. Wir waren Giganten in der Dämmerung des Himmels. Ich konnte Afrika fühlen, weit voraus, wie es sich lässig über die Krümmung der Erde ausbreitete, heiß, schwer und wartend – aber diesmal nicht auf mich.

„Hat es Ihnen geschmeckt, Sir?", fragte mich die Stewardess.

„Prima – vielen Dank!"

Ich setzte wieder die Kopfhörer auf und lehnte mich zurück. Der *Bolero* von Ravel.

Was gab es sonst noch für Gründe, dass ich dieses Leben so gelebt habe?

Vielleicht war das Bedürfnis nach Freiheit – der geographischen Freiheit – einer davon, obwohl ich bereits vor meinen Reisen in kleinen Schiffen genau wusste, dass das Leben in einer Welt, die so winzig wie die Kabine eines normalen Segelschiffes ist, eine viel größere Einschränkung erfordert und eine enorme Selbstdisziplin, viel mehr, als das an Land nötig ist. Wenn man in Gesellschaft segelt, in der Enge einer überfüllten Kabine, wird der kleinste Fehler aus allen Proportionen gerissen. Eine kleine Angewohnheit, wie man zum Beispiel die Stirn runzelt, ein Stottern oder eine bestimmte Aussprache, kann die Nerven deines Kumpels reizen, bis hin zu Mordabsichten.

Ich wusste genau, die See ist zugleich isolierend und beengend. Da draußen ist man auf sich selbst angewiesen, auf die eigenen Ressourcen. Dort gibt es keinen Doktor, keine Apotheke, keinen Zahnarzt, keinen Rechtsanwalt, keinen Mechaniker, keinen Gemüsehändler – und keinen Polizisten. Dort gibt es nicht endlos viel Trinkwasser, kein elektrisches Licht auf Knopfdruck, keine Heizung und keine Klimaanlage. Es gibt keinen Augenblick, in dem man sich nicht Sorgen um das Wohlergehen seines Schiffes machen muss, weder auf See noch während der Reise noch im Hafen. Aus der ständigen Aufmerksamkeit gibt es kein Entkommen, nur die jeweiligen Aufgabenstellungen ändern sich.

Und doch, trotzdem ... wir alle kamen zuerst aus der See. Wir riechen und wir schmecken nach der See. Probier' mal deine Tränen und dann probier' mal Salzwasser. Versuch' deinen Schweiß, und jeder Ozeankai auf der Welt schießt in dein Bewusstsein. Wenn man das versteht, bewusst oder unbewusst, dann bricht auf See die ungeheure Gewissheit über einen herein, dass wir alle, jeder einzelne von uns, ein winziges Partikelchen der Gesamtheit der Erde und des Universums sind. Wir sind ein Teil der See, und die See ist ein Teil von uns. Und doch ist sie es wieder nicht, die Natur der See ist paradox. Sie geißelt uns nicht mit den Lebensängsten an Land, der Angst um Verlust an Status, Schönheit oder Rang. Auf See gibt es nur zwei Ebenen, über der Oberfläche oder darunter. Und es ist ihr ganz egal, auf welcher Ebene du dich befindest. Ihre Ansprüche sind ganz simpel und einfach, und so gesehen ist sie großzügig. Und so wird es auch im Weltraum sein.

Der beste Mann auf See, der reichste von allen, ist der, der seinen Verstand gebraucht und damit Erfolg hat. Reichtum auf See bedeutet Dinge wie Corned Beef, ein Reservevorstag oder eine Rolle Segeltuch. Weit vom Land entfernt breitet die See eine Fülle von Gold vor dir aus, aber wenn du ihr die kleinste Blöße gibst, lässt sie dich querschlagen und schießt Strahlen eiskalter Angst in dich hinein, bis in das Innere deines Herzens. Sie erniedrigt dich zum jämmerlichsten Feigling, damit du dich selbst kennen lernst. Sie kennt dich, sie weiß, wer du wirklich bist. Und doch, trotzdem ... sei ehrlich zu ihr, und sie macht dich zu einem König in dir selbst, denn die See, die verrückt machende, starrköpfige See, ist wunderschön für die, die ihr Respekt entgegen bringen. Sie hüllt ein kleines Schiff in eine winzige Welt der Gnade ein, in einfache Güte. Mit der Zeit fällt es einem Seemann immer schwerer, sich von ihr zu trennen und in der für ihn hässlichen Welt der Städte zu leben, wenn er nicht ein anpassungsfähiger alter Salzbuckel ist, der schnell zwei halbe Schläge um sein Herz herum machen kann, trotzdem wieder auf See flüchtet, zur Flasche greift oder früh stirbt.

Für Reisen auf See braucht man eine gute Gesundheit, vor allem im Kopf, einen Sinn für Humor und einen gewissen Eifer, die anfallenden notwendigen Arbeiten zu erledigen. Du musst den Willen zum Aufstehen haben, die Energie, dich selbst zu versorgen und nur dann zu schlafen, wenn es das Wetter zulässt. Du brauchst die Intelligenz, alle Phänomene der See zu verstehen, den Wind, die Tide, die Strömungen, die Ansteuerungen, die Tonnen, die Karten, die Segelanweisungen, das Rigg, die Navigation, und du musst mit hundert Facetten dieser Probleme fertig werden können – gleichzeitig. Worin besteht das Problem? Du musst einfach dein Schiff in gutem Zustand von A nach B bringen.

Die Elemente und ihre Anforderungen machen dich zu einem Konservativen. Die See lässt dich die wahren Werte des Lebens erkennen, dein eigenes Wohlergehen und das deiner Mitmenschen, sie macht dich zu einem Rebell gegen Ungerechtigkeit, gegen die Barrieren, die machtsuchende Menschen zu ihrem eigenen Vorteil aufbauen und die von machtbesessenen Menschen für ihren eigenen Pomp aufrecht erhalten werden. Das ist eine fast schizophrene Dualität zum Leben eines Seemanns, und daher kommt sein Sinn für Recht und Ordnung – bis zu einem gewissen Punkt. Denn wenn ihm ein Gesetz stupide und unsinnig vorkommt, bricht er es als erster. Wenn ihn die Staatsgewalt zwingen will, leistet er Widerstand, denn er ist kein halbherziger Mitläufer. Wenn die Ungerechtigkeit anhält, schreit er dagegen an, ein Schrei für jeden Peitschenhieb auf die gebeugten Rücken seiner Vorfahren, die diese Jahrhunderte lang erlitten haben.

O poor old Reuben Ranzo,
Ranzo, boys, Ranzo!
O poor old Reuben Ranzo,
Ranzo, boys, Ranzo!

They say he ain't got no money,
Ranzo, boys, Ranzo!
They say he ain't got no money,
Ranzo, boys, Ranzo!

He came onboard a whaler,
Ranzo, boys, Ranzo!
He came onboard a whaler,
Ranzo, boys, Ranzo!

Reuben Ranzo's a good old sailor,
Ranzo, boys, Ranzo!
Reuben Ranzo's a good old sailor,
Ranzo, boys, Ranzo!

Spare a penny for Reuben Ranzo,
Ranzo, boys, Ranzo!
Spare a penny for Reuben Ranzo,
Ranzo, boys, Ranzo!

Oh armer, alter Reuben Ranzo,
Ranzo, Jungs, Ranzo!
Oh armer, alter Reuben Ranzo,
Ranzo, Jungs, Ranzo!

Sie sagen, er hat kein Geld,
Ranzo, Jungs, Ranzo!
Sie sagen, er hat kein Geld,
Ranzo, Jungs, Ranzo!

Er kam herein mit 'nem Walfänger,
Ranzo, Jungs, Ranzo!
Er kam herein mit 'nem Walfänger,
Ranzo, Jungs, Ranzo!

Reuben Ranzo ist ein guter Seemann,
Ranzo, Jungs, Ranzo!
Reuben Ranzo ist ein guter Seemann,
Ranzo, Jungs, Ranzo!

Gebt 'nen Penny für Reuben Ranzo,
Ranzo, Jungs, Ranzo!
Gebt 'nen Penny für Reuben Ranzo,
Ranzo, Jungs, Ranzo!

Reuben Ranzo. Der arme alte Reuben taucht in einem Dutzend verschiedener Shantys auf. Der Name „Ranzo“ soll von „Alonzo“ kommen, aber das ist nicht bewiesen. Dies ist ein Fallenspillshanty, entstanden Anfang 19. Jahrhundert.

4 Land in Sicht

Entschuldigen Sie, Sir, bitte schnallen Sie sich wieder an, wir werden gleich in Monrovia landen." Es war diesmal eine andere Stewardess, ein wenig kleiner, mit dunklen Haaren und tanzenden Augen.

Ich fummelte mit meinem Sitzgurt herum und beobachtete durchs Fenster, wie Afrika, das grüne, schwarze, graue und silbrige Westafrika, seine Palmen vor uns aufbaute. Es gab ein sanftes Rumpeln, ein leises Quietschen, ein Schlingern, und wir hatten den Atlantik überquert. In sieben Stunden hatten wir etwas vollbracht, für das *Sea Dart* mit den Wetterverhältnissen, Strömungen und auf der Segelroute elf Wochen gebraucht hätte!

Das ist schon eine kleine Überlegung wert. Eine Reise in einem kleinen Segelschiff erfolgt langsam; man bewegt sich mit der Geschwindigkeit eines Fußgängers, etwa acht bis zehn Kilometer in der Stunde. Man gleitet über eine sich ständig bewegende Oberfläche dahin, das heißt, man geht ständig auf und ab, während das Schiff oft in einem Winkel von fünfundvierzig Grad nach der Seite krängt und bei jeder Welle etwa einmeterfünfzig hoch und nieder geht – alle vier Sekunden, fünfzehn Mal in der Minute, neunhundert Mal in der Stunde, 21.600 Mal am Tag. Auf einer Reise zwischen Rio und Monrovia wäre ich in elf Wochen eineinhalb Millionen Mal auf und ab gegangen. Die Bedingungen eines Seglers unterscheiden sich heute wenig von denen, die ein Reisender vor fünfhundert Jahren zu ertragen hatte oder auch vor zweitausend Jahren. Die Karten, die er verwendet, wurden erstmals von mutigen Männern vor einhundertdreißig Jahren gezeichnet, die Segelanweisungen, nach denen er sich richtet, entstanden vor über zweihundert Jahren, und in ihnen klingt heute noch viel von der alten Sprache und den alten Bezeichnungen mit. Als Konsequenz identifiziert sich ein Segler auf einer langen Reise immer mehr mit diesen längst verstorbenen Männern und nimmt sogar einige ihrer Gewohnheiten an. Wenn man das Kap der Guten Hoffnung umrundet, fällt es leicht, in die Gedankenmuster zu verfallen, die bereits den portugiesischen Navigatoren im fünfzehnten Jahrhundert durch den Kopf gingen, die diesen kritischen Punkt umschifften. Damit reist man nicht nur im Raum, sondern auch in der Zeit.

Ein Segler auf einem kleinen Schiff lebt heute noch so und denkt so, und das in einer Welt, in der man in ein paar Stunden einen Ozean im Schlaf überqueren kann.

Plötzlich kam Leben auf dem nassen Rollfeld auf, um das Flugzeug herum. Ein Dutzend Liberianer sprangen von den Fahrzeugen und begannen mit dem Service. Es war irgend etwas Seltsames an diesen Schwarzen ... sie sangen, sie bewegten sich rhythmisch, sie grinsten zum Flugzeug hinauf ... natürlich, sie waren ja hier zu Hause. Die Palmen am Rand des Flughafens sahen verbraucht aus, trübsinnig, als hätten sie genug von der Regenzeit. Dann kam wieder ein Schauer, verdeckte die Sicht auf die Palmen und das Willkommensgrinsen der Afrikaner. Im Inneren des Flugzeugs waren wir wieder von der Außenwelt abgeschnitten.

Als wir nach Norden flogen, frühstückte ich und las ein Magazin. Ich fühlte mich wie ein Bettler, der im Haus eines reichen Mannes etwas zu essen bekommt. Die junge Stewardess lächelte mir jedes Mal aufmunternd zu, wenn sie vorbei kam. Zumindest waren meine Kleider sauber und ordentlich, wenn auch ein wenig zerlumpt. Ich hatte für diesen Flug extra meinen Bart getrimmt, aber ich musste noch einen Rest der Erlebnisse im Mato Grosso in den Augen haben, und man musste mir meine Zeit in den Gefängnissen in Argentinien ansehen, denn die Stewardessen waren ein wenig zu freundlich zu mir ... oder war es nur mein Alter? Ich sah sicher aus wie siebzig. Ich fühlte mich auch so, ich fühlte jeden einzelnen Tag.

Wir zogen jetzt hoch über die Sahara hinweg, ein großer orangefarbiger Fleck auf der Erdoberfläche, konturlos. Der Himmel krümmte sich über den Horizont um uns herum, er war oben tiefblau, dann grün, gelb, orange und dunkel lila. Eine ganze See aus Sand lag unter uns, eine umgedrehte Schüssel aus Farben, für die Natur schien es irgendwie zu perfekt zu sein, künstlich, erfunden.

Die erste Stewardess hatte jetzt wieder Dienst.

„Sie sagten, Sie wären Seemann." Sie setzte sich neben mich, und ich konnte ihre weibliche Ausstrahlung spüren. „Ich habe einen Bruder, der zur See fährt, er ist Navigationsoffizier auf einem Öltanker."

„Oh, ich bin nicht so bedeutend wie er, fürchte ich. Nur kleine Schiffe, wissen Sie, Segelschiffe."

„Wirklich, wo sind Sie gesegelt?" Ihr Englisch war perfekt, aber nach den Bronzegesichtern in Südamerika sah sie bleich aus.

„Ach, überall."

„Das muss herrlich sein, über die See zu segeln. Machen Sie das alleine?"

„Manchmal, und manchmal mit anderen zusammen."

„Das muss wie im Himmel sein. Segeln Sie lieber allein?", fragte sie.

„Kommt auf den Törn an."

„Wie meinen Sie das? Meinen Sie, wenn das Wetter schlecht ist, dann ist es besser mit anderen Leuten in der Nähe?"

„Nein, ganz im Gegenteil. Wenn das Wetter schlecht ist, bin ich froh, wenn ich mich nur um mich selbst kümmern muss."

„Aber wenn das Wetter gut ist, und die Sonne auf das Meer scheint?"

„Ah, dann ... dann teile ich gerne."

Die Stewardess lächelte mich breit an. „Ich bringe Ihnen Kaffee, wenn Sie wollen", sie stand auf, „ich teile auch gerne."

„Ich möchte lieber Tee, falls Sie welchen haben, bitte."

„Natürlich, Tee!", sie ließ mich wieder allein. Ich dachte an Europa, das im Norden auf mich wartete, und dann an die mächtige Insel in der silbernen See.

Ich hatte nur zwei Dollar in der Tasche, aber das machte mir wenig aus. Dort war ich sicher vor Sturm, Terror und Angst. Mein Herz schlug schneller, nur für eine gewisse Zeit, in Sicherheit! Danach? Was weiß ich. Wen interessiert das? In meinem Land, unter meinen Leuten, in Sicherheit, selbst wenn es nur für kurze Zeit sein würde, lange genug, um meinen erschöpften Körper, meinen Geist, und meine Seele auszuruhen.

Als die Tabletts des Mittagessens abgeräumt wurden, zogen wir mit Siebenmeilenstiefeln über die Berge des Atlas in Algerien dahin. Beethovens Fünfte kam aus den Kopfhörern. „Sehr angebracht", dachte ich und verrenkte mir den Hals, um nach vorne aus dem Fenster zu schauen für einen Blick auf das Mittelmeer und vielleicht die Balearen. Land in Sicht? Landung? Dann überlegte ich mir, wie viel schwieriger das Anlaufen vom Deck eines schlingernden kleinen Schiffes aus ist, ganz anders und viel beglückender als dieser Transport wie ein Keks in der Dose.

Das Gefühl, wenn man auf einem kleinen Schiff Land in Sicht bekommt, hat etwas Träumerisches. Gewöhnlich, wenn nicht gerade Nebel herrscht oder Regen herunterprasselt, kommt das Land nicht plötzlich in Sicht, es erscheint auch nicht sanft an der Weite des Horizonts. Es erscheint zuerst wie eine Phantasie in der Vorstellung, ist es da oder nicht? Ein Wunder, ein kleiner Schatten, eine winzige Veränderung der Farben, ein paar Grau- und Blautöne, ein scheues Gespenst, das sich widerwillig aus dem Bogen des Ozeans erhebt. Dann plötzlich, mit einer Schönheit, die einem fast den Atem nimmt, sieht man das Land, einen kleinen magischen Moment lang. Und dann ist es wieder verschwunden, scheu wie die Ankündigung des Frühlings am Nordhimmel, wenn die Sonne zum ersten Mal durch die Märzwolken bricht. Alle Augen an Bord halten erwartend Ausschau: Ist es da? Oder nicht? Ist es nur eine andere Wolke? Ist es nur eine Nebelbank, die dunkler ist als die anderen? – Oder doch? Und dann, triumphierend, herrlich, erklingt ein Schrei – selbst auf einem einhand gesegelten Schiff – Land Ahoi! Und dann wissen wir, dass wir wieder von der Menschheit umgeben sind, dass wir und das Schiff wieder etwas anderem angehören, dass wir winzige Partikel von etwas viel Größerem sind.

Die Reise mit dem Jet, der den Kontinent überquerte, war wie das Blättern in einem riesigen Briefmarkenalbum. Ich fühlte mich nicht wie auf einer Seereise, ich fühlte mich transportiert, aber ich war dankbar dafür. Ich dachte an die schwierigsten Ansteuerungen mit einem kleinen Segelschiff, an das Anlaufen von Koralleninseln in den Tropen. Ich erinnerte mich an das Anlaufen von African Islet im Indischen Ozean, wo es nur eine einzige Palme auf der ganzen Insel gab, einen alten wetterzerzausten Baum, der sich im Monsunwind wiegte. Als ich ihn sah und als sicher war, dass es wirklich eine Palme war, wusste ich, dass ich dieses winzige Objekt in der Weite des Ozeans gefunden hatte. Demütig hatte ich den Kopf gesenkt, es wurde mir bewusst, wie unglaublich winzig ich war.

Auf diesem riesigen Menschentransporter schien die Ankunftszeit von geringer Bedeutung zu sein. Wir wurden von unsichtbaren Strahlen zu unserem Ziel geleitet. Wie anders ist das bei Seeleuten auf einem kleinen Schiff. Man muss so viele Dinge bedenken, und dort, wo man ankommt, weiß noch niemand von deiner Ankunft.

Ich dachte darüber nach, dass man Korallenküsten und Inseln in den Tropen am besten in der Morgendämmerung ansteuert, besonders wenn man von Osten herkommt und die aufgehende Sonne achteraus hat. Sie färbt die Korallenstöcke unter der blauen Oberfläche der See smaragdgrün. Kommt man aber von Westen, dann ist die beste Zeit etwa zwei Stunden vor der Abenddämmerung, aus dem gleichen Grund.

In den gemäßigten Zonen läuft man einen fremden Hafen am besten bei Nacht an, dann sieht man die Befeuerung der Einfahrt und der Tonnen, und es ist viel einfacher als im grauen, trüben Tageslicht.

Von all den Annäherungen von See aus ist das Anlaufen einsamer Inseln im Ozean am spektakulärsten. Die Osterinsel, St. Helena, Teneriffa – die hohen Inseln. Ein empfindsamer Seemann kann diese hohen steilen Inseln fühlen, lange bevor er sie sieht. Die See wird an den Küsten reflektiert, zurückgeworfen, der Rhythmus ändert sich, und die Erwartung sendet tausend kleine Funken ins Herz. Nach Tagen und Wochen im stetigen Gleichmaß, in denen nur der Wind variiert, entsteht plötzlich eine Änderung, kleine Verzögerungen, eine Pause, als wenn die See schneller atmen würde. Dann wissen wir, dass wir dem Land näher kommen, dass es voraus liegt, noch unsichtbar, aber doch existierend.

Natürlich war es aussichtslos, meine Erlebnisse auf diesem Linienflug mit der Magie der Ansteuerung unter Segel zu vergleichen. Es gab keine Gemeinsamkeiten. In einem Passagierflugzeug erlebt man nicht diese langsame Annäherung, während der man sich mit dem Ort identifiziert, auf den man zuhält, mit dem man geistig bereits verschmilzt, bevor man überhaupt einen Schimmer von ihm zu Gesicht bekommt. Für einen Passagier im Flugzeug ist das ganz einfach, es gibt für ihn keine Unsicherheit, er braucht kein Gefühl in seinen Knochen, keinen Instinkt, kein Handwerk, um ein kleines Schiff in einen kleinen fremden Hafen hinein zu bringen, er weiß auch nichts von dem halben Dutzend Gefahren, die einen Seemann erwarten, wenn der Ruf „Land in Sicht“ erklingt, die Felsen und Riffe, die versunkenen Wracks, Fallwinde, die urplötzlich von den hohen Bergen herabpfeifen, aber er kennt auch nicht das großartige Gefühl der Vollendung, wenn das Schiff festgemacht ist. Bei schlechtem Wetter erfolgreich in einem fremden Hafen anzukommen, ist ein großartiges Erlebnis.

Ich wurde in meinen Gedanken unterbrochen, denn plötzlich lag die blaue See des Mittelmeers unter uns. Ich ging durch die Kabine zur anderen Seite und schaute mir, wie ein Wesen aus dem Weltraum, die Küstenlinie an, die ich so gut kannte. Dort unten lagen die Kurse, die ich damals mit der *Fanny Adams*, dem tauben Henry, Closet und Pete Kelly gelaufen war. Weit drüben im Westen, in Spanien, konnte ich die in der Sonne liegenden Berge der Sierra Nevada sehen – wir waren über Europa. Ich ging wieder zurück und schaute aus dem Fenster an Steuerbord. Da lag Ibiza, wie in einem Schulatlas. Ich suchte und fand die Bucht von Ensenada Honda, wo meine Slup *Banjo*, die zweite meiner drei Banjos, im Jahre 1968 gesunken war. Als ich noch die braunen Inseln von Ibiza, Formentera und Mallorca nach den Geistern vergangener Jahre absuchte, kam die Küste Südfrankreichs in Sicht, und ein paar Minuten später sah ich die mächtigen Alpen aufsteigen.

In Basel hatte ich das erste Mal das Gefühl, dass ich in der Gesellschaft meiner eigenen Landsleute ein Fremder war. Sechs Jahre war ich nicht mehr unter ihnen gewesen. Die Warteräume waren mit englischen Urlaubern vollgepackt, die aus dem Süden nach Hause wollten. Sie kamen mir wohlgenährt vor, lässig angezogen in guten Kleidern, die älteren von ihnen sahen ausgesprochen gesund aus und verbreiteten diese stille Fröhlichkeit, die vermuten lässt, dass Gott ein Brite war. Die jungen Leute waren sorgenfrei und fröhlich. Ich saß ruhig in ihrer Nähe und nahm ihren Anblick und ihre Laute auf wie ein Überlebender aus der Wüste. Langsam hörte ich mich in ihren Dialekt ein, verstand aber nicht alles, denn sie sprachen in einer Art Geheimcode, der mir fremd war. Später fand ich heraus, ich kann nicht sagen „lernte" ich, dass sie irgendwelche Phrasen aus dem Fernsehen nachplapperten. Sie waren eine fröhliche Gruppe, sehr freundlich zueinander (ein Wunder, nach Argentinien), sie benahmen sich gut und waren höflich. Ich saß still da und beobachtete sie mit Aufmerksamkeit und Dankbarkeit. In meinen verschlissenen Jeans muss ich wie eine Vogelscheuche ausgesehen haben, aber trotzdem gab es keine unfreundlichen Blicke. Ich war froh, dass ich zu der selben Rasse gehörte wie diese Leute. Aber ich sprach mit niemand.

Das BOAC-Flugzeug war viel kleiner als der schwedische Jet von Rio nach Basel. Wir starteten am Abend.

„Na, waren Sie in Urlaub?", fragte der Mann, der im Flugzeug neben mir saß. Er war etwa so alt wie ich, fünfzig, sah aber viel jünger aus. Er hatte ein Kordjackett an, graue Hosen und die fast obligatorischen braunen Schuhe. Er hatte ein paar Blasen auf seiner scharf geformten Nase, als wenn ihm der Rauch seiner Pfeife, die er zwischen den Zähnen hielt, die Haut verbrannt hätte. Seine Frau war grauhaarig, mollig und ziemlich braun gebrannt; sie saß auf der anderen Seite des Ganges und schnatterte fröhlich mit einer anderen Frau mittleren Alters.

„So ungefähr", antwortete ich.

„Spanien?", fragte er.

„Rio", sagte ich. Ich dachte, wenn ich Südamerika sagen würde, wäre das zu großspurig. Ich stellte mir sein Gesicht vor, wenn ich „vom Mond" gesagt hätte.

„Herrliches Fleckchen", sagte er, „meine Frau und ich waren vorletztes Jahr dort, zehn Tage lang." Er dachte einen Moment lang nach, „eine Pauschalreise, hat auch viel gekostet, aber ich hatte ein paar hundert Pfund im Fußballtoto gewonnen, und da dachten wir, also einmal im Leben ... nicht wahr?"

„Denke schon", antwortete ich. Es war, als würde er in einer Fremdsprache mit mir reden.

„Wie lange waren Sie denn dort?", fragte der Kordmann und tauchte nach der Tasche bei den Füßen seiner Frau.

„Ach, nur ein paar Tage", sagte ich.

„Meiner Frau und mir hat es nicht so besonders gefallen", sagte er, „zu heiß."

„Fand ich auch."

„Was?"

„Dass es zu heiß war, für mich auch."

Der Kordmann entfaltete seine Zeitung und begann zu lesen.

Obwohl man draußen nichts sehen konnte, spürte ich es, dass wir über den weißen Klippen waren. Ich sah die grünen Felder von Kent vor meinen Augen, und lange bevor wir landeten, fühlte ich den Puls von London, so wie ich den veränderten Rhythmus der See bei der Annäherung an eine Insel fühle, die ersten Anzeichen einer Reflexion der Wellen, den Sog einer unsichtbaren Landmasse mitten im Ozean. Schweigend, mit viel Dankbarkeit im Herzen, erlebte ich die Landung.

Als wir aufsetzten, war es fast zwei Uhr am Morgen, und es regnete. Ich kam wieder in einen Warteraum, der fast genau so aussah wie der in Rio. Aber hier gab es keine hungrigen Blicke, nur ein paar pausbäckige pakistanische Passagiere, die in ihren feinen Anzügen und Saris ziemlich wohlhabend aussahen. Ich war zu Hause!

Earth has not anything to show more fair:
Dull would he be of soul who pass by
A sight so touching in its majesty:
This city now doth like garment wear
The beauty of the morning; silent, bare,
Ships, towers, domes, theatres, and temples lie
Open unto the fields, and to the sky;
All bright and glittering in the smokeless air.
Never did sun more beautiful steep
In his first splendour valley, rock, or hill;
Ne'er saw I, never felt, a calm so deep!
The river glideth at his own sweet will:
Dear God! the very houses seem asleep;
And all that mighty heart is lying still!

(Die Erde hat nichts Schöneres zu zeigen,
Dumm wäre der Mensch, der achtlos vorbeiginge.
Ein Anblick so voller Majestät,
Die Stadt hat heute Kleider an.
In der Schönheit des Morgens, schweigend und frei,
Liegen Schiffe, Türme, Theater und Kirchen
Offen zum Land hin und offen zum Himmel;
Sie blitzen und funkeln in klarer Luft.
Nie schien die Sonne noch wunderbarer,
Mit ersten Strahlen auf Täler, Felsen oder Hügel;
Nie erlebt' ich, fühlt' ich die Ruhe so tief,
Der Fluss, er strömt nach eigenem Willen.
Mein Gott! Die Häuser scheinen zu schlafen,
Das Herz der Stadt, es ruht sich aus.)

William Wordsworth, *Upon Westminster Bridge*

5 Daheim im Trockenen

Am Ausgabekarussell für das Gepäck musste ich nicht warten, denn ich hatte kein Gepäck außer meinen Logbüchern und meiner verbeulten Schreibmaschine. Es gab auch keinen Aufenthalt am Geldwechselschalter,denn für meine zwei Dollar bekam ich schnell ein Pfund und einige Münzen. Die neue britische Währung im Dezimalsystem kam mir fremdartig vor. Nachdem ich ein Pfund für die U-Bahn zum Air-Terminal West bezahlt hatte, blieb mir gerade noch genug Kleingeld, um von Charing Cross bis zur anderen Seite von Westminster, nach Blackheath zu fahren, wo meine guten Freunde, Peggy Middleton und ihr Mann, lebten.

Peggy und Alec hatte ich zum ersten Mal in Spanien getroffen, im Jahr 1965. Peggy war früher Friedensrichterin gewesen, sie war ein Anlaufpunkt für viele Unterdrückte, für die sie sich einsetzte. Sie war klein, mollig, und wenige Bürokraten entkamen ihrem beißend scharfen Geist. Alec war schlank, hager und todernst, er war ein Forscher, der für die nationale Kohlenbehörde arbeitete. Er war auch mit dem englischen Dichter Thomas Hardy verwandt. Unter seiner traurigen äußeren Erscheinung war er sehr belesen.

Ein paar Jahre lang hatte ich mit ihnen in Briefwechsel gestanden, und das letzte Mal, als ich in London war, hatte mich Peggy für eine Nacht untergebracht – länger wollte ich ihnen nicht zur Last fallen, aber es war gerade genug Zeit, um mich wieder zurecht zu finden. Auf der Reise von der Karibik nach Südamerika war der Kontakt zu ihnen abgerissen, aber ich hatte eine Postkarte aus Montevideo geschrieben und mitgeteilt, dass ich auf dem Weg nach London war.

Freunde sind wirklich etwas Kostbares, und Freunde, die einem über die Jahre der Abwesenheit die Treue halten, sind ein großes Glück. Ich hatte Peggy und Alec durch reinen Zufall getroffen, und ich bedauerte nur, dass es nicht früher in meinem Leben geschehen war.

In der Dämmerung des Morgens kam der erste U-Bahnzug in Earls Court an. Von hier aus bis nach Charing Cross waren etwa sieben Kilometer zu laufen. Als ich die Cromwell Road entlang ging, wurde es langsam heller. Der Wind kam aus Osten. Mit meiner gelben Ölzeugjacke und meinen verlotterten Jeans kam ich wohl den Arbeitern, die so früh am Morgen unterwegs waren, den Kohlenfrauen und den Milchmännern etwas seltsam vor. Ich war sonnenverbrannt und sah aus wie ein Araber, aber ich tröstete mich damit, dass London schon viel fremdartigere Typen gesehen hatte. Außerdem fühlte ich mich nicht als Fremder, die Straßen waren sauber gefegt, die Leute waren freundlich und höflich, aber ein wenig blass. Und dann die unbewaffneten Bobbys, bei deren Anblick ich trotzdem unbewusst die Straßenseite wechselte – selbst Jahre später ging ich noch jedem Polizisten aus dem Weg, ein Überbleibsel aus der Zeit in Südamerika!

So gegen sechs Uhr erreichte ich die Westminster Bridge, ich ging auf die Brücke, lehnte mich an das Geländer an, ruhte mich ein wenig aus und dachte über meine Situation nach. Die Tide lief in die Themse ein, und die Seevögel zogen mit langsamen Flügelschlägen den Fluss hinauf, sie schwebten in der leichten Brise aus Osten mit der Tide mit. Ich war müde, ich hatte einen Flug von achtzehn Stunden hinter mir und Hunger hatte ich auch. Aber die Aussicht auf Big Ben und den großen Union Jack, der oben im Morgenwind flatterte, über den Gebäuden des House of Parliament, und die roten Doppeldeckerbusse, die über die Brücke fuhren, waren mehr als eine Entschädigung für meinen inneren Zustand.

Sea Dart sollte genau an diesem Tag in England ankommen, in Newhaven, an der Südküste. Ich würde Peggy besuchen, mir Geld für eine Fahrkarte nach Newhaven borgen, mir einen Liegeplatz für *Sea Dart* suchen und dann auf ihr leben. Newhaven würde meine Basis werden, bis ich genug Geld verdient hätte, um sie zu reparieren und auszurüsten. Vielleicht könnte ich in Newhaven auch Arbeit finden, möglicherweise in den Docks, bis ich wieder in See stechen könnte.

Während ich mich mit diesen Gedanken tröstete und mich innerlich aufzuheitern versuchte, kam ein Schlepper mit einer Reihe Lastkähne stromauf unter der Brücke hindurch. Ich schaute auf die rote Nationale am Heck des Schleppers. Dann spähte ich flussabwärts, wo man den dunstigen Schatten der *Discovery* am Ufer ausmachen konnte, das Schiff von Robert Falcon Scott, einem Veteran der unbeschreiblichen Entdeckungen. Ich dachte an all die anderen, die über die Jahrhunderte hinweg von dieser Insel aus aufgebrochen waren, von dieser kleinen Insel, um an jeden Punkt des Globus zu reisen, und von denen viele weniger Glück gehabt hatten als ich – sie waren nie zurückgekehrt. Dann fühlte ich, wie die Kälte durch meine Ölzeugjacke drang und ging weiter am Viktoria Embarkment entlang.

Ein Gruppe Penner stand um einen Wagen herum, wo man Tee kaufen konnte. Ich ging über die Straße und stellte mich zu ihnen. Der Tee war billig, nur 5 Pennies die Tasse und, da der Wagen einer Hilfsorganisation gehörte, bekam ich noch ein Brötchen dazu. Es war seit sieben Jahren meine erste Mahlzeit in England.

Einer der Penner, den ich zuerst für sechzig hielt, der aber jünger als ich war, etwa vierzig, sprach mich an: „Bist also in den Qualm gekommen, Kumpel?“ (Mit Qualm meinte er London).

„Bin gerade angekommen“, ich nippte an dem heißen starken Tee.

„Wo kommst du denn her?“ Er hatte einen altmodisch aussehenden blauen Anzug an, die Hosen waren fünf Zentimeter zu kurz. Er hatte einen Dreitagebart im Gesicht, trug keine Socken, und an einem seiner vergammelten Schuhe war der Schnürsenkel durch ein Stück Kordel ersetzt. Er hatte den leicht klagenden Midland-Akzent. Seine Hände waren zart und glatt.

„Aus dem Südwesten“, bot ich an.

„Cornwall?“

„Aus dieser Richtung.“

„Schöne Gegend da unten“, bemerkte der Kordelschuh. „War auch ein paar mal da. War Liegestuhlwärter am Strand, guter Job.“ Er biss in sein Brötchen. Nach einem Schluck Tee rülpste er. „Was haste denn da unten gemacht?“ Er musterte meine gelbe Öljacke, dann schaute er auf meine Deckschuhe. „War'ste fischen?“

„Genau richtig, Kumpel.“

„Wie war's ... gutes Geld?“

„Ganz gut, aber ...“, da er auf meine vergammelten Jeans schaute, „du weißt ja, wie das ist – wie gewonnen, so zerronnen ...“ Ich ging mit dem halb aufgegessenen Brötchen in der Hand zur Seite.

„Ja, ja, ich weiß“, grinste der Kordelschuhmann, „Kenn' ich nur zu gut ...“

„Also, ich muss jetzt gehen, muss meinen Zug kriegen“, erklärte ich ihm.

„Viel Glück, Kumpel.“

So wurde ich in England willkommen geheißen. Ich ging in Richtung Charing Cross.

Als ich bei Peggys Haus ankam, war es zehn Uhr. Um die Mittagszeit saß ich dann unter einem Baum im Blackheath Common Park und versuchte zu verdauen, was mir der Nachbar erzählt hatte. Sie waren beide tot, sie waren vor einem Jahr „eingeschlafen", wie er es nannte. Zuerst Peggy und dann Alec, ein paar Wochen später. Nein, er kannte die Adresse nicht, wo ihre Kinder lebten. Ja, es war schon eine große Tragödie, sie war eine gute Frau gewesen und Alec war einer der Besten.

„Ich danke Ihnen sehr", war alles, was ich zu dem Nachbar sagen konnte; wie im Nebel stolperte ich durch das Gartentor.

Ich dachte an Peggys Kampf für die Menschen, die weniger Glück im Leben hatten als sie selbst, an ihre Freizügigkeit und Alecs anständige Geisteshaltung. Zuerst redete ich mir ein, dass solche Menschen auf der Welt wirklich selten sind, aber dann hörte ich damit auf, es war eine nutzlose Übung, die die Lebenden benachteiligte und die Toten verehrte, die nichts mehr davon hatten. Die Toten sind nicht wirklich tot, jedenfalls sterben die Erinnerungen an sie nicht. Sie wollen uns einfach sagen, dass man sich aufraffen soll, dass man selbst etwas bewegen soll. Das Beste, was ich aus meiner Verehrung für Peggy und Alec machen konnte war, mein eigenes Leben über ihren Tod zu stellen. Das klingt zunächst egoistisch, aber nur, weil ich es so gemacht habe, leben sie heute in diesen Worten weiter. Um eine Kerze anzuzünden, brauchte ich Streichhölzer, und die würde ich nicht bekommen, indem ich mich auf mein Hinterteil setzte.

Nach einer Stunde, in der ich unter dem Baum beim Ententeich des Parks saß, entschied ich, *Sea Dart* zu holen. Es war das Einzige, was ich tun konnte. Für einen Landmenschen ist das vielleicht etwas unverständlich oder für jemand, der nicht wusste, was zum Teufel *Sea Dart* und ich zusammen durchgemacht hatten. Wir waren auf der Odyssee von Bequia nach Montevideo zusammen geblieben, und sie hatte mich nie im Stich gelassen. Sie war mein ganzer Besitz auf der Welt. Wenn ich wieder bei ihr wäre, wäre ich sicher, dachte ich.

Mit den paar Pennies, die ich noch hatte, kaufte ich einige Datteln bei einem Gemüsehändler in Blackheath Village und machte mich auf den Weg über die zirka hundert Kilometer nach Newhaven.

Es ist nicht so einfach, hundert Kilometer zu laufen. Ich musste mich immer wieder zwingen, einen Fuß vor den anderen zu setzen. Laufen gehört im allgemeinen nicht zu den herausragenden Fähigkeiten eines normalen Seemanns, aber ich hatte einen Plan, und das machte es leichter. Es war fast wie in einem Sturm, es war kein Ende abzusehen, aber irgendwie machte ich weiter. Ich stellte mir vor, dass mich jeder Schritt näher zu *Sea Dart* brachte und dass mich das Wiedersehen wieder ins Lot bringen würde. Ich ärgerte mich, dass ich meine Schreibmaschine nicht in Charing Cross zurückgelassen hatte.

Am Tag ging es ganz gut, besonders nachdem ich aus dem bebauten Gebiet heraus war und in die ländliche Gegend kam. Es war Spätsommer, und die Blätter der Bäume begannen, sich zu verfärben. Ich versuchte es als Anhalter, aber mir wurde bald klar, dass mich die Autofahrer in meinem Aufzug für einen Landstreicher hielten. Also weiter aus eigener Kraft, es wurde zu einer Gewohnheitssache, und ich war innerlich ganz zufrieden. Wenn man alleine läuft, dann ist es so ähnlich, als wenn man alleine segelt – ein Mann ist mit sich selbst im Frieden.

Um Mitternacht war ich aus den Vororten von London heraus. Ich schlief in einem kleinen Gartenhaus, das ich von der Straße aus gesehen hatte. Es war ein wenig eng, denn der Geräteschuppen war nur einmeterfünfundsechzig tief und ich bin einmetersiebenundsiebzig groß. Aber nachdem ich meine Füße zur Tür hinaus gestreckt und mich mit Kartoffelsäcken zugedeckt hatte, lag ich einigermaßen bequem. Bei dem Gedanken, dass ich noch ein paar Datteln übrig hatte und dass ich wieder in meinem Heimatland war, wurde es noch bequemer. Beim Einschlafen gingen mir alle Erlebnisse des Tages noch einmal durch den Kopf, der Himmel über England, die Vorgärten, die stabilen runden roten Briefkästen, die gepflegten kleinen Häuschen und die hübschen Kinder in ihren Schuluniformen an der Bushaltestelle.

Am Morgen war ich eine halbe Stunde vor Sonnenaufgang auf den Beinen und auf meinem Weg nach Süden. Als ich um die Mittagszeit nach Tonbridge kam, fing es an zu regnen. Aber ich ging weiter, ich hatte ja meine Ölzeugjacke. Aber am Abend schüttete es nur so herunter. Ich war in Uckfield und, als ich an eine Bushaltestelle mit einem Unterstand kam, sah ich eine lange Bank darin. Ich entschied mich, die Nacht hier zu verbringen. Ich setzte mich hin und aß den Rest meiner Datteln. Dann wrang ich, so gut es ging, meine Hosen aus und legte mich schlafen.

Als ich aufwachte, geriet ich in Panik. Eine Taschenlampe leuchtete in mein Gesicht – ich war wieder in dem kleinen Raum in Montevideo. Ich wurde stocksteif und hielt die Hände über meinen Kopf.

„Hallo, was soll das?“, rief eine dröhnende Stimme in Englisch.

Ich nahm etwas beschämt die Hände herunter. Die Taschenlampe ging aus, und ich konnte die silberne Plakette und den Helm eines Bobbys sehen.

„Was machen Sie hier, um diese Zeit, Sir?“ fragte er mich, er war grob aber höflich.

„Ich bin ... ich bin auf dem Weg nach Newhaven, Officer.“

„Aber der Bus kommt nicht vor halb sieben, und jetzt ist es zwei Uhr morgens ...“

„Ich hab' nicht genug Geld für ein Hotel“, entschuldigte ich mich.

„Wohnen Sie in Newhaven, Sir?“ Er inspizierte genau meine Kleider.

„Mein Schiff ist da ...“

„Schiff?“

„Ja, Officer, wissen Sie ...“, ich holte meinen Pass aus der Hosentasche und präsentierte ihn. Der Officer leuchtete ihn mit er Taschenlampe ab. Er hörte sich ruhig meine Geschichte an, aber es musste wohl die unwahrscheinlichste Geschichte gewesen sein, die ihm jemand in diesem Jahr erzählt hatte. Als ich fertig war, sagte er leise: „Also, sie müssen nicht hier bleiben. Ich gebe Ihnen einen Zettel, hier, gehen Sie zur Polizeistation in Uckfield, geben Sie den Zettel dort dem Beamten, er wird sie für die Nacht unterbringen.“

„Danke sehr, Officer.“ Ich wanderte hinaus in den Regen, zurück in das Dorf, durch das ich vorher gekommen war.

„Wissen Sie“, rief mir der Officer nach, „ein paar Kerle sind aus dem Lewes Gefängnis getürmt. Ich dachte, Sie wären einer von ihnen. Jetzt weiß ich es besser. Ich habe fünf Jahre Dienst gemacht, in der Royal Navy ... ich erkenne einen Seemann aus einer Meile Entfernung!“ Er kletterte auf sein Moped. „Also, gehen Sie zur Polizeistation – und viel Glück, Kumpel!“ Er fuhr mit dem knatternden Moped davon.

Im Regen lief ich ein paar hundert Meter in Richtung Uckfield zurück, dann drehte ich um und ging wieder Richtung Süden, nach Newhaven. Ich konnte den Gedanken, noch mehr Polizisten zu sehen, nicht ertragen, ich hatte immer noch tödliche Angst vor ihnen.

Ich schritt mit guter Geschwindigkeit auf der Straße voran, die über die South Downs zu See führt. Am Morgen hörte der Regen auf und als ich die höchste Stelle der Hügel erreichte, drehte der Wind auf Südwest.

Ich dachte daran, dass kein Ort auf der britischen Insel mehr als siebzig Seemeilen von der See entfernt ist. Ein an Land lebender Mensch kann das sicher schwer verstehen, aber Seeleute können die Nähe der See fühlen. Der Salzgehalt in der Luft, die der Wind über die ganze Insel trägt, ist überall. Er dringt in alles ein, er schwingt selbst in den tagtäglichen Gesprächen mit.

Die salzige Brise weht über die Hügel, die Moore, die Täler. Sie bläst in Böen auf den Landstraßen, stolpert durch die Gassen, sie rollt über die Wiesen der kleinen Dörfer auf dem Land und träufelt in kleinen Regenrinnsalen von den Aushängeschildern der Pubs und den Gittern aus Schmiedeeisen herab. Sie weht über die Kastanienbäume und schlüpft in die Schlösser, die Hütten und die Fabriken. Sie treibt die Briten zu einem unermüdlichen Verlangen, über die Ozeane zu wandern – aber für Außenstehende ist das fast unmöglich, zu begreifen. Sie denken, die Briten lassen die Fenster offen, weil sie, verrückt wie sie sind, den Durchzug lieben. Nein, es ist nicht der Durchzug, es ist die Salzluft vom Ozean her, die sie lieben, dachte ich.

Ich setzte mich eine Zeit lang auf einen alten Meilenstein, um mich auszuruhen, und schaute zu, wie die Sonne durch die niedrigen watteähnlichen Wolken über dem englischen Kanal draußen hindurch brach, den ich von meinem erhöhten Standpunkt aus sehen konnte. Ich sah auch mein Ziel, den Hafen von Newport, etwa zehn Kilometer weit entfernt. Ich konnte die Docks ausmachen, graue Finger, die in das blaue Wasser des Kanals hinaus liefen. Eine Fähre legte gerade ab, und mein Herz schlug schneller. Ich wusste, dass *Sea Dart* dort auf mich wartete. Der Gedanke an mein Schiff ließ mich aufstehen und brachte meine Füße in Bewegung. Die Straße ging jetzt abwärts.

Vor Newhaven kam ich an einem Apfelhain vorbei und stahl vier Äpfel zum Frühstück – der Farmer möge mir vergeben. Ich kaute heimlich daran, als ich in die Stadt hinein kam. Ich ging zur Busstation, um eine Weile zu schlafen; die Büros der Docks würden eh nicht vor neun Uhr aufmachen. Im Innern jubilierte ich, bald würde ich wieder mit meinem Schiff vereinigt sein! Ich stellte mir vor, wie ich sie (und mich) aufmöbeln würde und schlief ein.

Ich träumte, ich wäre wieder auf See ... ich fühlte die unwiderstehliche Faszination des Unbekannten. Ich schaute wieder auf die unendliche Weite, über die der Wind hinweg strich. Ich stellte mir voller Erwartung vor, was zwischen den pulsierenden, wogenden Wassern und dem blauen Himmel lag. Ich hörte den Wind im Rigg pfeifen, entzückt fühlte ich die unsichtbare Kraft, die mich voran zog, ich fühlte *Sea Darts* Deck unter mir, das sich im Rhythmus der nachlaufenden See hob und senkte.

Tag und Nacht, Tag und Nacht. Am Tag hart am Wind, mit dichtgeholten Schoten, das Schiff krängte, es folgte meinem Willen, als ich auf die hohe nebelverhangene Insel voraus zusteuerte, ich sah die ausgebaumten Segel in der Nachtbrise, wie sie den Wind einfingen, ich schaute nach achtern, auf das Wunder der phosphoreszierenden Sterne, die sich im sanften Kielwasser des Schiffs widerspiegelten. Tag um Tag, Nacht um Nacht. Ich wollte den nicht einzufangenden Horizont herbeiholen. Ich griff nach den Träumen der Götter. Ich konnte die Regenwolken über dem Ozean sehen und wie sie sich entluden, die wirbelnden Schneeflocken und das Eis, weit entfernte Berge, ich spürte die Anziehungskraft ihrer unbefleckten Schönheit, unerreichbar, immer ein wenig weiter voraus ...

Ich fühlte das innere Zittern in mir, das ich immer in mir habe, wenn die Reise zu Ende geht. Ich dachte schon an die nächste und fragte mich, welche neuen Anforderungen sie an mich stellen würde, welchen Preis ich für dieses Wunder zu bezahlen hätte. Denn ich wusste, dass mich die Götter, wenn sie nur wollten, jederzeit mit spielerischer Leichtigkeit ersäufen konnten.

Ich war wieder auf See, ich gab mich Ihnen preis, ich akzeptierte ganz bewusst die Unbequemlichkeit einer Seereise mit einem kleinen Schiff auf den Weiten des Ozeans, im Austausch für die Abenteuer und das ewig Neue, für den Stolz, den ich nach einer erfolgreich überwundenen Situation fühlte, und für die Erfahrungen, die ich sammeln konnte. Ganz bewusst deshalb, weil ich dem Ruf einer Macht der menschlichen Weisheit folgte, die ein Mensch nur zu gut kennt.

Drunten in den Docks von Newhaven träumte *Sea Dart* ihren eigenen Traum.

Eine Meute von einkaufenden Leuten, die aus einem Bus ausstieg, weckte mich aus meinen Träumen. Ich schaute auf die Uhr, es war halb zehn. Ich fluchte leise, weil ich so lange geschlafen hatte und machte mich auf den Weg zu den Docks. Die Salzluft wehte mir direkt ins Gesicht.

„Guten Morgen, Sir, was kann ich für Sie tun?“ Der Manager der Schifffahrtslinie war im mittleren Alter und gutmütig. Er hätte auch ein Devisenhändler oder ein Immobilienverkäufer sein können. Seine Erscheinung deutete nicht darauf hin, dass er wertvolle Güter aus vielen exotischen Ländern der Erde verwaltete.

„Ich sehe, dass die *Hardwicke Grange* draußen festgemacht hat ...“, sagte ich.

„Ja, sie ist gestern aus Südamerika angekommen.“

„Ich habe ein Schiff an Bord, die *Sea Dart*.“

„Ach, Sie sind der Kerl. Ja, wir haben sie heute morgen abgeladen, sie ist auf Dock Nummer eins.“

„Ich komme, um zu sehen, ob ich sie zu Wasser lassen kann, vielleicht finde ich einen Liegeplatz in Newhaven.“

Der Manager der Schifffahrtslinie blätterte durch die Ladepapiere. Er schürzte die Lippen. „Die Frachtkosten sind noch nicht bezahlt“, murmelte er.

„Nein, ich habe vereinbart, dass ich sie über die nächsten sechs Monate abstottern kann. Das haben wir drüben in Montevideo so abgemacht.“

Der Manager studierte wieder die Frachtpapiere. „Ah, ja, Sie haben recht, Sir, das geht in Ordnung. Sehr gut, sobald das Schiff aus dem Zoll heraus ist, kommen Sie am besten noch einmal hier her. Wir können ihnen sicher bei den örtlichen Problemen helfen, vielleicht einen Liegeplatz finden, vielleicht ...“

„Danke sehr, das ist sehr nett von Ihnen, Sir“, sprudelte ich heraus, mein Herz raste. Ich ging zur Tür hinaus, wieder ein paar Schritte näher zu *Sea Dart*. Es fing an zu regnen.

„Ja, wir haben sie angeschaut, alles scheint in Ordnung zu sein“, sagte der Zollbeamte. Er sah jung und hilfsbereit aus.

„Sehr gut, können Sie mir bitte eine Bescheinigung ausstellen, ich möchte Vorbereitungen zum Einwassern treffen.“

„Also, Sir, das ist nicht ganz so einfach. Tut mir leid, aber ich kann Ihnen keine Bescheinigung ausstellen, bevor die Mehrwertsteuer bezahlt ist.“ Er sah jetzt älter aus und unerbittlich.

„Die was?“

„Die Mehrwertsteuer. Wissen Sie, England gehört jetzt zur Europäischen Gemeinschaft, und nach den Gesetzen für die Einfuhr von Fahrzeugen und Schiffen ... mal sehen ... müssen Sie fünfundzwanzig Prozent des geschätzten Wertes, der dreitausend Pfund beträgt ... mal sehen ... also siebenhundertfünfzig Pfund bezahlen.“

Siebenhundertfünfzig Pfund – ich hatte zehn Pence in der Tasche.

„Also sehen Sie, das kann ich im Moment nicht bezahlen, ich muss das Geld erst verdienen ...“

„Ich fürchte, dann können wir das Schiff nicht freigeben, nicht bevor die Importsteuer bezahlt ist.“ Ich konnte mir vorstellen, wie sich seine Hacken in den Boden eingruben.

„Aber *Sea Dart* ist ein britisches Schiff, sie kommt nach Hause.“

„Ah, aber nach ihrem Bericht hat das Schiff drei Monate lang einem Amerikaner gehört, bevor Sie es gekauft haben. Tut mir leid, damit wurde es exportiert, was Sie jetzt machen, ist eine Wiedereinfuhr.“

„Kann ich an Bord gehen und ein paar Kleider holen?“

„Tut mir leid, Sir, aber alles ist unter Zollverschluss, das Schiff und jegliches Zubehör.“

„Darf ich *Sea Dart* anschauen?“

„Sicher, Sir, so lange Sie keinen Versuch machen, hineinzugehen.“

Zwei Minuten lang war ich mit *Sea Dart* vereint. Sie stand mit ihren drei Kielen auf dem Dock in Newhaven.

„Sie ist in Ordnung, Sir“, versicherte der Zollbeamte; sie sah traurig aus. Der Regen tropfte vom Deck.

„Ich krieg' sie raus. Ich krieg' sie raus aus dieser verdammten blödsinnigen Steuer, und wenn ich Himmel und Hölle in Bewegung setzen muss!“, sagte ich zu ihm.

Der Zollbeamte sah ernst aus, er begleitete mich zurück zu dem Manager der Schifffahrtslinie.

Ich konnte gar nichts machen, die Bürokratie hatte die Obermacht. Sie hatte hier gesiegt, genau wie in Südamerika, sie hatte ihre schleimigen klebrigen Finger um mein Schiff herum gelegt – und das in meinem Heimatland!

Ich warf meine gelbe Ölzeugjacke über die Schulter und nahm meine Schreibmaschine. Ich fühlte nach den zehn Pennies in meiner Tasche, kickte vor Wut mit meinen kaputten Deckschuhen in den Dreck und machte mich wieder auf den hundert Kilometer langen Weg nach London.

Up and down the City Road,
In and out the Eagle;
That's the way the money goes,
Pop goes the weasel!

(Rauf und runter auf der Strasse,
Rein und raus aus dem Eagle;
So geht das ganze Geld dahin,
Pop – und auch der Anzug ist weg!)

Kinderreim aus dem 19. Jahrhundert. „Eagle“ ist der Name einer Kneipe; sie steht immer noch in der City Road. „Pop“ bedeutet etwas ins Pfandhaus bringen. „Weasel“ kommt aus dem Cockney-Dialekt: weasel = whistle and flute = suit, also der Anzug.

6 Auf Schusters Rappen

Ich trottete aus Newhaven hinaus und die Hügel der South Down hinauf, auf der gleichen Straße, die ich erst am Morgen gegangen war. Das Blut in meinem Kopf raste. *„Steuer bezahlen für ein britisches Schiff, das nach England zurück kommt! Von den Fingerknöcheln der bürokratischen Saurier niedergedrückt zu werden, die ihre hinterhältigen Pläne hinter ihren verdammten Aktenschränken in irgendeinem feuchten Keller in Brüssel aushecken?"*

Ich versuchte, mich an die Geschichte mit der ominösen Schiffssteuer zu erinnern, die man britischen Staatsangehörigen früher schon einmal aufgebrummt hatte. Damals war es ein Mann gewesen, der göttliches Recht in sich fühlte: König Charles der Erste. Er endete, indem sein Kopf die Treppenstufen von Whitehall herunterrollte. *„Hier kannst du keine Methoden aus der amerikanischen Revolution anwenden, Kumpel", sagte ich zu mir. „Du hast keine Hilfe von Frankreich zu erwarten, und du hast auch keinen Sicherheitsabstand von dreitausend Seemeilen gegenüber London! Nein, du stehst direkt auf der Türschwelle."*

Ich knurrte in mich hinein. „Europäische Gemeinschaft, Gemeinsamer Markt? Was für einer? Ein ausgezeichnet passender Name!" Dabei hatte ich gar nicht mit meinem Volk zusammen darüber abgestimmt, ob wir überhaupt nach Europa hinein wollten. Ich hatte auch keinen von den Abgeordneten gewählt, die mein Land mit der Zukunft und den Karrieren der Weinbauern auf Sizilien zusammenkoppelten oder mit den deutschen Wurst- (oder Waffen-)fabrikanten. Ich machte eine Drehung um einhundertachtzig Grad und lobte die Amerikaner. *„Keine Steuer ohne persönliche Anwesenheit! Verdammt richtig!"*

Die Geister von John Hampden und John Bunyan drehten sich in ihren Gräbern um. Verbittert machte ich mir klar, dass man mein Land für eine Portion Froschschenkel und eine Schüssel Sauerkraut verkauft hatte.

Wenn wir Glück hatten, gab es als Sonntagsessen eine Ladung Spaghetti.

Als ich die Anhöhe der Downs erreichte, drehte ich mich um und schaute zurück in die Richtung von Frankreich. *„Die und ihr verdammter Code Napoléon – ein Mann ist schuldig, wenn er nicht das Gegenteil beweisen kann! Die und ihre Sicherheitspolizei, ihre Formulare, Stempel, Nummerierungen von der Geburt an bis zum Grab. Die und ihre kastrierende Académie Française!"*

„Eine Steuer zu erheben für ein britisches Schiff, das nach Hause zurück kommt! Ich würde lieber löffelweise Ananassaft an die Weiber im Puff verfüttern als diesen glattärschigen Idioten auch nur einen Penny zu geben!"

Ich setzte mich wieder auf den alten Meilenstein oben auf den Downs und traf eine Entscheidung. Ich schaute zurück auf die Docks von Newhaven. Ich würde die Mehrwertsteuer nicht bezahlen, lieber würde ich *Sea Dart* wieder aus dem EG-Raum ausführen, und wenn es nur zwölf Seemeilen wären und selbst wenn ich sie dann versenken oder in Brand setzen müsste. Oder ich würde sie dort auf dem Dock in die Luft jagen – jedenfalls würde ich lieber in der Hölle braten als nur einen Penny dieser verschissenen Steuer zu bezahlen!

Ich stand auf, fühlte nach den Münzen in meiner Tasche und trottete weiter durch die englische Landschaft. Ich hatte die Ölzeugjacke über die Schulter geworfen – jetzt ging es mir viel besser! Gegen die Mittagszeit sah ich einen Kartoffelacker und „borgte" mir ein halbes Dutzend. Die waren bald in einem Feuer gelandet, das ich in einer Senke neben der Straße entfacht hatte. Ich wickelte die Kartoffel in eine alte Zeitung ein, die ich aufgelesen hatte und aß sie *al fresco*, im Weitergehen. *„Mir Steuern auferlegen?", knurrte ich, „dafür klaue ich ihre verdammten Kartoffeln!"*

Es war ein schöner Tag. Der August ist in England der trockenste und wärmste Monat. In den Gärten um mich herum waren die Bäume voller Früchte, und in den braunen Hopfenfeldern waren die Leute mit der Ernte beschäftigt. Aber im Gegensatz zu früheren Zeiten war das Leben auf dem Land schwieriger geworden. Die Leute sahen jeden misstrauisch an, der zu Fuß ging. Sie schienen zu denken, dass er entweder zu arm war, um sich ein Auto zu leisten, oder dass sein Wagen zusammengebrochen war und er auf dem Weg zu einer Werkstatt sei. Wenn sie meine abgerissene Erscheinung sahen, war klar, in welche Kategorie sie mich einordneten, die meisten gaben mir nur ein leichtes Kopfnicken, wenn ich ihnen in die Augen sah, und ohne einen Blick gar nichts. Immer wieder wünschte ich mir, ich wäre nicht im Süden Englands, sondern im Norden, hinter der legendären Linie des Wash, wo die Engländer eher von den Kelten und Skandinaviern abstammen und zu Fremden viel freundlicher sind. Die berühmte britische Kälte kommt hauptsächlich von den ersten Eindrücken der Fremden, und leider kommen die meist im Südosten von England an, wo die Landbevölkerung irgendwie „triefnäsig" ist, wie wir in Liverpool sagen.

Ich selbst habe mir nie das Ideal des „kerngesunden Bauern" vorgegaukelt. Man hat viel Mist geschrieben über die rotbäckigen Mädchen und die barfüßigen Jungen, die zusammen über die Felder tanzen, und die kräftigen, nachdenklichen Bauern, die ihre Nase in die Natur hinaus halten. Nach meiner generellen Erfahrung in vielen europäischen Ländern ist die Landbevölkerung im allgemeinen (es gibt auch Ausnahmen) wenig interessant, und auch wenig interessiert. Das kann sein, weil ihnen oft die Gelegenheit zu einem guten Gespräch fehlt, aber ich habe den Verdacht, dass es von den engstirnigen sozialen Strukturen in den kleinen Dörfern kommt. Von dem Klatsch, dem Hack, dem Besitzneid und dem grundlegenden tiefen Misstrauen gegenüber allen Neuerungen. Es fiel mir schon immer schwer, unter ihnen zu leben, es war viel komplizierter als mit Seeleuten oder Stadtmenschen. Kein Wunder, dass die meisten Mitläufer der Nazis vom Land kamen.

Abgesehen von den misstrauischen Blicken der vorbeifahrenden Leute in den Autos war mein Marsch erhebend. Ich liebte die Felder und die Bäume. Ich bedauerte die Stadtmenschen, die die Natur nur durch die geschlossenen Fenster ihrer Autos hindurch erleben. Die stillen Pausen zwischen den vorbeiröhrenden Lastwagen und den vorbeizischenden Personenwagen waren eine Wohltat. Ich trottete die Straße entlang und aß meine delikaten gestohlenen Kartoffeln. Ich schmiedete einen Plan.

Wenn ich nach London käme, würde ich die Redaktion einer Sonntagszeitung aufsuchen. Ich würde versuchen, ihnen meine Geschichte zu verkaufen. Danach würde ich nach Hampstead gehen, ich hatte einige Freunde und Bekannte dort, vielleicht konnte ich sie finden, danach meine Situation in den Griff kriegen und Arbeit finden. Dann erinnerte ich mich daran, dass ich zwölf Jahre lang Dienst in der Marine geleistet hatte. Ich hatte Sozialabgaben bezahlt. Ich rechnete nach: sagen wir, man hatte mir etwa ein Pfund pro Woche abgezogen, mal zwölf Jahre – mehr als sechshundert Pfund! Ich rechnete, wenn man mir nur fünf Prozent davon ausbezahlen würde – dreißig Pfund! Das würde für eine Weile reichen, bis ich Arbeit hatte! Ich aß meine letzte Kartoffel, es fing an zu regnen. Ich erreichte den Stadtrand von London, und ein Lastwagenfahrer nahm mich mit.

Um fünf Uhr am Morgen kam ich bei der Station Charing Cross an. Weil die Bobbys die Schläfer von den Bänken des Bahnhofs und in den Warteräumen vertrieben, ging ich hinunter zu den Bögen unter dem Bahnhof. Das war ein bekannter Schlafplatz für mittellose Landstreicher. Ich fand ein paar schlafende Männer und Frauen, meist Ältere. Ich nahm ein paar weggeworfene Zeitungen aus einem Papierkorb und legte mich zum Schlafen hin, aber zuerst steckte ich die zehn Pennies in einen meiner Socken und packte meinen Pass fest in die Hosentasche. Ich schlief ohne zu träumen, ich war zu müde.

Die Redaktion der Zeitung in der City Road, etwa drei Kilometer von Charing Cross entfernt, machte um neun Uhr auf. Ich hatte mich in der Toilette des Bahnhofs gewaschen und gekämmt, was mich fünf meiner wertvollen Pennies gekostet hatte. Dann ging ich zu einem kleinen Wagen auf dem Bahnsteig und kaufte eine Tasse Tee und ein Brötchen. Ich hatte noch genau einen Penny.

Außer meinen Deckschuhen, die am Auseinanderfallen waren, sah ich ganz präsentabel aus, dachte ich. Ich rollte meine gelbe Ölzeugjacke zusammen und klemmte sie unter den Arm. Der uniformierte Türsteher in der Redaktion zog eine Augenbraue hoch, dann machte er zögernd einen internen Telefonanruf und ließ mich durch.

„Was kann ich für Sie tun?“, fragte der Redakteur. Er war so um die fünfundvierzig, schwer gebaut, und sein Gesicht zeigte den selbstsicheren, ungeduldigen Ausdruck eines Mannes, der unter Magengeschwüren leidet. Ich hatte ihm ein paar Artikel aus Bolivien geschickt, er wusste also genau, wer ich war.

„Also ... das ist so ...“ Ich erzählte ihm weitschweifig meine Geschichte, irgendwie fühlte ich mich in diesem Büro in London nicht wohl. Ich erzählte ihm von den Reisen, die ich gemacht hatte, von der Komik und den Gefahren, von den Kämpfen und den Ängsten, die ich durchgemacht hatte und endlich von der Verhaftung *Sea Darts*. Zwischendurch schaute der Redakteur immer wieder auf die Uhr. Als ich nach vielleicht zwanzig

Minuten zu Ende kam, sagte er: „Also, weil Sie niemand gesponsert hat, ist das natürlich alles ein wenig schwierig. Sie sind unbekannt, man kennt Sie nur in der Seglerszene. Hätte man Sie gesponsert, wie Sir Francis Chichester zum Beispiel, wissen Sie, die Wollfabrikanten und die Brauereien, dann wäre das eine andere Geschichte, sie wären bekannt, sehen Sie. Also, wie die Sache liegt, können wir Ihnen fünfundzwanzig Pfund anbieten, aber dann wollen wir aber Ihre ganze Lebensgeschichte."

„Aber ich habe genug Material für ein Buch!"

„Ah, aber ist es schon geschrieben?"

„Also, eins habe ich geschrieben, die *Indian Ocean Saga*, damals 1973, aber der Verlag hat es an meine Freundin Peggy Middleton zurückgeschickt, weil ich weg war".

„Und wo ist das Manuskript jetzt?"

„Keine Ahnung, Peggy ist tot."

„Ah, schade, also wie gesagt, wir können Ihnen fünfundzwanzig Mäuse anbieten."

„Nein danke!"

Das Gesicht des Redakteurs hellte sich auf. „Und was machst du jetzt, alter Knabe? Wieder hinaus auf See?", fragte er.

„Nein – ich gehe zum Sozialamt."

„Natürlich, gute Idee. Also dann, mach's gut! Denk' an die Zukunft, eh?"

„Mach' ich, ja. Ich werde mich an Sie erinnern, natürlich werd' ich das." Ich ging wieder hinaus auf die trübe City Road, vorbei an dem brodelnden Eagle Pub.

Im Vergleich zu den Märschen der letzten zwei Tage war der Weg nach Hampstead ein Spaziergang, schnell und einfach. Der Gedanke an das Sozialamt und die Hilfe, die ich dort bekommen würde, beflügelte mich. Gegen die Mittagszeit kam ich beim Büro in Rosslyn Hill an. Es waren etwa dreißig Leute vor mir. Ich setzte mich, um zu warten, bis ich an der Reihe war. Ich war der einzige Weiße, aber das konnte man bei meinem sonnenverbrannten Gesicht kaum bemerken. Die anderen waren Inder, Pakistanis und Afrikaner. Es gab auch ein paar aus der Karibik, und an der Tür unterhielten sich ein Mann und eine Frau in portugiesisch. Ich hörte sie über Timor sprechen, wo sie anscheinend herkamen.

Die Mischung der Leute erinnerte mich an die Seemannsbörse in Liverpool, wo man mich 1952 aus gesundheitlichen Gründen abgewiesen hatte.

Natürlich waren damals keine Frauen dabei. In ihren eleganten Saris mit Goldverzierungen waren die pakistanischen Frauen ein Augenschmaus. Es war auch eine indische Frau anwesend, mit dem Zeichen der brahmanischen Kaste auf ihrer Stirn, und eine Gruppe molliger Damen aus Jamaika, die scherzten, dass sie zu Weihnachten wieder in Kingston sein würden.

Wir warteten alle über die Mittagszeit im Sozialamt. Es ging nur ganz langsam voran, draußen fuhren nacheinander drei Autos und ein Taxi vor. Drei pakistanische Paare kamen herein und ein Westafrikaner mit einer langen bunten Robe, die bis zu den Sohlen seiner Schuhe reichte. Auf dem Kopf trug er eine kleine weiße Kappe, wie sie Pandit Nehru bevorzugt hatte. Er hatte vier oder fünf Goldzähne, und am Handgelenk trug er eine goldene Uhr. Als die Minuten vorbeikrochen, kamen noch weitere Afrikaner und Pakistanis herein. Keiner der Leute hier schien niedergeschlagen zu sein, ganz im Gegenteil. Die Frauen quasselten miteinander und die Männer lachten. Es war interessant zu sehen, dass es fast keinen Kontakt zwischen den Indern und den Afrikanern gab oder zwischen den Afrikanern und den Leuten aus der Karibik. Alle bildeten eigene kleine Gruppen, ignorierten die anderen oder warfen sogar feindselige Blicke hinüber. Aber das war für mich nicht von Belang, ich war sehr müde und hungrig, ich hatte keine Lust auf eine Unterhaltung.

Ich bemerkte trotzdem, dass sich das Benehmen der Leute änderte, sobald sie an die Reihe kamen. Ihre Gesichter wurden ernst, als wenn das Schicksal ihnen plötzlich grausame Schmerzen bereiten würde, ihnen unendliche Not bescherte. Als sie dann aus den kleinen Gesprächskabinen heraus kamen und einen Briefumschlag in den Händen hielten, waren ihre Gesichter wieder heiter. Sie gingen zu ihren Frauen, und alle, ohne Ausnahme, zählten das Geld nach, bevor sie weggingen. Ich beobachtete sie und freute mich für sie, besonders für die mit Kindern. Ich hatte einmal mit meiner Mutter im Büro der örtlichen Wohlfahrtskomitees in Dolgellau warten müssen, damals während der Depression. Ich hatte die Warteschlangen gesehen (damals gab es keine Stühle) und das Gesicht meiner Mutter, als sie die rosa Marken in der Hand hielt, für die man Brot bekam. 1946 hatte ich dann die Labourpartei gewählt, damit Menschen, die wegen Krankheit oder anderen Gründen nicht arbeiten konnten, wenigstens überleben sollten. Jetzt sah ich, dass die wohlgemeinten Absichten von Lord Beveridge funktionierten, sie halfen den Kindern dieser armen Fremden, sie sicherten ihre Zukunft und ihr Lebensglück, mit einem System, zu dem auch ich, in bescheidenem Maßstab, beigetragen hatte. Es beendete die Jahrzehnte des Hungers und der trostlosen Menschenverachtung.

Ich kam um halb vier dran. Es hatte vorher eine Verzögerung gegeben durch zwei Herren, indische Sikhs, die nicht die richtigen Formulare dabei hatten. Während wir warteten, schickte man einen Boten los, um den Fehler zu beseitigen. Endlich kamen die Sikhs aus den Kabinen heraus, zählten ihr Geld und gingen.

Ich ging in die Kabine. Mir gegenüber saß ein Mann von etwa fünfundfünfzig. „Bitte nehmen Sie Platz, sie dürfen rauchen, wenn Sie wollen", begrüßte er mich.

„Danke, aber ich habe keine Zigaretten mehr."

Er verstand den Wink mit dem Zaunpfahl. „Bitte, nehmen Sie eine von meinen!" Er gab mir Feuer.

„Also, was kann ich für Sie tun?"

„Ich brauche etwas Geld, bis ich Arbeit gefunden habe", antwortete ich.

„Lohnsteuerkarte!", verlangte er.

„Ich habe keine, wissen Sie, ich war im Ausland ..." Ich erzählte ihm kurz meine Geschichte. „Ich bin verzweifelt", sagte ich. „Ich kann nicht auf meinem Schiff leben, die Freunde, die ich hatte, sind gestorben ... ich will arbeiten, Geld verdienen und mein Schiff aus dem Schlamassel herausholen ..."

„Können Sie Ihr Schiff nicht verkaufen?"

„Nein, es ist unter Zollverschluss."

„Wo leben Sie jetzt?"

„Also, ich habe noch keinen Platz gefunden. Deshalb bin ich ja hergekommen, um ein wenig Geld zu bekommen, dass ich mir einen Platz suchen kann."

„Keinen festen Wohnsitz?"

„Nicht direkt – das Schiff ist mein Wohnsitz, es ist drunten in Newhaven, aber der Zoll lässt mich nicht an Bord."

„Dann müssen Sie sich an das Sozialamt in Newhaven wenden."

„Aber ich kann nicht auf meinem Schiff wohnen, bevor ich nicht die Importsteuer bezahlt habe."

„Dann müssen Sie zum Rowton House."

„Rowton House?"

„Ja", sagte er und zündete sich eine Zigarette an. „Das ist das Heim für obdachlose Männer."

„Wo ist das Rowton House?"

„Woolwich."

„Aber das ist kilometerweit weg, auf der anderen Seite der Themse."

„Dafür gibt es Busse und Züge ..."

„Aber ich habe nur noch einen Penny", sagte ich, „schauen Sie, können Sie mir nicht das Geld für eine Fahrkarte zum Rowton House geben?"

„Tut mir leid, Alter, aber das ist gegen die Bestimmungen. Geld können wir nur den Leuten geben, die in unserem Bezirk wohnen. Unverheiratete Männer ohne festen Wohnsitz müssen zum Rowton House."

Ich erinnerte mich jetzt, dass ich den Namen schon einmal gehört hatte, vor vielen Jahren. „Aber ist das nicht ein Heim für Säufer und Penner?"

„Tut mir leid, aber ich muss mich an meine Vorschriften halten, wir können doch nicht jedem hergelaufenen Hinz und Kunz Geld in die Hand drücken ... also wissen Sie, wie das System darauf reagieren ..." Weiter kam er nicht.

„Gut, ich gehe!", kündigte ich an.

„Sie könnten es bei der Heilsarmee in Brixton probieren", riet er mir. Ich drehte mich um und stolperte durch die wartende Gruppe der Exoten zur Tür hinaus.

Die Sohlen meiner Deckschuhe flappten, als ich den Hügel hinauf nach Hampstead Heath schlurfte. Dort setzte ich mich unter einen Baum und schaute auf die City von London und Westminster unter mir.

Die Dämmerung fiel über London herein, und unten im Tal begann ein Lichterteppich sich auszubreiten. Langsam ließ mein Ärger nach. Ich erinnerte mich wieder, dass ich in meinem Heimatland war, in Sicherheit! Die Dinge, die ich während der letzten drei Tage erlebt hatte, gingen mir durch den Kopf.

Ich dachte daran, was der Beamte auf dem Sozialamt hatte durchblicken lassen. Ich erinnerte mich, dass ich sicherlich der einzige in England geborene Antragsteller gewesen war. *„Wie gut muss es doch meinen Landsleuten gehen"*, dachte ich. Aber ich wusste, dass das nicht unbedingt so war. Hampstead Heath ist ein relativ reicher Bezirk der Mittelklasse, in anderen Bezirken Londons hätte es sicher einen höheren Prozentsatz an Briten im Sozialamt gegeben als gerade hier. Also gut, zahlte man heute die Zinsen aus der Zeit des British Empire? Aber dann fiel mir ein, dass Timor nie zum britischen Königreich gehört hatte, und dass viele der Leute, die ich im Sozialamt gesehen hatte, zu den Zeiten des British Empire noch nicht einmal geboren waren.

Also welche Zinsen? Wessen Zinsen? Sicherlich nicht meine, und auch nicht die meiner Vorfahren aus der britischen Arbeiterklasse. Alles, was die vom Empire abbekommen hatte, waren Armut, Krieg, Wunden und Witwenrenten. In Ordnung, die alten Schulden mussten bezahlt werden, aber wer gab mir etwas für die Arbeit meiner Vorfahren, die in den Minen und auf See geschuftet hatten, vom kindlichen Alter von acht Jahren an bis zu ihrem frühen Tod? Wer bezahlte etwas für die Briten, die über die halbe Welt hinweg im Exil gelebt hatten, als unterdrückte Beamte und Gefangene?

Mein Ärger verflog. Ich merkte, dass ich plötzlich verstand, was scheinbar vernünftige Leute zu Nazis macht, zu rabiaten Nationalisten und zu fanatischen Rassisten. Es ist nur die Abwälzung des persönlichen Unglücks auf andere Leute und nur, weil sie anders aussehen. Es wurde mir klar, dass man ständig vor sich selbst auf der Hut sein muss, wenn man kein Fanatiker werden will. Man muss jede einzelne Situation, an der andersartige Menschen beteiligt sind, erst genau analysieren, bevor man wild um sich schlägt.

Was mir passierte, war sicher nicht die Schuld der andersfarbigen Menschen im Sozialamt. Es war die Schuld der inflexiblen Gesetze und Bestimmungen und ihrer blinden Durchsetzung. Es war die kopflastige Bürokratie eines Landes, das die eigenen Landsleute übersah und Geschenke und Segnungen an Fremde verteilte (für die Bürokraten ist es ja auch nicht das eigene Geld), für die England nicht mehr bedeutete als ein Land, in dem man mühelos und ohne Anstrengung zu Geld kommen konnte. Und warum sollten daran die Ausländer schuld sein?

Etwas später erkannte ich dann die Komik der Situation. Ich streckte mich im Gras aus und lachte laut hinaus in die Nacht. Ich lachte so lange, bis ich müde wurde und hungrig unter der großen englischen Eiche einschlief.

Last night down our alley came a toff,
a big, fat geezer with a 'acking cough;
He sees me missus, takes his blinkin' topper off –
In a very gentlemanly way ...
Says ´e ... I've got some grand news for you to tell –
Your rich uncle dahn in Camberwell
Died ... just after making out ´is will –
Leavin' you 'is pony an' is shay –

„Oh-what cheer," all the neighbours cried,
„Who you goin' ter meet , Bill?
'Ave yer bought the street, Bill?"
Laugh? I thought I should 'a' died –
We knocked them in the old Kent Road!

(Ein Fatzke kam in uns're Strasse, letzte Nacht,
Ein großer fetter Tropf mit keuchendem Husten.
Er sieht meine Frau und zieht seinen Zylinder
Auf eine feine, höfliche Art.
Er sagt: ich hab' gute Nachricht für Sie,
Ihr reicher Onkel drunten in Camberwell –
Tot ... nachdem er sein Testament gemacht –
Sie erben sein Pony und das Heu.

„Oh, welche Freude", riefen die Nachbarn,
„Wie gut wirst du jetzt leben, Bill?
Wirst du die ganze Strasse kaufen, Bill?"
Lachen? Ich hätte sterben mögen –
Wir verprügelten alle in der Old Kent Road.

Aus *The Old Kent Road*, einem Song aus den Cockney-Musikhallen um das Jahr 1900.

7 Die alte Kent Road hinunter

Hampstead Heath ist der höchste Punkt in London. Er ist immer Regen und Wetter ausgesetzt, unabhängig davon, aus welcher Richtung der Wind weht. Ich hätte auch auf dem Highgate Friedhof schlafen können, fünf Kilometer die Straße runter, aber ich war zu müde und die Füße taten mir weh. Also zog ich die Knie unter mein Kinn, als ich wegen der Kälte aufwachte. Die Pubs hatten schon seit drei Stunden geschlossen, und der Hügel mit seinen Straßen lag verlassen da. Aber ich fand ein wenig Schutz im Eingang der U-Bahn-Station, und in der Morgendämmerung hörte es auf zu regnen.

Weiter unten, in Rosslyn Hill, standen Bänke auf beiden Seiten der Straße. Ich ging zu ihnen, fand aber heraus, dass man eiserne Zwischenstücke eingebaut hatte, die es unmöglich machten, sich hinzulegen. Ich setzte mich hin und fluchte auf die Sadisten aus der Zeit Edwards, die sich diese Art der Folterung ausgedacht hatten. Ich fragte mich, was sie sich wohl dabei gedacht hatten, als sie diese gewundenen eisernen Dinger konstruierten, die alle sechzig Zentimeter aus der Bank herausragten. Sollten sie die Liebespaare auseinander halten? Wussten sie denn nicht, dass es in einer Stadt schwer ist, einen Platz zu finden, an dem man sich aneinander kuscheln und Händchen halten kann? Und dass es auch noch verlorene Seeleute gibt, die wegen der Eisenstücke auf dem Boden schlafen müssen? Ich lehnte mich zurück und schloss die Augen.

„Morgen Bursche!“ Es war eine hohe Stimme, sie betonte die letzte Silbe. Bevor ich die Augen öffnete, wusste ich, dass es ein Mann aus Wales war. Er war klein, nicht mal einssechzig, dunkel und sonnenverbrannt wie ich. Er hatte einen schwarzen Hut auf dem Kopf, und in seinem Haar gab es graue Strähnen. Seine Augenbrauen waren buschig, seine Nase war groß, es war eine aggressive keltische Nase aus Nordwales. Sein Bart war schon ein paar Tage alt, und darunter trug er einen uralten Trenchcoat, der bis oben hin zugeknöpft war, ein Tauende diente als Gürtel. Der Trenchcoat war ihm viel zu groß, er reichte bis hinab zu seinen Schuhen, Fußballschuhen, die Stollen fehlten. Neben den Schuhen waren auch seine Augen bemerkenswert. Sie waren weise und traurig, aber sie funkelten trotzdem vor Humor. Er stand da, studierte mein Gesicht, meinen Bart, meine verlotterte Schreibmaschine und meine zerfallenen Deckschuhe. Ich schätzte, dass er ebenso alt war wie ich.

„Einen guten Morgen wünsch' ich“, begrüßte ich ihn – ein wenig Höflichkeit kostet nichts um diese Zeit.

„Bis'te auf der Straße, Frau weg? Hier, nimm 'ne Kippe ...“

Er hielt mir eine Blechdose hin. Ich nahm sie dankbar in Empfang und entdeckte darin ein paar schöne lange Kippen und ein Päckchen Zigarettenpapier. Ich brach zwei der Zigarettenenden auseinander, bröselte den Tabak mit schmierigen Fingern auf ein Papier und rollte eine Zigarette. Ich zündete sie an und nahm einen der besten Züge, die ich je im Leben genossen habe.

„Heiße Dai“, sagte mein neuer Bekannter, als er sich neben mich auf die Bank setzte. Ich stellte mich vor.

„Bist du aus der Gegend, Bursche?“, fragte er.

Bruchstückartig erzählte ich im meine Geschichte. Ich konnte sein ungläubiges Gesicht sehen, bis ich meinen Pass herausholte. Als er das königliche Wappen auf dem Deckel sah, winkte er ab. „Die südamerikanischen Kerle können dir nicht mehr in deinen Pass hineinstempeln als man ohnehin schon in deinem Gesicht lesen kann, Bürschchen.“ Er hustete die Worte heraus.

Dai hörte mir aufmerksam zu, als ich ihm erzählte, was mir nach meiner Ankunft in London passiert war. Er schwieg eine Minute oder so. Inzwischen erwachte Hampstead zu Leben. Milchmänner und Briefträger tauchten auf und gingen ihrer Arbeit nach. Zuvor waren Arbeiter an uns vorüber gegangen, nun waren es Büroangestellte, Männer und Frauen. Die jungen Leute waren so modisch wie möglich angezogen, die älteren sahen etwas abgewetzt aus und ruhiger. Keiner schaute zum Himmel hinauf.

„Diese Freunde, die du in Hampstead hast, Tristan, ... wo wohnen die?“, fragte Dai nach einigem Nachdenken.

„Das ist das Problem, Dai, ich war nie bei ihnen, ich meine hier. Hab' sie im Ausland getroffen, und die Adressen sind auf dem Schiff, und ich ...“

„ ... kann nicht aufs Schiff." Dai beendete meinen Satz. „Das ist wieder mal typisch, Bursche." Er steckte die Hand in seinen Regenmantel, fischte herum und kam mit einer Zeitung heraus. Er wickelte sie auf und förderte ein Schinkensandwich zu Tage, das an den Enden schon ein wenig eingerollt war. Er brach es auseinander und gab mir die Hälfte. Es hatte seinen Teil hinuntergeschlungen, noch bevor ich die nächste Frage stellen konnte.

„Deine Freunde ... wie heißen die?"

„Einer heißt Peter Kinsley ..."

„Oh, Gott hat dich lieb, Junge! Sag' nichts mehr, halt' den Mund! Warum? ... Ich kenne Peter seit Jahren ... er geht in den Flask Pub, oben an der Straße ... ein Schriftsteller, nicht wahr? ... mein Gott, natürlich kenne ich Peter ... du hast Glück Bürschchen ... er wird sicher um die Mittagszeit im Pub sein ... immer gut für ein Pfund, der Peter. Ich hab' mich über das Wochenende selbst versorgt und manchen Schluck Rachenputzer auf Peter genommen, mein Gott, wirklich, Bürschchen, ist das nicht fabelhaft?" Er fischte in seiner anderen Tasche und zog eine Flasche heraus. Er waren noch etwa fünf Zentimeter Wein darin.

„Das müssen wir feiern, Bursche!", er hielt mir die Flasche hin. Ich zog den Korken heraus und nahm einen Schluck von dem essigsauren Zeug. Es wurde mir fast übel. Dai lachte und goss den Rest in zwei Schlucken durch seine Kehle. Dann stand er auf, schlurfte zu einem Papierkorb und legte die Flasche mit seinen Händen, die Riefen von Dreck hatten, sorgfältig oben auf den Abfall, so wie ein Priester den Messkelch auf dem Altar abstellt. Dann kam er wieder zu mir herüber. „Die Wege des Herrn sind wundersam", predigte er.

„Amen sag' ich!"

„Also, mein Freund, jetzt ist es halb zehn. Ist Zeit fürs Café, also los ... ist Zeit für den Morgentee, weißt du, Bürschchen!" Er machte ein paar Tanzschritte. Ich schaute auf meine Klamotten und dann auf seine. „Aber ..." Ich strich meine gelbe Ölzeugjacke glatt, sie war ziemlich schmierig. Dai ließ mich nicht weiter machen.

„Gott liebt dich, Bürschchen, du brauchst dir wegen deinem traurigen Anblick keine Sorgen zu machen. Wir gehen zur Hintertür, selbstverständlich. S' ist ´ne liebe Frau da, sie kümmert sich um den alten Dai wie um ihren eigenen Sohn ... Tasse Tee und ein Specksandwich ... nie weniger. Man muss die Arbeiter bei Kraft halten, sag' ich ihr immer! Kommt aus

Abergele daher, Bürschchen. Mann war Schullehrer, aber jetzt ist er tot. Hat gern en Stückchen Poesie, alte Gedichte ab und zu, und hört mich gern singen, wenn mir danach ist. Saugt Shelley und Byron auf wie ein Schwamm, macht sie ... von Dylan Thomas kann sie gar nicht genug kriegen, oder? Sie hört zu, ganz entzückt, Bürschchen, sie hört seinem verdammten Geschwafel zu bis die Frösche fliegen und der Mittag mazarinblau wird".

„Mazarinblau?"

„Ja, ein Blauton ist das, Bürschchen ... Emily Dickinson hat das Wort benutzt ... es bedeutet hellblau mit leichtem Rotstich."

„Emily Dickinson?"

„Eine Frau", erklärte Dai, „schrieb Gedichte, war Amerikanerin."

„Oh", murmelte ich. Wir kamen jetzt auf die Kuppe des Hügels.

„Teeladen ist um die Ecke", sagte mein Freund. „Ja ... interessante Frau ..." Er senkte die Stimme, stellte sich schweigend in die Mitte des Gehsteigs, streckte die Arme aus und intonierte in tiefem Bass:

> „Ich fand einen Satz zu jedem Gedanken
> den ich jemals hatte, nur zu einem nicht;
> Und dieser trotzte mir,
> Wie eine Hand, die versuchte die Sonne zu malen."

Dann atmete Dai tief ein, schlug sich mit einer Hand auf die Brust und bellte:

> „Geschlechter genährt im Dunkeln;
> Wie würde dein eigenes entstehen?
> Kann die Flamme gemalt werden koschenillerot ..."

In diesem Moment nahm Dai die Arme herunter, blinzelte mir zu und brüllte noch lauter: „ODER DER MITTAG MAZARINBLAU?"

Einige Leute gingen vorbei, sie versuchten, Dai zu ignorieren, einige besser Gekleidete starrten ihn an. Aber die meisten jüngeren Leute blieben einen Moment lang stehen und lächelten, ein paar klatschten sogar in die Hände. Ich selbst brach fast vor Lachen zusammen.

Ein grinsender Bobby kam über die Straße und sagte Dai, er solle weitergehen.

„Sag' das nicht mir, sag's Emily", rief Dai dem Bobby zu.

„Also gut, mein Sohn, du schickst Emily zu mir und ich sag's ihr!", scherzte der Bobby. Er legte sanft seine Hand auf Dais Schulter und versuchte, ihn weiter zu schieben.

„Ich kannte deinen Vater, Bürschchen", sagte Dai zu dem Polizisten. Jemand hatte einmal zu mir gesagt, dass man älter wird, wenn einem die Polizisten jung vorkommen – der hier erschien mir geradezu knabenhaft.

„Ich weiß das, Dai, ich weiß", sagte der Polizist, „aber jetzt geh' weiter, Kumpel, hau' zumindest aus meinem Bezirk ab." Ich hatte vor Lachen Tränen in den Augen. Oder war es, weil ich mich an Polizisten in anderen Ländern der Erde erinnert hatte, in einer anderen Welt? Es war das erste Mal, dass ich überhaupt von Emily Dickinson hörte.

„Wir haben heute hohen Besuch „, sagte Dai zu der Lady, die uns zwei Tassen Tee auf die Straße heraus brachte, „noch so einer aus Wales, meine Liebe."

Sie war eine angenehm mollige Seele und tat ihr Möglichstes, beim Anblick der beiden augenscheinlichen Penner ein ernstes Gesicht aufzusetzen. Sie schmolz unter Dais Blick fast dahin.

„Scher' dich weg, du Schmeichler", rief sie aus, „Du mit deinem Palaver ... Du kannst sogar im Winter die Bäume zum Blühen bringen, du bist so ein schrecklicher Charmeur, du." Im Teeladen läutete die Glocke, und sie huschte weg. Ich verschluckte mich an meinem Sandwich mit gebratenem Speck und trat in eine Regenpfütze. Meine Schuhe quietschten, als wir an unseren Sandwiches kauend zum Flask Pub liefen. Dai rezitierte Gedichte.

„Ist ein prima Kerl, der alte Dai", sagte Peter Kinsley später im Pub, über einem Glas Bier und einem *Steak and Kidney Pie*. „Er war früher Journalist, weißt du, ein verdammt guter, ein Linker. Hatte seine eigene Kolumne in der Zeitung, bis der Suff ihn packte ... dann hat er die Scheiße nicht mehr ausgehalten ... jetzt schläft er im Sommer hier oben auf dem Hügel."

Peter konnte mich nicht bei sich aufnehmen, ich konnte das damals nicht so gut verstehen. Heute weiß ich, dass man zum Schreiben absolute Ruhe und Einsamkeit braucht, wie auch zum Ozeansegeln, wenn man alleine ist. Speziell für einen Schriftsteller mit literarischen Absichten, so wie Peter, ist das wichtig – also konnte er mich nicht unterbringen. Er arbeitete an einem Buch, und unter diesen Umständen musste er in seinem Arbeitsrhythmus bleiben und durfte nicht gestört werden. Aber er stellte mich seinen Freuden Barry und Rosie Edgegoose vor, und am Abend saß ich bei den beiden im Wohnzimmer und schlug mir den Bauch mit Lammbraten, Kartoffeln und grünen Erbsen voll. Später machte mir Rosie ein Bett auf dem Sofa. So kam es also, dass ich nach sieben Jahren wieder einmal unter einem englischen Dach schlief, zum Glück auch noch mit vollem Bauch.

Ich verbrachte ein wundervolles Wochenende in Hampstead: aus dem Hahn kam frisches Wasser, das Bad war heiß, in den Regalen standen trockene Bücher, nicht mit Mehltau verschimmelt oder durch den Ruß des Kochers schwarz gefärbt, es gab Schallplatten mit guter Musik und eine Menge quasselnder englischer Stimmen um mich herum. Die Wolken zogen von Südwesten her über den Hügel, und auf der Straße gab es keine bewaffneten Polizisten.

„Wie willst du dein Schiff rausholen?“, fragte mich Barry am nächsten Tag. Er war etwa fünfunddreißig und arbeite als Redakteur für eine der auflagenstärksten Zeitungen der Welt.

„Am Montag finde ich einen Job. Ich versuch's bei Harrod's. Wenn ich Glück habe, dann ziehe ich da runter. Es hat schon einmal funktioniert ... hab sogar da schlafen können, damals 1969.“

„Du kannst ruhig hier bleiben, Tristan, keine Eile.“

„Nein Baz, ich will dir nicht mehr zur Last fallen als unbedingt nötig, ich will es aus eigener Kraft schaffen“, sagte ich. „Ich hab' mich in die Scheiße reingeritten, jetzt muss ich mich auch selbst rausziehen.“ Ich machte eine Pause. „Aber ich sag' dir, was du machen kannst.“

„Und das wäre, Kumpel?“

„Leih' mir einen Zehner, bis ich einen Job finde oder was von meiner Pension kriege.“

„Kein Problem, Tristan.“

„Und leih' mir ein bisschen Schreibpapier und ein paar Umschläge ...“

„Sind im Schreibtisch.“

„Ich muss ein paar Briefe schicken, überall hin, damit man weiß, wo ich bin ...“

Am Abend kam Peter zur Tür herein gestürmt. „Zieh' dir was über, Tris“, sagte er, „eiliger Job! Ich habe einen der Kerle vom Fernsehen getroffen, er bringt dich ins Abendmagazin – komm nur, ganz egal, was du anhast. Sie zahlen dir fünfundzwanzig Mäuse. Ich habe draußen ein Taxi warten. Baz, Rosie, kommt ihr mit?“

Dreißig Minuten später war ich im Fernsehstudio, starrte mit aufgerissenen Augen auf die Hektik und hörte das sinnlose Geschwafel mit. „Gott“ und „Liebling“ kam ihnen über die Lippen wie Wasser vom Niagarafall. Ich versuchte zu verstehen, warum das kostenlos hereingelassene Publikum so hingerissen und beeindruckt war. Das letzte Mal, dass ich ein Fernsehprogramm gesehen hatte, war in Dschibouti gewesen.

Vor mir waren noch andere Gäste zum Interview dran. Einer hatte ein Buch über die Aufzucht von Geranien geschrieben und ein anderer hatte eine neue Bratpfanne erfunden, ich habe vergessen, was das Besondere daran war. Dann kam ich an die Reihe.

„Mach's gut, Kumpel, lass' die Sau raus!“, sagte Peter und schob mich sachte nach vorne. „Guter alter Tris!“ Rosie und Baz wollten mir Mut machen.

Ich ging nach vorne. Eine junge Frau, von der ich dachte, sie passte eher in die Folies Bergères, packte mich resolut am Arm. Sie führte mich über einen mit Kabeln gespickten Boden und schubste mich in einen Lehnstuhl. Mir gegenüber saß wieder eine junge Frau, die so strahlend lächelte, als wolle sie das Licht der vielen an der Decke hängenden Scheinwerfer übertreffen. Neben ihr saß ein Herr. Unter seinem Make-up, so dick wie eine Gummimaske, konnte man sehen, dass er sicher so alt war wie ich. Zusätzlich hatte er eine Perücke auf. Es war wie hinter den Kulissen in einem Zirkus.

Hastig wurde mir von einer hinter mir stehenden Person ein Mikrofon ans Hemd gesteckt. Ich schaute mich um. Dann gab es eine kurze Pause, und das Gesicht der interviewenden Dame wechselte von trauriger Langeweile zu spannender, genussvoller Erwartung. Aus dem Dunkeln kam ein Signal. Sie begann zu sprechen. „Und jetzt haben wir einen dieser furchtlosen Männer hier, die wir Leute in unserem gewöhnlichen Alltag oft nur schwer verstehen können. Ich spreche mit Tristan Jones ... der erste Mensch, der um die Welt *gelaufen* ist.“

„Oh, mein Gott!“, dachte ich.

„Eine tolle Leistung! Was hat Ihnen dieser außerordentliche Fußmarsch eingebracht?“, fragte das kluge junge Ding.

„Genau das.“

„Was meinen Sie, genau das?“

Ich beugte mich hinunter und hob einen meiner vergammelten Deckschuhe hoch.

„Außerordentliche Füße!“, sagte ich.

Das Publikum brüllte vor Lachen. Das Interview ging irgendwie fünf Minuten lang weiter. Ich redete von den Schwierigkeiten, über den heißen Sand der Sahara zu laufen und über den Kies der Wüste Gobi und dass das Schlimmste die Pflastersteine in Belgien gewesen waren. Als mein glorreicher Auftritt im Rampenlicht fast zu Ende war, hatten das kluge junge Ding und die Perücke viele Fragen im Gesicht vom Nachdenken über das viele Laufen. Die Perücke verschluckte sich vor Aufregung an den eigenen Worten und fragte mich atemlos: „Also das hört sich schrecklich mühselig an, ehrlich, würden Sie das wirklich noch einmal in Ihrem Leben machen?“

„Ja“, sagte ich, „aber anders!“

„Wie denn, Herr Jones?“, fragte die Perücke und schielte nach seinem Text auf dem Teleprompter.

„Ich würde rückwärts laufen!“, sagte ich triumphierend.

„Du bist schon einer!“, lachte Peter, als wir auf draußen auf der Straße waren.

„Hab' die fünfundzwanzig Mäuse bekommen – oder? Komm jetzt, ich geb' ein Bier aus!“

Also Time runnin' into years –
A thousand Places left be'ind –
And Men from both two 'emispheres
Discussin' things of every kind;
So much near than I had known,
So much more great than I 'ad guessed –
An' me, like all the rest alone –
But reachin' out to all the rest!

If England was what England seems,
An' not the England of our dreams,
But only putty, brass an' paint,
'Ow quick we'd chuck 'er! But she ain't!

(Auch die Zeit kommt in die Jahre –
Und tausend Orte bleiben zurück –
Männer aus beiden Hemisphären
Diskutieren über alle möglichen Dinge.
So viel näher als ich wusste,
So viel größer als ich dachte,
Der ganze Rest, genau wie ich –
Strebt zum Rest, der übrig ist!

Wenn England wär', was England scheint,
Und nicht das England uns'res Traums,
Und wär's aus Knete, Farb' und Stein,
Weg damit! – Aber es ist nur Schein!)

Aus *The Return* von Rudyard Kipling

8 Goodbye, Piccadilly!

Einige der hoffnungsvollen jungen Nachwuchskräfte im Kaufhaus Harrod's schienen etwas mitleidig auf den alten Kerl zu schauen, der da saß und einen Job suchte. Aber ich war recht zuversichtlich. Ich kannte die unterirdischen Eingeweide des größten Kaufhauses von Europa besser als sie die letzten Popsongs. Viel besser – ich kannte jedes Dampf- und Wasserrohr und jeden elektrischen Schalter im Keller, das dachte ich jedenfalls, und es war gut so. Es ist besser, wenn man selbstsicher auf Jobsuche geht.

Das Büro der Wartungsmannschaft war oben auf dem Dach. Als ich nach dem Vorstellungsgespräch heraus kam, hätte ich vor Freude schreien können. Mr. Ballcock, der Chefingenieur, hatte sich an mich erinnert, an die Zeit vor sieben Jahren. „Wollen Sie sesshaft werden, Mr. Jones?", hatte er mich gefragt.

„Nur für eine Weile", hatte ich gesagt – prima Kerl, der Mr. Ballcock.

„Nicht mehr davonlaufen? Auf die See hinaus?"

„Nein, ein paar Jahre lang nicht mehr."

„Gut – dann können Sie morgen in der Mittagsschicht anfangen. Wir haben jetzt neue Kessel, Sie können sich damit beschäftigen, das neue System zu lernen. Ich spanne Sie mit Mr. McGinty zusammen, erinnern Sie sich an ihn?"

„Natürlich, Sir", sagte ich, „darf ich jetzt schon einmal hinunter gehen und mich ein wenig umsehen?"

„Ja, sicher doch, ein wenig Begeisterung kann nicht schaden, Mr. Jones."

Ich fand meinen Weg hinunter in den Keller, in den Irrgarten aus Gängen – eine gute Navigationsleistung nach sieben Jahren Abwesenheit. Ich fand sogar den Kesselraum wieder, ein großer höhlenartiger Saal, so riesig wie ein fünfstöckiges Wohnhaus.

Der Lärm zerriss mir fast das Trommelfell. Mack war da, er sah fast genau so aus wie damals, als ich ihn vor sieben Jahren kennen gelernt hatte – er sah immer wie frisch geduscht aus. Er war mittlerweile ungefähr achtunddreißig, glattrasiert, mit großen irischen Augen, die mich irgendwie an eine übergroße Elfe erinnerten. Mack war aus Cork County in der Republik Irland. Er hatte alles an sich, das irische Kesselwärter der allgemeinen Meinung nach ideal macht – er fluchte nicht, er führte ein einfaches Leben und war sehr religiös.

„Hallo Tristan, alter Kumpel, wie geht es dir?“ Nach den sieben Jahren klangen in seinem irischen Akzent bereits Londoner Töne mit.

„Ganz gut, Mack, bin wieder da.“

„Warst auf See, nicht wahr?“

„Jawohl.“

„War's gut?“

„Rauf und runter, rauf und runter“, grinste ich.

Mack lachte. „Sicher, alles hat sich verändert hier, der alte Verbrennungsofen ist weg ... keine herumfliegende Asche mehr ... Tris ...“

So kam ich wieder in das Kesselhaus von Harrod's zurück. Ich erzählte Mack nicht, dass ich bei einer besonderen Gelegenheit im Haus eines der Filialdirektoren von Harrod's in Buenos Aires zum Abendessen eingeladen worden war – das hätte er mir sowieso nicht geglaubt. Aber hinten stand immer noch die große Stahlplatte an der Wand, auf der ich damals mit Kreide die Berechnungen für *Die unglaubliche Seereise* gemacht hatte. Ich dachte laut nach: „Von Harrod's nach Harrod's und zurück zu Harrod's, sechzigtausend Seemeilen in Millionen von einfachen Schritten.“

„Was sagst du?“

„Ach, nichts!“

„... und die Wasserzuführung läuft jetzt oben über den Kessel Nummer drei ...“, Mack machte mit seiner Einführung weiter.

„Kann man immer noch hier schlafen, wie früher?“, fragte ich ihn, nachdem er mich herumgeführt hatte.

„Mein Gott, nein. Um Mitternacht wird hier alles dicht verrammelt.“

„Was“, ich schaute ihn fragend an.

„Das ist wegen der Anschläge der IRA“, erklärte er. Dann war er still und ich auch. Mehr konnte man dazu auch nicht sagen.

Ich fand ein Bett in Paddington, offiziell hieß das Etablissement „Hotel", aber in Wirklichkeit war es eine Absteige mit sechs Betten pro Zimmer. Das Haus stammte aus der georgianischen Zeit, aber es war sauber, das Frühstück war gut und reichlich, und es kostete nur ein Pfund pro Nacht. Die meisten der Bewohner waren junge Leute aus den ehemaligen Kolonien und aus Europa, die als Touristen billig durch England reisten, aber es gab auch ein paar „Tippelbrüder".

Dort traf ich auch einen der unterhaltsamsten Männer, die mir je begegnet sind: Jimmy. Er war neunundsiebzig und hatte schütteres Haar. Er war ein großer, schwerfälliger Mann mit einem fetten Gesicht und Hängebacken. Er schlief im gleichen Zimmer wie ich, und im Gegensatz zu den jüngeren Leuten achtete er sehr auf sein Äußeres. Er trug einen blauen Nadelstreifenanzug, seine schwarzen Schuhe waren auf Hochglanz geputzt und an seinem Jackett baumelte eine goldene Uhrkette. Zuerst fiel mir seine Aussprache auf, er schien weder von hier noch dort zu sein. Schließlich fand ich heraus, dass er in Australien geboren und von Beruf diplomatischer Kurier war. Das erstaunte mich, denn solche Leute hatte ich mir immer als James-Bond-Typen vorgestellt, mit schwarzem Schlips und erhobener Nase. Aber Jimmy war ganz anders. Er war mit der australischen Armee nach Europa gekommen, bei Gallipoli war er schwer verwundet worden und hinkte seither.

Seit dem Ersten Weltkrieg hatte er beim britischen Außenministerium als Kurier gearbeitet und praktisch jede Hauptstadt der Welt kennen gelernt. Nicht nur die Städte selbst, sondern auch die geheimen Verstecke dort. Es war sehr interessant, wenn er seine Geschichten vom Istanbul oder Schanghai der dreißiger Jahre erzählte oder von seinen Reisen im Zweiten Weltkrieg, bei denen er als Kurier unterwegs gewesen war. Wenn ich keinen Dienst hatte, saßen wir abends oft stundenlang in der Küche und tranken unzählige Tassen Tee. Er erzählte mir, dass Kuriere je nach Auftrag bezahlt wurden, und dass er in diesen Tagen wenig zu tun hatte, obwohl er in der Zeit, in der ich im Hotel lebte, einmal nach Portugal reiste. Er wurde „nicht gerade reich" mit seiner Arbeit, wie er sagte, und deshalb lebte er auch in dieser Absteige. Aber ich hatte den Verdacht, dass er gerne mit den jungen Leuten zusammen war, in der Küche hing immer einer herum, dem er seine faszinierenden Geschichten erzählen konnte.

Das Hotel wurde von drei jungen Australiern geführt, die erst seit einem Jahr in London waren. Hier passierte es mir das erste Mal, dass Fremde wussten, wer ich war. Die Australier hatten zu Hause einige meiner Geschichten im *Seacraft Magazin* gelesen und erkannten mich bei der Anmeldung an meinem Namen. Sie hatten zusammen an der Südküste einen Katamaran gekauft, mit dem sie in ihre Heimat zurück wollten. Da keiner von ihnen je zuvor gesegelt war, wurde ich ihr Lehrer. Sie fuhren drei Mal mit mir an die Küste hinunter, und wir segelten von Chichester aus in den Kanal hinaus. Ich habe mir nie viel aus Katamaranen gemacht oder aus Mehrrumpfbooten schlechthin. Die meisten sind hässlich, und ich bringe ihnen wenig Vertrauen entgegen, ich habe immer Angst, dass sie umkippen könnten. Aber die kurzen Schläge im Kanal waren herrlich, und die Gesellschaft war prima. Es tat gut, ab und zu aus dem Inneren der Gebäude heraus zu kommen.

Der Katamaran war zweiunddreißig Fuß lang. Er war aus Marinesperrholz gebaut, er war schnell wie ein Zug und so steif wie ein Pub in London. Die drei Australier, alle Mitte Zwanzig, wussten absolut nichts vom Segeln und von Navigation, aber sie waren gelehrige Schüler und noch bessere Gastgeber. Obwohl manche Leute sagen, Australien wäre der allerletzte Hinterhof, kamen sie aus einem Land, in dem man nicht vergessen hatte, Chancen im Leben zu nutzen und das Beste daraus zu machen. So etwas ist gut für das Seelenleben, und sie waren wild darauf, zu reisen. Seit einigen Wochen hatten sie das Schiff dazu und hatten es noch nicht einmal gesegelt. Also waren sie hinter der Sache her wie die Ritter hinter dem Heiligen Gral. Ihre Begeisterung strömte in mich hinein wie Wasser in einen ausgetrockneten Schwamm. Schnell hatten wir den Katamaran tanzen, springen und auf den Hinterbeinen sitzen – zur Verblüffung einiger traditioneller Yachtkapitäne in Chichester.

Es wurde mir bald klar, dass meine jungen Freunde eine Vorstellung von ihrem Fahrzeug hatten, wie sie vor dem Maschinenzeitalter existiert hatte, vielleicht ein wenig einfacher, vielleicht ein wenig naiver, aber mit ungeheurem Mut und Vertrauen zum Schiff. Als wir auf den beiden Rümpfen des Katamarans über die brandenden grünen Kreuzseen des Kanals zischten, konnte ich beobachten, wie meine jungen Freunde mit Begeisterung lernten, und es machte mir wahnsinnige Freude, ein klein wenig zu ihrer Entwicklung beitragen zu können.

Neben der angenehmen Gesellschaft der jungen Leute war es herrlich, wieder auf See zu sein, selbst wenn es nur für Stunden war, und obwohl es an den drei Wochenenden regnete und die See unter dem verhangenen Himmel rau ging. Für mich war es die reine Freude. Sobald wir in dem alten rostigen Volkswagen der Australier an der Küste ankamen, erwachten mein Körper und Geist zum Leben, wie ein Kasper, der aus der Schachtel springt. In meinen langen Schichten im Kesselhaus von Harrod's hatte ich etwas, auf das ich mich freuen konnte. Ich fieberte meiner Freizeit entgegen und freute mich auf die Zeit in der lebhaften See des Kanals in Gesellschaft der jungen Leute.

Nachdem ich Barry seine zehn Pfund zurückgegeben hatte, musste ich jetzt die schwere Aufgabe in Angriff nehmen, *Sea Dart* zu retten.

Es war mir schnell klar, dass ich jahrelang bei Harrod's arbeiten müsste, um das ausstehende Geld für die Transportkosten von Südamerika nach England und für eine weitere Verschiffung aus den Hoheitsgebieten der Inquisitoren der englischen Steuerbehörden heraus zusammenzubringen. Für den Transport nach Hause schuldete ich der Reederei schon sechshundert Pfund. Nun musste ich auch noch die Lagerkosten auf dem Kai in Newhaven bezahlen, und dann brauchte ich noch Geld für den Transport aus England heraus.

Mein Lohn für eine Vierzigstundenwoche betrug vierzig Pfund. Davon wurden mir acht Pfund abgezogen: Steuer, Kranken- und Sozialversicherung (!). Danach blieben mir ungefähr dreißig Pfund. Mit dem Frühstück kostete das Hotel neun Pfund die Woche, und das Essen, obwohl ich bestimmt nicht teuer aß, kostete mich weitere sieben Pfund die Woche. Wenn ich mir dann noch ein paar kleine Annehmlichkeiten gönnte, ein paar Zigaretten und ein Bier am Tag, dann konnte ich gerade einmal sieben Pfund pro Woche zurücklegen. Meine Pension aus der Marinezeit erhöhte meine Rücklagen auf zehn Pfund pro Woche. Wenn ich also so weiter machte, dann könnte ich *Sea Dart* frühestens 1981 herausholen – in sechs Jahren!

Für meinen Geschmack waren die meisten Pubs in der Nähe des Hotels in Paddington oder drüben in Kensington und Chelsea zu touristisch. Sie waren alle im Jahrmarktstil aufgemotzt und dienten den neuen Rockbands als Einstiegs- und Übungsstätte. Der Lärm, den diese produzierten, war so musikalisch und künstlerisch wie das Zusammenschlagen von Mülltonnendeckeln, und das Geschrei der Sänger erinnerte mich an das Toben von Irren. Den letzten Stoß versetzte mir die Gruppe aus fünf pickelgesichtigen Knirpsen und einer knochigen Frau unbestimmten Alters, die sich alle Sicherheitsnadeln durch die Wangen gesteckt hatten. Der Radau, den sie erzeugten, war schlimmer als in einem Laderaum mit lose herumfliegenden Blechpfannen und hundert verängstigten Katzen bei vollem Sturm. Ich trat entsetzt den Rückzug an und verbrachte danach meine Abende in der Edwards Road, wo es noch ein paar von den Kneipen gab, die ihre Kunden nicht mit zerborstenem Trommelfell, dröhnendem Kopfweh und dem Gefühl, ein Fremder zu sein, nach Hause schickten.

Die meisten englischen Pubs gehören den Brauereien, deren Biere und Ales sie verkaufen. Wenn sie nicht zu den „freien Häusern" gehören, ist der Wirt nichts mehr als ein Angestellter der Brauerei. In der Edwards Road gab es noch einige Pubs, in denen der Wirt die handgeschnitzten Verzierungen und Tresen aus der Viktorianischen Zeit nicht herausgerissen hatte, es hingen noch die alten gravierten Spiegel an der Wand, es gab noch mit Plüsch bezogene Hocker und Lampen im Stil der früheren Zeit. Es gab zum Glück ein paar Brauereien, welche die alten Arbeiten erhalten hatten, von Handwerkern, die damals zwar unterbezahlt waren, aber ihr Werk mit Liebe vollendet hatten. Hier gab es Pubs, in denen man noch die echten Stücke sehen konnte und nicht die modernen Sperrholz- und Plastikimitationen. Und diese Häfen aus der alten Zeit suchte ich am Abend auf. Zufrieden und ruhig trank ich mein Glas Bier, in einer Atmosphäre, wie es sie nur in England gibt.

Für mich war es nicht nur die reine Nostalgie – diese Pubs waren ein Jahrhundert vor meiner Geburt gebaut worden. Ich ging einfach dorthin, weil ich dieses kostbare und unersetzliche Ambiente liebte und es erhalten wollte.

Da ich sparen musste, konnte ich nicht lange im Pub verweilen, aber im Sommer war das keine große Entbehrung. In London gab es viel kostenlose Unterhaltung, man konnte den Straßensängern am Marble Arch zuhören, im Hyde Park beim Serpentinensee im Gras liegen oder am Ufer der Themse entlang spazieren gehen, wo die Seevögel in der Luft flatterten und Schiffe vorbeizogen, die von ihrer nächsten Reise träumten – wo immer sie beginnen und wo immer sie hinführen würde.

An manchen Abenden nahm ich die U-Bahn nach Hampstead und besuchte meine Freunde, aber die Fahrkarten waren teuer, und so saß ich meist im Hyde Park, wenn das Wetter gut war. Ich las ein Buch, bis die Dämmerung hereinbrach. Auf der ganzen Welt gibt es keinen vergleichbaren Park. Der Hyde Park ist zivilisiert und gleichzeitig sinnlich und romantisch. In zivilisierten Ländern muss man nicht lange suchen, Sinnlichkeit und Romantik sind überall und nirgends, aber nur die, die wissen, wie und wo man suchen muss, finden sie auch.

Die Museen und die Kunstgalerien – meist muss man noch nicht einmal Eintritt bezahlen – hob ich mir für regnerische Tage auf. Mein Lieblingsmuseum war das Kensington Science Museum, wo ich auf der Suche nach Erfindungen war, die man auf einem Schiff mitten auf dem Ozean hätte gebrauchen können. Auch die Tate Galerie war ein Geheimtipp, bis sie eines Tages dort ein mit Nägeln gespicktes Holzbrett als Kunstwerk ausstellten. Ich dachte, dass es mir nichts ausmachte, wenn man mich an der Nase herumführte, solange ich mir dessen bewusst war. Aber ich würde mich verdammt noch Mal doch nicht verarschen lassen. Wenn jemand einen Eimer Farbe über die Leinwand goss und das Ganze dann Kunst nannte, dann war das seine Sache. Aber ich würde eher warten, bis ich auf dem Ozean laufen lernte, als diese Meinung zu teilen.

In jenen Wochen in London, bei meinem weitläufigen Umherschweifen, bin ich keinem begegnet, dem es gefallen hätte, dass England in die Europäische Gemeinschaft eingetreten war. Die neuen metrischen Größen für Gewichte und Flüssigkeiten wurden nirgendwo benutzt, und ich habe auch niemanden getroffen, der sich für die neue Währung im Dezimalsystem begeisterte, die man kürzlich in Umlauf gebracht hatte. Die allgemeine Meinung war, dass es sich um einen Trick handelte, die grassierende Inflation zu vertuschen und heimlich die Preise zu erhöhen. Die meisten Leute schienen zu resignieren, es kam ihnen vor, als hätten sie die Kontrolle über die Zukunft ihrer eigenen Nation verloren.

Ein paar Mal wanderte ich zur Piccadilly Gegend hinüber, aber dort hatte sich alles sehr verändert, seit man die Prostituierten per Gesetz von den Straßen verbannt hatte. Alles, was das Gesetz bewirkt hatte war, dass die Mädchen jetzt im Inneren der Häuser arbeiteten und dass es nun in Soho jede Menge Pornoläden gab, die Steuern abführten, wie ich vermutete.

Es gab mehr Restaurants mit exotischer Küche als früher, indische, chinesische, indonesische und japanische Läden. Aber Piccadilly war immer noch auf britische Art aufregend, mit langen Reihen von Spielautomaten und schmierigen Stripshows. Es war der Anziehungspunkt für Gruppen iranischer Studenten, die reichlich über die wichtigste Grundlage in Soho zu verfügen schienen – Bargeld. Das brauchte man heutzutage unbedingt, um das „wahre“ London zu entdecken, um irgendwo in den Kern von London vorzustoßen, Camden Town, Aldgate, Battersea oder die alte Kent Road hinunter bis zum“ Elephant and Castle“. Der moderne Name kommt daher, weil die alten Cockneys das spanische *Infanta de Castilla* nicht aussprechen konnten.

Es war schon spät im August, als Mack, der seine Schicht schon beendet hatte, zurück in den Kesselraum gerannt kam. „Telefon aus Amerika, Kumpel!“, schnaufte er, „oben im Durchgang!“ Er sah aus, als würde der Papst höchstpersönlich aus Rom anrufen. „Geh' rauf, ich mach' so lange hier für dich weiter.“

„Hallo?“

„Hallo – Tristan?“

„Ja, hier ist Tristan Jones.“

„Hier ist Cy, aus Kalifornien. Ich habe deinen Brief bekommen. Ich habe einen Job für dich, eine Überführung ...“

Cy war ein Überführungsskipper, und wir waren vor ein paar Jahren zusammen gesegelt. Ich hatte ihm einen Brief geschrieben.

„Was für ein Schiff?“, mein Herz raste.

„Fünfzig Fuß, Slup, im Long Island Sound ... der Eigner will einen Skipper an Bord haben ... er will runter in die Karibik ... zum Überwintern.“

„Wie gut ist es in Schuss?“

„Fast neu.“

„Wie kann ich rüber kommen?“, ich konnte den Seewind schon fühlen.

„Sie schicken dir ein Ticket – du musst beim Pan-Am-Schalter in Piccadilly fragen – es ist für Labour Day ausgestellt“.

„Gut Cy, ich werde am Labour Day ankommen!“

„Prima ... ganz prima Tristan, wie geht es dir?“

„Rauf und runter, rauf und runter ... und dir?“

„Ich segle morgen nach Hawaii.“

„Hast Glück, du Schweinehund!“

Cy lachte. „Immer noch der alte Tristan!“, sagte er. „Also, hör' zu – ein Kerl namens Tony holt dich am JFK-Flughafen ab ...“

„Gut – ich werde dort sein. Mach's gut Kumpel!“

„Du auch!“, das Telefon klickte.

„Gute Nachrichten?“, fragte Mack aufgeregt, als ich in den Kesselraum zurück kam.

„Ja, ich gehe in die Staaten!“

„Nein – du machst Witze!“

„Nein ... nächste Woche!“

„Hast du einen Job?“

„Scheint so ... ein Schiff überführen ...“

„Mensch hast du Glück! .... also, ich mach' jetzt Feierabend, Tris, kann die Frau nicht warten lassen.“

Bevor ich nach Amerika abreiste, zahlte ich fünfzig Pfund für die Lagerkosten von *Sea Dart* an und steckte Dai ein paar Mäuse zu. „Vergiss' nicht Bürschchen – mazarinblau!“, sagte er, als er lachend wegging, um eine Flasche zu kaufen.

Ich war um zwei Paar Jeans reicher und um einen neuen Pullover. Außerdem hatte ich noch zehn Dollar und die Hälfte des Manuskript für *Die unglaubliche Seereise*, das ich im Kesselhaus von Harrod's begonnen hatte. Ich machte mich auf den Weg zum Flughafen.

Jimmy der Kurier bestand darauf, mich zu begleiten. Er erzählte mir eine Anekdote aus der Mandschurei in den zwanziger Jahren – oder war es aus Tibet in den Dreißigern? Mein Flug wurde aufgerufen.

„Mach's gut, Jimmy!“

„Mach's gut, Kumpel. Sag den Amis hallo von mir!“, murmelte er und hinkte hinaus. Mit seinen Hängebacken sah er aus wie ein alter Bluthund, der sich durch die wimmelnde Menge der asiatischen, afrikanischen und karibischen Reisenden in der Lounge hindurch wand.

Teil 2: Verschlissen

And if you call for a song of the sea,
We'll heave the capstan round,
With a yeo heave-ho, for the wind is free,
Her anchor's a-trip and her helm is free,
Hurrah for the homeward bound!
Yea-ho, heave-ho,
Hurrah for the homward bound!

(Und wenn du ein Lied von der See hören willst,
Holen wir den Anker auf,
Mit einem „Yea heave-ho", denn der Wind kostet nichts,
Der Anker ist los, und das Ruder ist frei,
Hurra, es geht nach Haus!
Yeo-ho, heave-ho,
Hurra, es geht nach Haus!)

Aus „A Wand'ring Minstrel I", *The Mikado*, W.S. Gilbert

A Yankee ship came down the river,
Blow, boys, blow!
A Yankee ship came down the river,
Blow, my bully boys, blow!

What do you think they had for dinner?
Blow, boys, blow!
What do you think they had for dinner?
Blow, my bully boys, blow!

Ox tail soup und turkey liver,
Blow, boys, blow!
Ox tail soup und turkey liver
Blow, my bully boys, blow!

(Ein Yankeeschiff kam den Fluss 'runter,
schafft, Männer, schafft!
Ein Yankeeschiff kam den Fluss 'runter,
Schafft, ihr Männer, schafft!

Was denkt ihr, gab es heut' zum Essen?
Schafft, Männer, schafft!
Was denkt ihr, gab es heut' zum Essen?
Schafft, ihr Männer, schafft!

Ochsenschwanz und Truthahnleber,
Schafft, Männer, schafft!
Ochsenschwanz und Truthahnleber,
Schafft, ihr Männer, schafft!)

Dies ist ein Fallenshanty, er wurde zum Setzen der Segel gesungen. Er stammt aus den späten 1840ern, und es gibt eine Anzahl verschiedener Versionen. Die Nationalität des Schiffs und das Essen wechselte jeweils, aber die vorliegende scheint die allgemein verwendete Version zu sein. In den meisten Shantys aus der Mitte des 18. Jahrhunderts waren die Texte sehr einfach gehalten, das war auch notwendig, denn viele Männer der Crew verstanden kein, oder nur wenig Englisch.

9 Eine bequeme Koje

Die Warteschlangen für die Passkontrollen am JFK-Flughafen waren kurz und schnell für die Leute mit amerikanischen Pässen, aber lang und kriechend für uns andere. Es war eine große Versuchung, aus meiner Schlange auszuscheren und sich bei einer anderen anzustellen. Aber wie das Gesetz von Murphy oder Gresham nun mal ist – jedes mal, wenn ich das tat, lief die Schlange, die ich gerade verlassen hatte, ruckartig noch vorn, und die, in die ich mich gerade eingereiht hatte, machte Halt.

Das erste, was mir auffiel, als ich nach sechs Jahren wieder in Amerika ankam, war die Jugendlichkeit der Beamten. Im Gegensatz zum letzten Mal gab es bei der Passkontrolle auch Frauen, aber man hätte sie eigentlich noch Mädchen nennen können.

Der junge Mann in dem Kasten am Ende der Schlange, in der ich endlich geblieben war, hatte dicke Brillengläser und schulterlanges Haar. Mit allen hübschen Mädchen, die an seinen Schalter kamen, sprach er ausführlich, die Männer speiste er mit einem Kopfnicken ab, nachdem er ihre Dokumente kontrolliert hatte. Fünf Männer kamen in zwei Minuten durch, aber für ein hübsches Mädchen brauchte er auch schon mal zehn Minuten. Er lächelte und flirtete mit jeder. Endlich, nach etwa einer Stunde, kam ich an den Schalter. Ich war ganz zufrieden, wer kann sich schon über die Bürokratie aufregen, die aus menschlichen Gründen stattfindet? Der Beamte zog meinen Pass in seinen Kasten hinein, prüfte mein Visum, und sagte „Okay“. Ich war im Lande der Freien und Mutigen.

Tony stand in dem Haufen der Wartenden draußen. Er trug eine grüne wasserdichte Jacke der US Armee. Er grinste und zeigte eine Reihe makelloser Zähne unter seinem schwarzen Schnurrbart. Er hatte frische rote Wangen, pechschwarze Augen und Haare bis über die Ohren.

„Tristan?“, fragte er. Seine Stimme war sehr laut und rau.

„Der bin ich“, antwortete ich. Er ergriff meinen Arm und drückte ihn auf amerikanische Art. Dann klopfte er mir auf die Schulter und behandelte mich, als sei ich Lindbergh, der gerade nach seinem Alleinflug in Paris angekommen war. Es kam mir vor, als wäre ich der einzige Mensch in der überfüllten Ankunftshalle.

Ein amerikanisches Willkommen kann überwältigend sein. Andere Passagiere, die vielleicht weniger aufwendig empfangen wurden, empfanden es vielleicht sogar als ein wenig peinlich. Für uns Briten ist eine zehnjährige Abwesenheit noch lange kein Grund, unsere Gefühle zur Schau zustellen, ein Händedruck reicht gewöhnlich völlig aus.

„Hallo Tristan“, Tony klopfte mir wieder auf die Schulter. „Willkommen in den Staaten, wie geht's?“

„Rauf und runter, rauf und runter.“

Tony lachte.

Alle Amerikaner um uns herum benahmen sich, als gäbe es keine anderen Menschen in der Halle. Sie trafen keine Anstalten, ihre Kinder zum „Benehmen“ anzuhalten. *„Gut für sie!“*, dachte ich, und die Hunderte von Zwangsjacken, in die man mich als Kind hineingesteckt hatten, kamen mir in den Sinn. Ich hatte Jahre gebraucht, um sie abzuschütteln.

Für Europäer ist es im allgemeinen schwer sich vorzustellen, dass New York etwa auf dem gleichen Breitengrad wie Neapel liegt. Wir denken, es liegt viel weiter nördlich. Das Wetter ist ohnehin ganz verschieden. Im Winter kommt die kalte Luft aus der kanadischen Arktis herunter, und manchmal liegt ein Meter Schnee oder mehr, im Sommer tragen die vorherrschenden Südwestwinde die feuchte tropische Luft aus dem Golf von Mexiko herauf. New York liegt immer am Ende des Wetters, im Gegensatz zu Westeuropa, das dem Einfluss der Atlantikwinde ausgesetzt ist. Die beste Zeit in New York ist der Herbst, der *fall* wie die Amerikaner sagen. Dann geht die Temperatur auf angenehme fünfundzwanzig Grad herunter, die Luftfeuchtigkeit, die die Stadt sechs Monate lang belagert hatte und alle vor die Klimaanlagen zwang, weicht zurück, und der mit Smog verhangene Himmel zeigt hin und wieder seine blaue Farbe.

Im Jahr 1975 kam der Herbst sehr spät. Draußen vor dem Flughafen war die Temperatur zehn Grad höher als in London. Als ich mit Tony durch die Drehtür hinaus kam, umschloss mich die feuchte warme Luft ein wie ein nasses Handtuch. Blitzschnell, in Sekunden, war ich in Gedanken wieder in Buenos Aires, ich schwitzte wie ein Heizer in den Eingeweiden eines Dampfschiffs.

„Schönes Wetter“, sagte Tony und sog die Luft durch die Nase ein.

„Prima“, sagte ich und zog meinen Pullover aus.

„Du hättest vor einem Monat hier sein sollen, Tristan, da hatten wir vierzig Grad.“ Er klemmte sich hinter das Steuer von einem langen blauen VW-Bus mit Weißwand-Reifen. „Ja, die Armee liebt uns Burschen von hier, sie denken, wenn wir das Wetter in New York aushalten, dann können wir in jedem Klima kämpfen.“ Er schaltete die Klimaanlage ein, der kalte Wind schickte meine Gedanken in die Arktis. Hastig zog ich meinen Pullover wieder an.

Wir fuhren jetzt auf dem Flughafengelände in Richtung Ausgang. Überall standen Leute herum, saßen auf Koffern oder lehnten an der Wand. Sie sahen verschwitzt und abgekämpft aus. „So ein Arsch!“, sagte Tony, als ihn ein Bus gerade noch verfehlte, „was für ein Arschloch!“

„Heilige Muttergottes“, sagte ich.

„Was meinst du?“

„Ich sag' nur meine Gebete auf, Tony“, antwortete ich, als uns ein gelbes Taxi den Weg abschnitt und an den Randstein zischte.

Er lachte und gab Vollgas.

„Wo geht's hin, Tony?“ Ich weiß gerne, wo das Ziel ist.

„City Island, dort liegt das Schiff. *Moonglow* – ist vom Villa Club gechartert ... sie fahren mit Leuten hinaus ... zwei oder drei Mal die Woche ...“

„Sie fahren mit Leuten raus? Wohin?“

„Also, schau', der Villa Club ist eine Freizeitorganisation, sie bieten Aktivitäten in der freien Natur an, Rucksackwanderungen, Kanufahrten, Tennis und so'n Zeug. Die Stadtmenschen können doch so was nicht selber machen. Also werden sie Mitglieder im Village Club, und Milt Stougham organisiert alles für sie.“

„Was bezahlt er?“

„Wie ich dir schon am Flughafen sagte, ich kenne mich nicht aus in den Details. Milt wird heute Abend am Schiff sein, und er organisiert das schon. Ich arbeite erst seit einer Woche für ihn.“

„Muss mich bei ihm bedanken, für das Ticket und so ...“

„Ach, ist schon okay ... das ist das richtige Land für dich, das ist das Land der Karrieren. Mensch, als er von dir gehört hat, dass du in London Dreck in die verdammten Kessel schaufelst, hey, das ist große Scheiße, Mann! Nein, das ist der richtige Platz für dich, hier ist alles möglich!“

„Ich hoffe es!"

Überall um uns herum schoben sich Autos, Lastwagen, Lieferwagen, Taxis, Tankwagen und lange Busse in stetigem Tempo in Richtung Queens. Es war eine Zurschaustellung von Reichtum, Macht und dröhnender Vitalität, die hoffentlich irgendwo hin führte.

„Ich muss gleich wieder weg, wenn wir beim Schiff sind, muss nach New Jersey zurück, meine Mutter wartet mit dem Abendessen ..."

„Wie weit ist das?"

„Ach, so achtzig Kilometer ... schaff' ich in einer Stunde, wenn nicht wieder der Verkehr auf der verdammten Brücke zusammenbricht."

Achtzig Kilometer, das wären zwölf Stunden mit *Sea Dart*, wenn ich sie hart segeln würde.

Der Van Wyck Expressway, die Kew Gardens und Flushing (sah ganz anders aus als die Namensvettern in Holland) – dann kamen wir über die Whitestone Bridge, und drüben im Westen konnte man im Dunst den dunklen silbrig glänzenden East River sehen. Die Wolkenkratzer von Manhattan hoben sich vielversprechend, wie nach oben gerichtete Daumen gegen die Sonne ab. Für mich sahen sie ein wenig wie ein unterteiltes felsiges Gibraltar aus, wie ein Ausdruck der Stärke.

Wir bogen auf die Straße nach City Island ab. Hier standen schmucke weiße Häuschen aus Ziegelsteinen und mit Verschalung, man sah Fischrestaurants mit italienischen Namen, ein paar Bars mit Reklamen für „Schlitz" und „Budweiser" und einige Geschäfte für Schiffszubehör. In der Abendsonne sah alles aus wie ein Ferienort in New England. Außer dem Lärm der Jets in ihren Warteschleifen über uns bemerkte man kaum, dass wir nur zwanzig Kilometer von den rumpelnden Eingeweiden von Manhattan entfernt waren, oder dass ringsum fünfzehn Millionen Menschen in dem urbanen Häusermeer von drei Staaten lebten.

Das Tor zum Yachthafen wurde von einem schweigsamen grauhaarigen Mann mit einer randlosen Brille geöffnet.

„Da ist sie, Tris!"

Moonglow lag an einem Schwimmsteg und ruckte leicht in dem kurzen Hack, den der Ostwind von Long Island her erzeugte. Wir gingen an einer Telefonzelle vorbei, einem Automaten für Eis, einem Automaten für Coca Cola und einer Reihe Sockel für Wasserhähne und Steckdosen, die sich über den ganzen Steg hinzog.

Moonglow war praktisch komplett aus Fiberglas, sie sah aus wie eine

Maschine. Sie hatte schlanke Linien, war sauber und gut gepflegt, aber sie hatte so viel Persönlichkeit wie ein Staubsauger. Das war auch das Erste, über das ich beim Hinuntergehen stolperte.

Die Kabine war in jeder Hinsicht luxuriös. Im Niedergang selbst waren zwei drehbare Lehnsessel, dann kam ein Raumteiler und davor war die Kombüse – ein glänzendes Panorama aus Chromstahl – eine doppelte Spüle, ein Arbeitstisch mit Plastikbeschichtung und ein riesiger Kühlschrank. An der Steuerbordseite gab es ein Rundsofa um den ebenfalls mit Plastik beschichteten Salontisch aus Eichenholz-Imitat herum. Der Tisch konnte in das Sofa hinein abgesenkt werden und ergab so ein riesiges Doppelbett.

Ich ging nach hinten zum Maschinenraum, der vollständig mit blauem Teppich ausgelegt war. Tony lächelte, er kannte *Sea Dart* nicht, in der ich mich noch nicht einmal aufrichten konnte. Die Achterkajüte sah aus wie ein Hotelzimmer. Es gab ein riesiges Bett und Schränke an der gesamten Wand entlang, sogar noch Schubladen unter dem Bett und erneut blauen Teppich von einer Seite zur anderen.

„Muss mich beeilen, Tris, muss zurück nach Jersey", rief Tony. „Warte hier auf Milt, er kommt bald – er muss aus der Stadt heraus fahren, er sagt, er kommt kurz nach sechs." Er hielt inne und lehnte sich den Niedergang herunter. „Gefällt dir, eh?", sagte er.

„Im Moment ganz gut, Tony", spaßte ich.

Als Tony auf den Steg kletterte, kamen ein paar Tropfen Regen herunter. Ich schloss die Tür vom Niedergang – es war kein Schott, nein, man konnte direkt durch eine zwei Meter hohe Tür vom Cockpit aus nach unten gehen. Ich setzte mich in einen der eleganten, mit Plüsch bezogenen Drehsessel und wartete auf Milt, meinen neuen Arbeitgeber. Ich sah mich um. Die Verwandlung von einem Heizer in London zum einzigen Mann auf einer Luxusyacht in Amerika konnte einem für ein paar Sekunden lang den Kopf verdrehen, aber ich fand mich damit ab. Ich schaltete das Radio ein und hörte ein paar Minuten lang dem Gequassel zu.

Eine hohe nasale Stimme: „Also, Bob, was ist mit den Leuten drüben in Crowns Height – warum schicken sie ihre Kids nicht auf getrennte Schulen?"

Rauschen – Klick. „Wer bist du denn? Ein antisemitischer Schmierfink?" „... Ja, Ladies und Gentlemen, die Leitungen sind offen, wir sind auf Sendung ... willkommen zur Talkshow ... bitte rufen Sie an!"

Ich wechselte den Sender. „Ah, Liebling, ich liebe dich heute noch mehr als gestern ... aber nicht so sehr wie morgen." Wieder umschalten. Musik, *Claire de Lune* ... besser! Ich ging hinüber zum Kühlschrank, ich dachte, er wäre leer. Aber das Gemüsefach am Boden war voll mit überfrorenen Plastikbeuteln. Ich riss einen auf, dann noch einen, und noch einen ... alles Spargel.

Ich machte den Kühlschrank zu. Im Radio gab es jetzt Nachrichten, ich schaltete zurück auf die Talkshow. „Hallo Bob", eine tiefe Männerstimme.

„Ja, Sir, reden Sie weiter, wir sind auf Sendung."

„Hab' ihrem Geschwafel zugehört, wie man eine Stelle als Lehrer bekommt." Die Stimme hatte einen unverkennbaren Oxford Akzent, hochnäsig und fruchtig.

„Was wollen Sie denn nun sagen, wir haben doch nicht die ganze Nacht Zeit!"

„Als sehen Sie, ich habe zwei Grade ..."

„Was für welche, Fahrenheit oder Celsius? ... Also, geben Sie die Leitung frei!"

„Bob?"

„Ja Madam?"

Ich hörte gespannt zu, wie sich New York alles öffentlich von der Seele redete. Ich musste grinsen, während ich weiter auf meinen neuen Boss wartete. Die kontrollierte „freie" Rede: Wenn einer von der Linie abwich, wurde er einfach abgeschaltet, der Stecker wurde rausgezogen, fertig. „Keine schlechte Idee", dachte ich, nur wer zieht den Stecker raus?

Ich wurde aus meinen Überlegungen aufgeschreckt – jemand kam an Bord.

Ich schaute hinaus. Es war Tony, sein Cape tropfte vor Regen.

„Ich hab' deine erste Segelgesellschaft hier", sagte er.

„Meine was?"

„Ich hab' mit dem Club telefoniert. Mr. Stougham hat mir gesagt, ich soll diese Leute abholen, Ecke Dreiunddreißigste und Dritte, und sie an Bord bringen. Sie wollen segeln."

Inzwischen kamen Leute an Bord, Männer und Frauen, alle zwischen Dreißig und Vierzig, und total durchnässt vom Regen. Sie warfen ihre Regenmäntel und Parkas ab und standen in der Kabine herum.

Ich schaute die zwölf erwartungsvollen Nachtsegler verwirrt an. Ich deutete auf die Sessel und das Sofa. „Bitte nehmen Sie Platz – und guten Abend außerdem!“ Ich schaute auf die Uhr am Schott – halb neun. „Aber ich bin doch eben erst angekommen“, flüsterte ich Tony heiser zu, „bin doch erst vor vier Stunden eingereist ... hab' noch nicht einmal mit Mr. Stougham gesprochen ... weiß noch nicht einmal, wo die Seekarten sind ...“

Tony schien ein wenig enttäuscht. „Mr. Stougham sagte, er könne heute Abend nicht mehr herüber kommen ... er kommt erst morgen, aber er sagte, das wäre okay, weil du so viel Erfahrung hast...“

„Tony, warst du schon einmal mit diesem Schiff draußen?“

„Hab' ein paar Leute letzte Woche hierher gebracht, aber der Skipper, den Mr. Stougham angestellt hatte, war nicht da. Es war die gleiche Gruppe von Leuten, um ehrlich zu sein.“

Er gestikulierte zu den Männern und Frauen hin, die geduldig im Salon warteten.

„Weißt du, Tony, das ist eigentlich eine Zumutung!“, sagte ich. „Ich habe nur ein BI-Visum. Das reicht gerade aus, um das Schiff zu übernehmen, es für die Reise auszurüsten und es irgendwo aus den Staaten heraus zu bringen. Keiner hat mir gesagt, dass ich mit Leuten auf Vergnügungsfahrt gehen soll ... und das in einer windigen Nacht ... und ohne Karten.“

„Mr. Stougham sagte, es wäre okay!“, sagte Tony und sah verblüfft aus. „Und ich hatte einen Platten auf dem Weg ...“

„Einen was?“

„Einen platten Reifen, mitten auf der George-Washington-Brücke“, er gestikulierte mit den Händen, „du hättest mal den Stau sehen sollen!“ Er grinste. „Und diese Leute warten schon seit sieben Uhr an der Ecke der Dreiundfünfzigsten und Dritten.“

Ich schaute auf unsere Gäste und sah, dass sie miteinander sprachen, ein paar starrten mich mit weit aufgerissenen Augen an, als wäre ich eine Kreatur vom Mars. Eine dickbebrillte Dame, etwas jünger als die anderen, in blauem Pullover und Jeans, lächelte mir zu. „Oh Mann, Kapitän Jones, das ist aber ein netter Akzent, den Sie da haben.“

„Oh mein Gott!“, murmelte ich leise in Richtung Tony. „Also los, zum Teufel, verdammt noch mal! Du suchst in der Kabine nach einer Karte für den Long Island Sound ...“

Zwei der Passagiere, augenscheinlich Freunde, kamen zu mir herüber. „Gibt's Probleme, Kapitän?“ Der Kleinere war so um die Vierzig. Beide, er und sein größerer Freund, hatten großkarierte Jacketts an und trugen Brillen.

„Nicht direkt“, sagte ich mit britischem Understatement, „es ist nur, weil ich noch nie mit diesem Schiff draußen war ...“

„Das ist mein Kumpel hier“, der Kleine zeigte auf den Großen. „Wir sind Segler, wir helfen dir.“

„Das Segeln macht mir keine Sorgen ... es ist die Maschine ... ich weiß noch nicht einmal, wie man die anlässt ...“

„Jesses“, fiel Tony ein, „es tut mir leid, aber ich kann keine Karten finden.“

Der Regen hatte aufgehört, und wir vier Männer gingen ins Cockpit hinaus. Einen Moment lang herrschte Stille. Dann fing Al an zu sprechen: „Also“, sagte er, „jedenfalls können wir oben am Automaten Kaffee rauslassen und dann in der Kabine sitzen und eine Party feiern!“

Ich schaute zum Himmel hinauf, der Mond stieg im Osten empor, und die Wolken brachen auf. Draußen in der Bucht konnte man die Befeuerung klar erkennen. Ich sah mir alle Feuer, die ich vom Liegeplatz aus sehen konnte, genau an und prägte mir ihre Kennung ein. Ich versuchte, mich an die Gefahrenstellen zu erinnern, die sie markierten. Ich war vor sechs Jahren zum letzten Mal hier herein gesegelt.

„Ach, zum Teufel“, blaffte ich Tony an, der mich reumütig ansah, „komm, ich zeig' dir, wie man die Fock ausrollt und die Fallen hochzieht – draußen weht eine gute Brise, und bald haben wir viel Mondlicht. Komm schon, wir ziehen den verdammten Stecker für den Strom raus, und dann segeln wir weg.“

„Jawohl, Kapitän!“, sagte Tony.

„Yessir“, sagte Als Freund.

„Nenn' mich nur Tristan!“, sagte ich leise zu Tony. „Kapitäne kennen ihre Schiffe!“

Und so kam es, dass ich mir vier Stunden, nachdem mein Flugzeug in Amerika gelandet war, meinen Weg unter Segel in den Long Island Sound hinaus suchte, ohne Seekarte, ohne Arbeitserlaubnis, ohne Passagierlizenz, mit einem unerfahrenen Matrosen und zwölf Gästen, die sicherlich keine Ahnung hatten, was da ablief.

Aber als ich *Moonglow* um den südlichsten Punkt von Hart Island herumsteuerte, im Mondlicht unter den vereinzelten Wolken, konnte ich die Gesichter der Stadtmenschen beobachten, wie sie das wundersam geheimnisvolle stille Segeln in der Nacht genossen. Dann wusste ich, dass es das Risiko wert gewesen war. Die verwunderten Gesichter, als sie schweigend über das vom Mondlicht reflektierende Wasser des Sounds hinüber schauten – das allein schon hatte der Reise nach Amerika einen Sinn gegeben. Sie schauten um sich herum, schweigend, und hörten auf das Zischen, wenn sich das Schiff leicht auf die Seite legte und durch das dunkle Wasser glitt. Nach dem Gedröhn von Manhattan war das eine friedliche Stille. Nur manchmal röhrte oben ein Flugzeug in der Luft über uns hinweg, und ab und zu konnte man in der Entfernung den dumpfen Verkehrslärm vom Land hören. Ich fragte mich, wie die absolute Stille der See mitten auf dem Ozean nach einer Flaute von ein paar Tagen und Nächten auf diese Menschen wirken würde. Wenn man anfängt, mit sich selbst zu reden, um die Monotonie der leisen Geräusche zu unterbrechen, das schwache Poltern des Großbaums, das leichte Quietschen des Holzes und das kaum zu hörende Plätschern der kleinen Wellen gegen den Rumpf. Wenn man sich als Teil der unbegreiflichen Perfektion des Universums fühlt, wenn man pfeift, den Kochtopf in die Nacht hinaus hält und mit dem Löffel daran klappert – wohlwissend, dass das Geräusch in den Raum hinaus dringt, weiter und immer weiter, in die unvorstellbaren Weiten des Alls. „Nach dem Wind pfeifen“ nennt man das.

Moonglow kam wieder an den Steg in der verlassenen Marina, so sanft, dass man Eier als Fender hätte benutzen können. Es war Mitternacht, und unsere Gäste schnatterten fröhlich, als sie zu dem Volkswagenbus gingen, der sie zurück nach Manhattan bringen würde. „Vielen Dank, Kapitän“, sagten sie. „Jesses, das war großartig!“

„So long, Tristan“, grinste Tony, „Mr. Stougham wird morgen herkommen, denke ich.“

„Wäre gut, denn ich wüsste gerne, wie alles funktioniert. Mein Gott, als ich in den Maschinenraum geschaut habe, kam ich mir vor wie ein Bauer, der die Eingeweide eines Satelliten findet.“

Ich ging in den Salon, holte ein halbes Dutzend tiefgefrorene Spargel aus dem Kühlschrank, nagte daran, schluckte sie hinunter und ging in die Koje. So endete mein erster Abend in Amerika.

Oh whisky is the life of man,
Whisk-y Johnny!
Oh Whisky is the life of man,
And it's whisky for my Johnny!

Oh whisky makes you feel so glad,
Whisk-y Johnny!
Oh whisky makes you feel so glad,
And it's whisky for my Johnny!

I thought I heard the Old Man say,
Whisk-y Johnny!
I thought I heard the Old Man say,
And it's whisky for my Johnny!

Whisky for the crew today,
Whisk-y Johnny!
Whisky for the crew today,
And it's whisky for my Johnny!

Oh whisky killed my poor old dad,
Whisk-y Johnny!
Oh whisky killed my poor old dad,
And it's whisky for my Johnny!

It's whisky here and whisky there,
Whisk-y Johnny!
It's whisky here and whisky there,
And it's whisky for my Johnny!

It's whisky makes me wear old clothes,
Whisk-y Johnny!
It's whisky makes me wear old clothes,
And it's whisky for me Johnny!

(Oh, Whisky ist des Mannes Leben,
Wisky-y Johnny!
Oh, Whisky ist des Mannes Leben,
Und Whisky für meinen Johnny!

Oh, Whisky macht dich so glücklich,
Whisk-y Johnny!
Oh, Whisky macht dich so glücklich,
Und Whisky für meinen Johnny!

Ich glaube, ich hörte den Alten sagen,
Whisk-y Johnny!
Ich glaube, ich hörte den Alten sagen,
Oh, Whisky ist das Leben des Manns,
Und Whisky für meinen Johnny!

Heut' gibt's Whisky für die Crew!
Whisk-y Johnny!
Heut' gibt's Whisky für die Crew!
Und Whisky für meinen Johnny!

Oh, Whisky killte meinen armen alten Vater,
Whisk-y Johnny!
Oh, Whisky killte meinen armen alten Vater,
Und Whisky für meinen Johnny!

Es ist Whisky hier und Whisky dort,
Whisk-y Johnny!
Es ist Whisky hier und Whisky dort,
Und Whisky für meinen Johnny!

Whisky lässt mich alte Kleider tragen,
Whisk-y Johnny!
Whisky lässt mich alte Kleider tragen,
Und Whisky für meinen Johnny!)

Whisky Johnny ist ein Fallenshanty von 1860 mit vielen Strophen, pro oder kontra Whisky je nach Überzeugung des Shanty-Sängers. Die letzte Strophe scheint jedoch immer vor zu kommen. Der „Alte“ war und ist immer noch der Kapitän.

10 Whisky Johnny!

Die ersten drei Wochen im Oktober arbeitete ich für den Villa Yacht Club. Es war eine verrückte Erfahrung. Gruppen von Clubmitgliedern erschienen einfach aus dem Blauen heraus zu den unmöglichsten Tageszeiten auf dem Steg. Ich fuhr mit ihnen bei jedem Wetter hinaus in den Long Island Sound.

Manchmal fragte ich mich, was die US Coast Guard wohl gesagt hätte, wenn ihr *Moonglow* begegnet wäre, denn wir setzten uns über fast alle Vorschriften hinweg. Es gab zum Beispiel nur drei Rettungswesten an Bord, aber zu jener Zeit war ich mir nicht bewusst, dass wir etwas falsch machten, die Sicherheitsvorschriften der US-Küstenwache bekam ich erst viel später in die Hand. Natürlich war ich ohnehin sehr vorsichtig und setzte niemals die Sicherheit meiner Passagiere aufs Spiel, ich hatte immerhin einige Erfahrung in meinen alten Seemannsknochen.

Der Club musste meiner Berechnung nach mit *Moonglow* richtig Geld verdienen, denn man erzählte mir, dass man sie für eine geringe Gebühr von ihrem Eigner gechartert hatte, sicher weniger als zehn Prozent von dem, was sie einbrachte. Mein Lohn und ihre Unterhaltskosten waren ebenfalls gering, denn ich verwendete die Maschine nur, wenn unbedingt nötig. Ihr Liegeplatz kostete 50 Dollar in der Woche, und ich rechnete mir aus, dass die Kosten für mein Flugticket schon in der ersten Woche wieder hereingekommen waren.

Meine Arbeitszeit betrug etwa sechzig Stunden in der Woche, abhängig von der Länge der Segeltörns. Dafür bekam ich zwanzig Dollar plus mein Essen, und ich konnte auf dem Schiff schlafen. Aber den Lohn vom Club auch wirklich zu bekommen, war sehr kompliziert, es war als wollte man eine Münze wieder aus dem Schlitz eines Automaten heraus holen. Ich brauchte dafür ebenso viel Zeit wie für die Wartung und Segelei mit der *Moonglow*.

Bei einer bemerkenswerten Gelegenheit, nachdem ich mein gesamtes restliches Geld für Lebensmittel ausgegeben hatte, musste ich fünfundzwanzig Kilometer weit bis in die Mitte von Manhattan laufen, um meine zwanzig Dollar abzuholen. Dieser Marsch war eine besondere Erfahrung. Ich hatte meine blauen Jeans an, mit einigen Farbspritzern drauf, meinen Pullover und meine Segelkappe. Das war nicht zum Angeben, es war alles, was ich an Klamotten hatte. Und die Kappe sollte mir nicht etwa ein nautisches Aussehen verleihen, sondern vielmehr meine kahle Stelle auf dem Hinerkopf vor der Sonne schützen.

Ich ging durch den Pelham Park, auf der Festlandseite des City Island Causeway (Autobahn). Dreimal nahmen mich Polizeiautos genauer unter die Lupe. Sie wurden langsamer und fuhren im Schritttempo neben mir her, während die Cops mich misstrauisch musterten. Aber ich ging einfach stur weiter, bis ich nach Westchester kam, einem städtischen Zentrum. Von da an war ich anscheinend schon im kriminellen Milieu, denn die vorbeifahrenden Streifenwagen ignorierten mich.

Die Südseite der Bronx, in die ich als nächstes kam, war noch nicht einmal so schlimm. Lange, elend lange Straßen, umgeben von schachtelartigen Fabriken und Appartementhäusern. Aber weiter drinnen, in der Nähe von Manhattan, gab es mehr und mehr ausgebrannte Gebäude, mehr und mehr Schlaglöcher in den Straßen und mehr und mehr eine Atmosphäre elender Hoffnungslosigkeit. Fast alle Menschen in der Gegend waren schwarz, auf den Straßen wälzte sich eine stetige Prozession aus glänzenden Blechkarossen vorbei – Fords, Chevys, Cadillacs, grüne, blaue, schwarze und rote. Der Chrom, in dem sich die Sonne spiegelte, strahlte eine Art Feindlichkeit aus, und die Insassen waren hinter getönten Scheiben versteckt. Auf den Gehsteigen und auf den halb zerfallenen Holztreppen der Häuser hingen Gruppen von Leuten herum und schauten mit trübsinnigen Gesichtern die Parade der Passanten an. Viele der jüngeren hatten dunkle Sonnenbrillen auf, der Chrom der Brillengestelle strahlte die gleiche Ablehnung aus wie die Fenster der blitzenden Autos. Die Leute und die Autos auf der Straße produzierten einen Höllenlärm. Im Gegensatz zu den Armen, die ich in vielen Ländern der Erde gesehen hatte, schienen diese Leute, besonders die jungen, weder hungrig zu sein noch krank, sie waren auch nicht ärmlich gekleidet. Aber ich kam ja von der Unterseite der Welt, in meinem Kopf spukten immer noch lebhafte Erinnerungen an Massawa und Assab, Lima und La Paz umher. Ich hatte wahre Armut gesehen und erlebt, die Art, die keine Zeit und keine Energie übrig lässt für Feindseligkeit und aggressive Blicke. Die ausgebrannten Gebäude ringsum auf dem mit Unrat übersäten Gelände brachten Erinnerungen an die Slums von Glasgow in den dreißiger Jahren zurück. Aber im Vergleich zu diesen vergangenen Zeiten und den damaligen Umständen schienen die Leute in der Bronx gut zu leben, dachte ich. Ich ging weiter auf den Gehsteigen entlang, Kilometer um Kilometer, zwischen den zwei Spiegeln des Lebens.

Ich hatte auch nicht mehr Geld in der Tasche als der Ärmste, der mir begegnete.

Ich ging durch die Reihen der verwahrlosten Behausungen hindurch, die dastanden wie alte Männer, die das Begräbnis eines Bettlers beobachteten, sich in Träume ihrer eigenen Zerstörung einhüllten, umgeben von einer trostlosen Wüste des Zerfalls und des Unrats.

Eine der bitteren Nebenerscheinung der Armut ist der Effekt, dass sie die Menschen um ihre Großzügigkeit gegenüber Anderen beraubt. Eine weitere ist, dass sie den eigenen Charakter beleidigt, indem sie dich unfähig und dumm aussehen lässt.

Bei einer anderen Gelegenheit wurde ich aus dem neu erbauten Haus von Mr. Stougham in einem pompösen Bezirk von Manhattan hinauskomplimentiert, indem er mir eine Flasche Whisky anstelle von Geld gab. Nachdem ich ein paar Stunden herumgewandert war, konnte ich den Whisky für zehn Dollar verhökern und mir den Luxus leisten, mit der Subway und dem Bus zum Schiff zurück zu fahren.

An Bord konnte ich wieder schuften, ich schrieb weiter am Manuskript *Die unglaubliche Seereise* und schwitzte Blut und Wasser über jeder Seite.

Aber trotzdem bestand die Arbeit für den Club nicht nur aus miesem Lohn und langen Arbeitsstunden. Da war das Segeln, das mir als einem Mann, der eher an das Alleinsein und die Einsamkeit auf See gewöhnt war, sehr interessant vorkam. Auf diesen Törns „rund um den Leuchtturm“ traf ich eine Menge freundlicher Leute und auch ein paar unfreundliche.

Der Club veranstaltete „Disco-Nächte“ in einem Hotel in Manhattan, und ich sollte auch dorthin gehen, um mich „bekannt“ zu machen. Ein einziges Mal ging ich gegen besseres Wissen hin, fand es aber stinklangweilig. Eine lebhafte Dame, ungefähr so alt wie ich, bot mir an, mich nach City Island zurück zu bringen. Ich freute mich natürlich auf die günstige Gelegenheit, kostenlos zum Schiff zurückzukommen und nahm die Einladung an. Irgendwie stellte ich mir eine Fahrt im Cadillac vor, aber sie hatte – ein Tandem! Aber sie meinte es todernst, und so strampelten wir zwanzig Kilometer auf dem Ding und trennten uns als Freunde, glücklicherweise.

Gegen Ende Oktober war es offensichtlich, dass die Anzahl unserer Kunden nachließ. Das Wetter wurde kalt, aber Strougham machte keine Absichten, das Schiff irgendwo hin zu überführen, geschweige denn in die Karibik. Ich überdachte meine Situation. Es war meine eigene Schuld, dass ich mich in diese Einbahnstraße eines Jobs hinein begeben hatte. Ich war, gemessen an dem Standard des Landes, zu überheblich gewesen. Aber irgend etwas hatte mich hierher geführt, nach New York. Ich kam mir vor wie ein Zombie, der von einer fremden Macht geleitet wurde. Irgendwo hinter alledem musste es einen Grund dafür geben. Aber so sehr ich auch mein Gehirn zermarterte, ich konnte keine Erklärung finden. Alles was ich tun konnte, war zu hoffen, dass sich meine Situation vielleicht verbessern würde und ich *Sea Dart* auf irgendeine Art retten könnte. Zu jener Zeit war das mein einziges Lebensziel, meine gesamte Motivation.

Ein Problem der Armut – der wahren Armut, nicht das Herumhängen und auf den Scheck der Fürsorge warten – ist, dass man blind wird, dass man seinen Lebenszweck und Lebenssinn nicht mehr sehen kann und seine Lebensziele aus den Augen verliert. Die Armut blockiert die kreativen Gedanken, du fragst dich zu oft, wie du dir deine nächste Mahlzeit beschaffen kannst. Für mich war es reine Selbstdisziplin, mich hinzusetzen und wieder eine Seite der *unglaublichen Seereise* zu Papier zu bringen. Irgendwie brachte ich das fertig, trotz meiner bohrenden Angst, *Sea Dart* zu verlieren und, da der Winter kam, meinen Job dazu. Diese Angst war überwältigend, ich saß ohne einen Pfennig da in einem fremden Land und hatte mit meinen einundfünfzig Jahren wenig Aussicht auf Arbeit. Aber trotzdem hielt ich durch und schrieb. Es war wie eine innere Kraft in mir, der ich nicht widerstehen konnte. Jedes Mal wenn ich mich fragte: „Was soll das Ganze?", kam diese innere Kraft und sagte mir, dass ich einen Tag lang zu schreiben hätte – das Buch müsste geschrieben werden, selbst wenn es nie jemand lesen würde!

Viel mehr als in Europa besteht in Amerika ein weiteres Problem darin, dass die Armut die eigene Mobilität behindert. Mit Ausnahme von ein paar großen Städten sind die öffentlichen Verkehrsmittel hoffnungslos. Für den Durchschnittsamerikaner ist ein Auto kein Luxus, es ist eine absolute Notwendigkeit, es ist die einzige Möglichkeit, von A nach B zu kommen, aus welchem Grund er das auch immer will. In Amerika ist es deshalb noch viel frustrierender, arm zu sein als in England. Im Vergleich mit dem kleinen England ist das Land riesig, und mit öffentlichen Verkehrsmitteln über Land zu reisen ist ein größeres Vorhaben. Es hätte einer generalstabsmäßigen Planung bedurft, alle notwendigen Verbindungen auszuarbeiten.

Wenn ich einen Überführungsjob für ein Schiff finden wollte, dann müsste ich die Häfen an der Ostküste abklappern können, von Bar Harbor bis Baltimore. Mit dem Bus oder mit dem Zug würde das ein Vermögen kosten, und ich würde viele Wochen dazu brauchen. In der Yachtwelt kann man nicht einfach das Telefon abheben und einen fremden Eigner davon überzeugen, dass man geeignet und fähig ist, sein Schiff, das vielleicht 250.000 Dollar wert ist, irgendwo hin zu bringen. Normalerweise wird so etwas Auge in Auge abgemacht, und so ein Geschäft erforderte Mobilität, es bedeutete, dass ich meine Armut besiegen musste, damit ich in den einzelnen Häfen herumsuchen konnte.

Das Schicksal, die Bestimmung oder wie man es sonst nennen will, kommt manchmal in eigenartiger Weise daher, das hatte ich schon oft am eigenen Leib erlebt. Aber noch niemals war es auf so kuriose Weise in mein Leben getreten wie damals auf City Island.

Es war ein trüber, wolkenverhangener Tag. Ich hatte meine routinemäßigen Morgenarbeiten erledigt und machte das Schiff für einen Segeltörn am Abend bereit. Ich wollte gerade wieder hinunter in die Kabine gehen, als ich einen asiatisch aussehenden Mann sah, der auf *Moonglow* starrte. An diesem normalen Wochentag zum Ende der Saison hin war die Marina fast verlassen. Obwohl man die Wolkenkratzer von Manhattan in der Ferne sehen konnte und wusste, dass dort Millionen von Menschen herum wimmelten, war es hier einsam. Auf See bedeutet Alleinsein nicht unbedingt, dass man sich einsam fühlt, denn erstens ist dort ein solches Gefühl sinnlos, weil es einfach keine Menschen im Umkreis von ein paar hundert Meilen gibt, und zweitens ist man üblicherweise zu beschäftigt, um sich darüber Gedanken zu machen. Aber hier an einem verlassenen Fleck inmitten der brodelnden Großstadt ist das eine andere Sache. Man freut sich auf einen Schwatz.

„Schönes Schiff“, bemerkte der Amerikaner koreanischer Abstammung, als der er sich entpuppte.

„Ja, nicht schlecht, nicht wahr?“, stimmte ich ihm zu.

„Gehört sie dir?“

„Nein ... ich mache nur Fahrten mit ihr.“

„Brauchst du einen Matrosen?“

„Ich könnte einen brauchen, aber der Club, der die Ausflüge organisiert, bezahlt keinen.“

„Ich würde umsonst arbeiten, wenn du mir das Segeln beibringst.“

Zu diesem Zeitpunkt war mir bereits klar, dass keiner der Mitarbeiter des Clubs jemals ein Segler werden würde. Es war nicht ihre Schuld. Einige von ihnen hatten einfach kein Interesse daran und auch nicht das notwendige Gefühl dafür. Es waren auch so viele, sie wechselten ständig, und ich hatte es aufgegeben, ihnen etwas beizubringen. Außerdem ist das Einhandsegeln mit einer Meute von Passagieren an Bord schwierig. Die Leute brachten immer ihr eigenes Essen mit, aber es war schon ein Problem, für einige Minuten das Rad zu verlassen, um ihnen unter Deck zu zeigen, wie man Kaffee macht oder wo man Eis finden kann, besonders wenn eine steife Brise wehte.

„Ich heiße Johnny“, sagte er. Ich sprang auf den Steg und musterte ihn. Er war jung. Für mich ist es immer schwierig, das Alter asiatischer Menschen zu schätzen, besonders bei den jüngeren, aber wie sich herausstellte, war er zwanzig. Er hatte den typisch feingliedrigen Körperbau seiner Rasse in diesem Alter. Aber das täuschte, denn später, unter Segel, war er so kräftig und zäh wie viele Jungen aus dem Westen, die doppelt so groß waren wie er. Sein Körperbau täuschte mich durchaus nicht, ebenso wenig verwunderte mich seine Kraft, denn ich hatte früher oft gesehen, wie stark die Dschunkensegler im Osten waren.

„Wir segeln um sieben los“, sagte ich zu ihm.

Er lächelte breit. „Ich werde hier sein“, sagte er, „will'ste ein Bier?“

„Okay!“

Er ging den Steg hinauf. „Bin gleich wieder da!“

Schnell war er mit zwei Dosen Bier zurück, die er öffnete. „Du bringst mir das Segeln bei“, sagte er, „und dafür stelle ich dir mein Auto zur Verfügung, wenn ich nicht zur Arbeit muss. Ich fahre dich überall hin, wenn du willst und wenn du dich am Benzin beteiligst“.

Normalerweise trinke ich kein amerikanisches Bier, es ist mir zu dünn und schmeckt nach Chemie, aber das Bier, das ich mit Johnny trank, schmeckte mir wie Nektar der Götter. Der Himmel hatte mich erhört. Ich hatte etwas gefunden, die einzige wichtige Sache, um mich in Amerika außerhalb der großen Städte bewegen zu können – ein Automobil!

„Das ist gut!“, sagte ich, musste vor Begeisterung husten und spuckte Bierschaum auf den Steg. Um mich herum schienen die Seezeichen zu tanzen, ich hörte ein Regiment Dudelsäcke und sah Adler sich zur Sonne empor zu heben, die durch die Oktoberwolken brach.

Ein paar Tage später schrieb ich dem Villa Club meine Kündigung, mit einer Frist von zehn Tagen. Milt reduzierte sie auf eine Woche. Eine Woche hatte ich also Zeit, um ein Schiff zu finden, das ich aus den USA herausbringen könnte.

Zuerst fuhren wir nach Norden, nach Groton in Connecticut. Auf der Fahrt sprach ich mit Johnny. Zu meinem Erstaunen gab es viele Koreaner in der Gegend von New York, Johnny dachte so etwa achtzigtausend. Die meisten waren in den letzten zwanzig Jahren von Korea her eingewandert, so wie Johnnys Familie. Sie waren sehr selbstdiszipliniert und entschlossen, hier voranzukommen. Wenn Johnny der Maßstab war, dachte ich, dann würden sie das auch mit Sicherheit schaffen. Er erzählte mir, dass es Tausende kleiner Obst- und Gemüsestände in New York City gab, die Koreanern gehörten.

„Lange Arbeitstage“, seufzte er, „aber dafür braucht man nur wenig Startkapital.“

Johnny selbst hatte in den USA das College absolviert und arbeitete als Labortechniker in einem Krankenhaus. Sein Wunschtraum war, eine Seereise von einem Monat zu machen und dann wieder an seinen Arbeitsplatz zurück zu kehren. Später wollte er dann Management studieren und hoffte, danach eine Stelle in einem großen Unternehmen zu finden.

Während mir Johnny das alles erzählte, dachte ich an die Menschen, die mir in der südlichen Bronx begegnet waren. Wenn diese Koreaner, in deren Heimatland man vor nur zwei Jahrzehnten ausschließlich Ackerbau betrieben hatte, in die USA kommen und sich hier aus eigener Kraft eine Existenz aufbauen konnten, warum bringen es dann die Leute, deren Vorfahren über Generationen hier gelebt hatten, nicht fertig? Das ging mir einfachem Seemann nicht aus dem Kopf.

Neben seiner Kraft und seiner guten körperlichen Verfassung hatte Johnny noch zwei Eigenschaften, die für junge Menschen, oder auch für alle anderen, wenn man so will, besonders wertvoll sind: Er war lernbegierig, und er stand zu seinem Wort. Wenn ich alles zusammenkratzte, was von meinem kargen Lohn übrig geblieben war, hatte ich fünfzig Dollar. Damit beteiligte ich mich an den Kosten für das Benzin.

Ich hatte an Elban Whitcombe geschrieben, den Eigner des neu gebauten Schoners *Harvey Gamage*. Man hatte mir erzählt, dass er für eine Charterfirma in der Karibik und an der amerikanischen Ostküste fahren sollte. Johnny fuhr mich den ganzen Weg nach Groton hinauf, um Eban zu treffen. Es war weder meine noch Ebans Schuld, dass er mich nicht einstellen konnte. Er hatte von mir gehört, aber sobald ich den Mund aufmachte, unterbrach er mich.

„Du bist Brite?", sein ehrliches, wettergebräuntes Gesicht wurde sorgenvoll.

„Sicher."

„Tut mir leid, aber ich kann dich nicht nehmen, Tristan. Es ist gegen die Vorschriften der US Coast Guard. Außerdem würdest du für das Befahren von US-Gewässern eine ihrer Lizenzen brauchen, für Passagierschiffe bis neunzig Bruttoregistertonnen."

„Scheiße – daran habe ich einfach nicht gedacht, Eban."

„So sind die Vorschriften, Tristan, vielleicht gibt es so etwas auch in deinem Land."

„Ja, sicher, da kann man nichts machen. Du musst deine eigenen Seeleute ran lassen."

„Es tut mir sehr leid, Tristan ... ich hätte dich gerne als Skipper der *Harvey Gamage* gesehen."

„Vielleicht kann ich einen anderen Überführungsjob kriegen, Eban."

„Hier", bot er an, „ich gebe dir ein paar Adressen in Baltimore, Philadelphia und Boston. Aber da ist sicher nichts – es ist zu spät im Jahr für die Überführungen nach Süden. Halt' die Augen offen und lies die Anzeigen in der *New York Sunday Times*, in der Sportbeilage.

Johnnys Gesicht war enttäuscht, als wir Ebans Haus verließen. Wir waren beide voller Erwartung und Hoffnung hier angekommen.

„Cheer up, Johnny!" Ich versuchte, ihn aufzuheitern. „Da draußen gibt es bestimmt einen Job irgendwo – es gibt sechzehn Millionen Privatyachten in den Vereinigten Staaten. Sagen wir, davon liegt ein Drittel im Nordosten – das sind über fünf Millionen Schiffe. Sicherlich will eines davon nach Süden!"

„Ja, aber wie sollen wir das eine finden?", fragte Johnny.

„Das ist jetzt dein Job, Kumpel", antwortete ich, „also los, nach Norden – da muss es etwas geben, um Boston herum ... das ist der Großvater aller Seglerhäfen in den Staaten!"

Ich glaubte selbst daran, weil ich einfach daran glauben wollte, und Johnny glaubte deshalb auch dran. Er war so.

Doch wir fanden kein Schiff in Boston, das nach Süden wollte, und auch nichts in New London und in Annapolis. Johnny und ich durchkämmten die Küstenorte, die Yachtclubs und die Häfen im Nordosten. Tagsüber fuhren wir über die Autobahnen, und nachts schliefen wir im Auto, fast eine Woche lang.

Als wir zurück waren, leistete ich mir eine *New York Sunday Times*, mehr ein riesiger Pack Papier als eine Zeitung, insgesamt mehr als einhundertfünfzig Seiten, und ich nahm alles mit auf *Moonglow*. Ich setzte mich hin und begann, mich durch den Papierhaufen hindurchzuarbeiten. Ich hatte nur noch zwei Tage, bevor ich *Moonglow* verlassen musste.

„Skipper gesucht, New York–Karibik, 40-Fuß-Ketsch." Da war es, in der Sportbeilage. Ich rannte an Land und rief Johnny an. „Komm' mit dem Auto rüber, schnell, Johnny! Wir haben einen Überführungsjob!" Dann rief ich den Eigner, Mr. Grindlay, an.

Star Rider war ein in Neuschottland gebautes Holzschiff. Sie war ein Doppelender mit Pinienplanken auf Eichenspanten, altmodisch, aber mit der besten Segelausrüstung für ein Schiff ihrer Größe. Sobald ich sie ansah, wusste ich, dass sie gutmütig und seetüchtig war, zäh wie Leder und so stäbig wie das Washington-Denkmal. An Deck war sie sauber und aufgeräumt, und ihre Handhabung war so bequem wie bei jedem anderen 40-Füßer, der je gebaut worden war. Die Lage unter Deck war eine andere Sache. Wie die Seele ihrer Schöpfer in Neuschottland war sie ehrlich und tief gebaut und ziemlich komplex.

Der Eigner von *Star Rider*, Mr. Grindlay, war ein New Yorker Schullehrer. Er war etwa dreißig, mollig, warm angezogen, wohlgenährt und verheiratet. Sein Schiff sollte seinen Liegeplatz in West Steadyway verlassen, und ich sollte es hinunter nach St. Thomas segeln. Die Bedingungen für meinen Job waren, dass ich dort Chartergäste herumsegeln sollte, die Grindlay mir hinunter schicken würde. Er sah Johnny finster an, Johnny grinste zurück.

„Natürlich wirst du alles blitzblank halten", sagte Grindlay, als ich über die Leiter nach unten verschwand, zwei Meter tief, direkt hinunter.

Ich sah mich unter Deck um. An beiden Seiten der Hauptkajüte war je eine Koje, die einmeterfünfzig höher als der tiefe Kabinenboden lag. Einen Tisch gab es nicht, aber eine winzige Kombüse mit einem Herd, in einen Raum von einmeterzwanzig mal sechzig Zentimeter eingepfercht. Ich zwängte mich durch den Spalt zwischen Toilette und Großmast, nur zwanzig Zentimeter breit, und fand heraus, dass es vorne zwei weitere Kojen gab, ebenfalls hoch an den Seiten über dem Kabinenboden. Besorgt ging ich wieder nach achtern. Es gab eine kleine Tür, die in einen Tunnel führte, der seitlich an der Maschine vorbei ging. Ich kroch unter großen Schwierigkeiten hindurch und gelangte in die „Achterkajüte". Das sollte das Quartier für die Gäste sein. Ich kroch wieder nach vorne, es war wie ein Hindernisparcours beim Militär.

„Was hältst du von ihr, Tristan?", blökte Grindlay.

„Die Wahrheit?"

„Sicher."

„Die einzigen Chartergäste, die sich auf diesem Schiff wohlfühlen werden, sind Bergleute aus einer Kohlenzeche oder Zirkusakrobaten. Das Schiff wurde über Deck für Riesen von zweimeterfünfzig gebaut und unter Deck für Zwerge von einem Meter, aber sicher nicht für normale Leute. Über Deck ist sie eine Schönheit, sie ist in absolut perfektem Zustand. Sie ist ein herrliches seetüchtiges Schiff – aber für Charter in der Karibik? Das kannst du vergessen, Tom. Schau' mal die winzigen Ventilationsluken, sie ist für den kalten Nordatlantik gebaut – es kommt überhaupt keine frische Luft hier nach unten, und die Hitze auf den Inseln ... sie ist nichts für vornehme Chartergäste, Tom, die werden meutern!"

„Du kannst eine Windhutze machen", sagte Grindlay.

Ich schwieg eine Minute oder zwei. „Die Kombüse – wie zum Teufel soll ich auf diesem Herd für fünf Personen kochen?"

„Nach ein paar Tagen werden sie sicher an Land essen wollen."

„Die einzige Möglichkeit ist, einen Koch an Bord zu nehmen. Die meisten Charterschiffe dieser Größe haben einen Matrosen an Bord, der kocht. Aber der will ein Rückflugticket nach New York, für den Fall, dass er mit dem Flugzeug nach Hause zurück muss."

„Einen Koch kann ich nicht bezahlen."

„Dann kann ich den Job nicht annehmen, ich bringe das Schiff hinunter, das ist alles."

„Okay – also such' dir einen Koch und ich sorge für ein Rückflugticket, falls er von St. Thomas vor dem Schiff wieder nach Hause will."

„Dann können wir's versuchen, aber er muss ein ausgebildeter Jongleur sein, wenn er auf dem Herd da kochen soll!"

„Was ist mit der Überführung?", fragte Grindlay. „Ich habe zwei Personen, die für die Reise zahlen würden. Ist das genug?"

„Johnny kommt mit mir. Er hat mir sehr geholfen, und ich schulde ihm eine Seereise", sagte ich.

Johnny, der am Fuß der Leiter stand, grinste. Grindlay sprach weiter: „Okay, aber nur bis St. Thomas, und den Rückflug zahle ich nicht."

Johnnys Augen leuchteten. „Super, danke!", rief er und rannte zu seinem Auto, um zur Arbeit zu fahren.

So wusch eine Hand die andere. Johnny hatte seine Seereise, und ich hatte meinen Überführungsjob in die Karibik, wo ich vielleicht Zeit finden würde, um ein weiteres Buch zu schreiben. Ich könnte etwas Geld verdienen, um an der Befreiung von *Sea Dart* zu arbeiten.

Grindlay sah erleichtert aus. „Gut!", sagte er, „dann ist alles abgemacht – wann wirst du lossegeln?"

„Sobald wir einen Koch gefunden haben", antwortete ich.

„Wie willst du einen finden?"

„Ich denke, ich muss herumlaufen und einen suchen."

„Wo denn?", wollte er wissen.

Ich streckte eine Hand in Richtung der Wolkenkratzer von Manhattan in der dunstigen Ferne aus. „Da sollte es doch ein paar geben unter den vielen Leuten", sagte ich.

„Vielleicht. Okay, wir verschieben das Auslaufen um einen Tag, aber nicht länger! Ich bin sowieso mit meiner Planung im Rückstand."

„In Ordnung – aber ich brauche einen Vorschuss von einer Woche – ich bin im Moment ein wenig knapp bei Kasse."

Grindlay fischte in seiner Tasche. „Hier sind fünfzig Bucks", sagte er gleichmütig. Ich versuchte, meine Hand nicht zittern zu lassen, als ich das kleine Vermögen nahm. „Aber ich will eine Quittung!", sagte er.

So kam es, dass ich mich auf den Weg nach Manhattan machte, um einen Koch zu suchen, nach einem, der es als Herausforderung ansehen würde, in einer Kombüse von der Größe einer kleinen Waschmaschine auf einem chronisch keuchenden Spiritusbrenner und einer kaputten Wasserpumpe für die Spüle zu arbeiten, auf einem irre gebauten Schiff, das auf See bestimmt ständig mit einer Krängung von dreißig Grad laufen und herumspringen würde, und der dabei noch vier weitere vom Segeln und Steuern hungrige Personen satt kriegen sollte – und das auch noch ohne Bezahlung. „Ganz einfach!“, dachte ich, als ich in die U-Bahn einstieg, „ich würde sogar dem Teufel einen Koch aus der Hölle heraus klauen, wenn ich damit *Sea Dart* aus ihrem Gefängnis holen könnte.“

New occasions teach new duties; time makes ancient good uncouth;
They must upward still and onward, who would keep abreast of truth;
Lo, before us gleam her campfires! We ourselves must Pilgrims be,
Launch our Mayflower, and steer boldly through the desperate winter sea,
Nor attempt the Future's portals with the Past's blood-rusted key.

(Neue Gelegenheiten lehren neue Pflichten, Zeit macht alte Werte unbeholfen;
Man muss nach oben und nach vorne, wer will der Wahrheit beiseite stehen.
Schau, vor uns liegen die Lagerfeuer, wir wollen Pilger sein,
Leg' ab, Mayflower, wir steuern mutig durch die wilde Wintersee.
Kein rostiger Schlüssel der Vergangenheit kann das Portal der Zukunft öffnen.)

The present crisis (1845), James Russell Lowell. (Das Motto des Staates New York heißt „Excelsior.")

11 Excelsior!

Am Union Square stieg ich aus der U-Bahn aus. Ich kannte diese Gegend von meinen früheren Besuchen im Jahre 1969. Damals hatte ich im Regina Hotel an der Third Avenue und Dreizehnten Straße gewohnt, aber nur für eine Nacht, denn der Verkehr dort war enorm – vierundzwanzig Stunden am Tag gingen die Nutten und ihre Zuhälter dort ein und aus. Dafür war das Hotel billig gewesen, aber nach einer Nacht hatte ich genug gehabt. Ich war ausgezogen und wieder aufs Schiff gegangen.

Die U-Bahnstation am Union Square erinnerte mich an eine altmodische Herrentoilette in meiner Heimat – der Geruch war etwa der gleiche. Ich machte mich so schnell als möglich auf den Weg ins Freie. Ich ließ den Höllenlärm der U-Bahnzüge hinter mir, um in den nur geringfügig leiseren Verkehrslärm am Union Square zu gelangen. Dann flüchtete ich in den Union Square Park, um mich in Ruhe auf eine Bank zu setzen und darüber nachzudenken, wie ich einen Koch bekommen könnte. Schnell wurde mir klar, dass meine Navigation fehlerhaft war.

Es gab da eine lange Reihe von Parkbänken, die in einem großen Bogen an dem fast verlassenen Weg durch den Park standen. Auf allen saßen oder lagen Männer, ältere, solche mittleren Alters und junge – weiße, rote und schwarze. Die älteren Männer hatten meist alte Anzüge oder Regenmäntel an und hatten sich tagelang nicht rasiert. Bei manchen lief Speichel über das Kinn und tropfte herunter. Die meisten hatten leere Augen und Gesichter wie aus Leder. Manche tranken aus Dosen oder Flaschen, die in braunen Papiertüten versteckt waren. Als ich vorbeiging, riefen mir Stimmen nach, ein gemeinsamer Chor, die Stimmen unterschieden sich nur durch das Alter der Rufenden. „Haste Joints? ... Placydill? ... Smack?“ Eine andere Bank: „Haste Smack? ... Joints? ... Valium?“ Ich drehte um, in Richtung Third Avenue.

Es gab keinen Grund, mich unter die Drogensüchtigen zu mischen. Abgesehen von der introvertierten Natur von drogenbezogenen Kontakten haben die Drogenhändler den Seeleuten auf kleinen Schiffen nur riesigen Schaden zugefügt. Sie haben das Reisen in einigen Teilen der Welt schlichtweg lebensgefährlich gemacht, wo mafiaähnlich organisierte Banden und schießwütige Gesetzeshüter mit schnellen Schiffen herumrasen und jeder Fremde mit unglaublichem Misstrauen empfangen wird, besonders in den Häfen von Florida und in der Karibik. Ein richtiger Seemann ist ohnehin schon „high", auch ohne Drogen. Die Erinnerungen an die See, den Himmel und die Sterne in der Nacht sind genug, um ihn in sein Nirwana zu versetzen.

Als ich auf der Vierzehnten Straße in Richtung Osten ging, wurde die Umgebung schäbiger und schäbiger, von einfachem Plastikdreck bis hin zu ordinärer Altersschwäche. Aber New York ist New York, und die Vierzehnte Straße gehört genau so dazu wie die Park Avenue und die Metropolitan Oper. Die Vierzehnte Straße ist mit zu vielen historischen Erinnerungen verbunden, man kann sie nicht einfach ausradieren. Charles Dickens hatte dort gewohnt, wenn er nach New York gekommen war. Der Union Square und die Vierzehnte Straße waren in früheren Tagen das Revier der amerikanischen Gewerkschaften und der russischen Exilanten gewesen. Trotzki hatte hier herumgehangen. Es war der Geburtsort der Filmindustrie, aus der später Hollywood entstand; D. W. Griffiths hatte hier sein Studio, wie wir Leute aus Wales wissen, denn er war einer von uns.

So wie manche lasterhaften Hafengegenden in der Welt schien die Straße mit sich selbst im Einklang zu stehen und zu akzeptieren, was sie war, die Vierzehnte Straße eben, und nichts Geringeres, ganz im Gegensatz zum Times Square, der sich immer für seinen jeweiligen Zustand zu entschuldigen scheint. Der Vierzehnten Straße ist bewusst, dass Dreck und Laster in einer Großstadt genau so wichtig sind wie alles andere. Ist es nicht eine Tatsache – leider vielleicht –, dass diese beiden Begriffe die wahre kulturelle Größe einer Weltstadt ausmachen? Die Vierzehnte Straße erinnert uns daran, dass es unmöglich ist, gleichzeitig die Menschlichkeit zu lieben und das Laster zu hassen. Selbst Jesus konnte das nicht. Selbst wenn die Stadt nur aus dem Times Square und der Vierzehnten Straße bestände, dann wäre sie bereits eine der größten Städte der Welt, bevor man den Rest der Insel von Manhattan überhaupt in Betracht ziehen müsste.

Nirgendwo auf der Welt spielen die Menschen ihre Rollen so offensichtlich und so positiv wie in New York. Die Pillendealer an der Ecke der

Vierzehnten und Dritten, die ungeheuer schlampigen Prostituierten, einschließlich der Transvestiten, die auf den ersten Blick nicht als solche erkennbar sind, die jungen Pillenkäufer in ihren langen Autos mit Nummernschildern aus New Jersey, alle spielten ihre Rollen so scharf ausgeprägt, dass man sich wie auf einer Bühne fühlte. Es gab keinerlei Anzeichen von Finesse oder Eleganz in dieser Szenerie. Ich kehrte um und ging zurück in Richtung Fourth Avenue und dann nach Süden. Ich hatte keine Ahnung, nach was ich eigentlich suchte, geschweige denn, wo ich suchen sollte. Ich erinnerte mich schwach an die Gegend, in der ich damals die Flasche Whisky von Strougham verhökert hatte, und ich lief einfach weiter. Ich dachte darüber nach, wie sehr es die Amerikaner lieben, sich selbst in eine Rolle hinein zu versetzen und gleichzeitig gegen jede Art von Klischee zu protestieren.

Ich entschied mich dafür, nach Greenwich Village hinüber zu gehen, in südwestlicher Richtung. Ich erinnerte mich an die baumbestandenen Straßen dort, vielleicht würde ich dort ein paar Leute treffen, die mir einen Rat für meine Suche geben könnten.

In New York gibt es viele Bars, die sehr verschieden voneinander sind – irische Bars und polnische Bars, solche für Journalisten, Single Bars, Bars für Pärchen, für Theaterleute, Schwulenbars, Oben-ohne Bars, literarische Bars, Malerbars, Bildhauerbars – ich denke, irgendwo muss es auch eine Bar für Totengräber geben.

Als ich in der literarischen Bar ankam, hing mein Topsegel bereits etwas schief. Drei Stunden vorher hatte ich mir das heilige Ereignis des ersten Barbesuches gegönnt, seit ich vor sieben Jahren das letzte Mal in Amerika gewesen war. Meine Sorgen um die Verpflegungsarrangements auf dem guten Schiff *Star Rider* hatten sich etwas gelegt. Langsam, mit jedem Schluck schottischen Sonnenscheins, erwachten meine keltischen Träume und schickten meine Füße, wie standhafte Freiwillige, Schritt um Schritt voran. Das erste Mal seit einigen Wochen brauchte ich mir um meine unmittelbare Zukunft keine Gedanken zu machen, und alles um mich herum nahm einen rosigen Schein an, und mit jeder Stunde wurde er rosiger. Es war spät am Nachmittag, alle Damen waren inzwischen wunderschön und alle Herren witzig und geistreich.

Drei Stufen führten hinunter von der Straße in die literarische Bar. Zum Glück plärrte die Musikbox im Moment nicht. Ein halbes Dutzend Gäste stand am Tresen, sie unterhielten sich und machten Scherze mit dem großen, aber ausnahmsweise freundlich aussehenden Barkeeper. Nach einem Whisky gewöhnten sich meine Augen an das Dämmerlicht, das in Amerika zum Trinken unerlässlich zu sein scheint. Das muss wohl ein Überbleibsel aus den Tagen der Prohibition sein mit den düsteren geheimen Spelunken. Ich hob mein Glas und prostete dem Herrn neben mir zu. Er sah etwas heruntergekommen aus in seinem grauen Anzug, der an den Nähten auseinander zu fallen schien. Aber seine Augen blickten amüsiert, und er nickte zurück.

Ich sah mich um. Eine Wand war mit Buchdeckeln, literarischen Anmerkungen, Kritiken und Verlagsnotizen beklebt. Hinter der Bar hingen vier oder fünf eingerahmte Fotografien von Segelschiffen. Eine Galionsfigur bildete das Zentrum des Tresens, es war ein roter Löwe. Zum ersten Mal an diesem Tag bestellte ich einen zweiten Drink in der gleichen Bar. Der weißhaarige Mann neben mir ebenfalls. Ich machte es mir bequem und hörte der Unterhaltung zu.

„Henry James hat's gesagt“, sagte er, „es ist ein komplexes Schicksal, Amerikaner zu sein. Wir müssen kämpfen gegen eine ... eine ... Was war das noch? ... Eine ... Bewertung durch Europa ... eine überzogene ...“

„Eine abergläubische Einschätzung“, korrigierte ich ihn leise.

Der Weißhaarige drehte sich um und starrte mich erstaunt an. „Was?“, er schnappte nach Luft.

Ich wiederholte das Zitat und gab mir Mühe, nicht überheblich zu klingen.

Die Frau, die neben dem weißhaarigen Mann stand – klein, dunkel und vogelhaft – lehnte sich herüber. „Er hat recht, Charlie, verdammt noch mal!“

„Bist du Briddisch?“, wollte Charlie wissen.

„Waliser.“

„Jaa ...“, sagte Charlie zu der Frau, „das passt.“ Dann rief er laut: „Bartender ... gib diesem Gennulman hier einen Drink!“

„Oh, das ist nicht ...“, wollte ich sagen.

„Ganz mein Vergnügen“, beteuerte Charlie, „jeder Briddischer darf mir sagen, was Henry James geschrieben hat ... also ... bist du ein Schriftsteller ...?“ Er studierte meinen Pullover und meine Jeans. „Ein Poet? ... zum Teufel, ich erinnere mich an den Kerl, den ich mal gesehen habe ... wie hieß er noch mal? ... ja, doch ... Dylan Thomas – war vor Jahren, drunten in der White Horse Bar am Hudson ... Mann, oh Mann... der Kerl hatte was drauf ...“

„Dieser rechtsextreme Regentagwichser aus den halbverfallenen Häusern von Cardiff", murmelte ich.

Charlie schlug mir mit einer Hand auf die Schulter, die so groß und schwer war wie ein Band der *Encyclopaedia Britannica*, er brüllte vor Lachen. „Haste das gehört, Jimmy", rief er über die Bar, „haste den gehört? ... Gottverdammt ... noch einen Drink für ihn!"

„Prost Charlie!" Obwohl er es sicher gut meinte, konnte ich sehen, dass die kleine Frau neben Charlie ein wenig mürrisch war, weil er ihr den Rücken zudrehte. Ich rutschte von meinem Hocker und stellte mich zwischen die beiden, um sie nicht von der Unterhaltung auszuschließen. Charlie schaute mich erstaunt an, als ich aufstand. „Krieg' einen Krampf", ich schüttelte ein Bein und schlich wieder zu meinem Hocker. Charlie war riesig, ich wollte nicht, dass er dachte, ich wollte seine Begleiterin anmachen. Es gab da so eine Beule in seiner Jacke, und ich konnte ja nicht wissen, ob die von einem Schießeisen Kaliber 22 oder von einem Band von Falkners Werken herrührte.

„Was hält'ste denn von Mailer?", brüllte Charlie. „Wir haben eben über die amerikanischen Schriftsteller gesprochen."

„Kenn' ich weniger", sagte ich. „*Die Nackten und die Toten* ... alles was ich von ihm bisher gelesen habe ... ziemlicher Realist ... habe vorher einen Yankie nie das Wort „fug" gebrauchen hören ... bitte um Entschuldigung Ma'am." Ich beugte mich hinüber, um mich zu entschuldigen.

„Oh, scheiß drauf, das ist okay!", sagte Charlie, „Molly macht das nichts aus."

„Und ein „fug" ist ein muffiger Nebel ... ein oberer Mittelklassenebel ... das Wort ist ein schrecklicher Euphemismus, ganz wie sich die alten Mädchen in Bloomsbury auszudrücken pflegten, oder sollte ich besser sagen Ammen? Es grünt so grün ... du weißt schon."

Molly fing an zu lachen, Charlie verstand das Wortspiel nicht, bis Molly es ihm erklärte. „Hier, ich geb' noch einen aus!" Er schob ein paar Dollarscheine nach vorne, die er nach amerikanischer Art (das hatte ich noch in keinem anderen Land gesehen) vor sich auf der Theke herumliegen hatte.

„Nein Charlie, diese Runde geht auf mich!", sagte ich, „übermorgen lege ich hier ab."

„Verdammt auch... du bist Seemann."

„Also, so eine Art ...", gab ich zu. Dann brach eine Diskussion über britische Literatur aus, die uns über die nächsten vier oder fünf Runden brachte. Wir wurden immer heiterer, bis Charlie plötzlich auf die Uhr schaute.

„Hey, Molly, auf geht's, wir kommen zu spät ..." Er schüttelte meine Hand und klopfte mir auf die Schulter. Molly rutschte von ihrem Hocker, kam zu mir herüber und klatschte einen dicken Kuss auf meinen Bart. Dann waren sie weg und ließen mich mit den anderen ehrbaren Gästen allein.

Eine kleine Weile später kam Jimmy herüber. Er war ein großer Amerikaner irischer Abstammung. Er hatte Freizeitklamotten an, einen Pullover, ein am Kragen offenes Hemd, weite Hosen und Sandalen. Bald waren wir in einer Diskussion über irische Poeten vertieft – Yeats, Cavanagh, Clarke. Nachdem wir uns zusammen noch drei weitere Runden Whisky hinter die Binde gegossen hatten, konnte ich die Insel im See von Innisfree vor mir sehen. Ich pflanzte dort grüne Bohnen und vergaß die grauen Straßen und Gehsteige ringsum. Als Jimmy mich dann noch in die Geheimnisse und Feinheiten von Robert Frosts Gedichten einweihte, und sie (wie ich mich erinnere) fehlerfrei rezitierte, sah ich Alleen von Birken um mich herum, und in meinem Gehirn war kein Platz mehr für Schiffe und Segel, oder für die komplexen Gedanken, die man sich machen muss, um ein Schiff für eine Winterreise im Atlantik vorzubereiten, noch weniger dachte ich an Köche, Kombüsen und Chartergäste, alle diese Probleme waren wie weggeblasen. In meinem Kopf schwirrten ausschließlich Gedichte umher, Lieder und Erinnerungen an die Wunder meiner Jugendzeit in Wales. Das harte Pflaster von Manhattan war zurückgewichen, es existierte überhaupt nicht mehr. Die bevorstehende Reise durch das Bermuda Dreieck, die Passage durch die Hexenküche des Wetters südlich des erbarmungslosen Kap Hatteras, all das erschien mir wie ein Sonntagstörn. Die Sorge um *Sea Dart* war nur noch eine winzige Irritation in meinen Gedanken – der schottische Sonnenschein hatte gewonnen!

Es mussten einige Stunden vergangen sein. Jimmy hatte sich getrollt und hatte mit anderen Gästen gesprochen. Ich hatte sicher noch sechs weitere Whiskys hinuntergespült. So ist das Seemannsleben, manchmal, und man sagt, der Pfad der Weisheit ist der Pfad der Übertreibung.

„Entschuldigen Sie, ich habe gehört, dass Sie gesagt haben, sie suchen einen Koch?"

Ich schaute herum und nach unten. Er war klein, dunkel und nur einmeterfünfundsechzig groß.

„Ach, hab' ich? ... Weiß nicht mehr ... ach ja, das ist richtig!"

Er hielt mir seine Hand hin. „Ich heiße Jerry", sagte er.

„Tristan ... ja, also... richtig ... Alle Mann an Bord! Hinaus auf die blitzende See und unter den funkelnden Sternenhimmel."

„Was ist das für ein Job?“

Ich legte die „Schanghai“-Schlinge aus. „Ach, ganz einfach, du musst nur kochen, für vier Leute und dich selbst, verstehst du? Wir haben alles an Bord, haben eine Eisbox, Herd, Backofen ... vielleicht drei Stunden Arbeit am Tag ... könnte man sagen ... und die andere Zeit gehört dir, an Deck liegen ... ein Buch lesen ... die Welt sehen ... großartiges Leben!“ Ich starrte auf die schattenhafte Figur neben mir. „Was machst du so, Kumpel?“, fragte ich ihn.

„Also, im Moment nichts Bestimmtes. Ich war in der Air Force, als Fotograf ... hab in Hawaii gedient ... oh Mann, diese Strände ... Wow ... jeden Tag schwimmen, an den Wochenende hab ich in einer Hütte am Strand gewohnt.“

Ich wurde nüchtern. „Hast du schon mal gekocht?“, fragte ich ihn.

„Also, für mich selbst hab' ich gekocht ... manchmal kamen auch ein paar Freunde herüber, und dann haben wir Muscheln gegrillt am Stand, oder etwas anderes am Abend.“

„Dann bist du also ein Koch, Jerry?“, bot ich ihm an.

„Man könnte so sagen ... ja das könnte man ... ja, ich denke, ich bin ein Koch!“ Er lachte, dann war er eine Minute lang still, sein Gesicht war ernst.

„Es gibt nur einen Haken bei dem Job“, unterbrach ich seine Gedanken. Er sah mich an. „Es gibt keinen Lohn ... also sicher nicht während der Überführung, aber wenn wir Chartergäste haben, dann kann ich vielleicht etwas für den Koch aus dem Eigner herauskitzeln. Ich muss ihn schon ziemlich quetschen, er ist ziemlich geizig, und ich will niemanden ausnutzen – hab' das bisher noch nie gemacht – ich glaube an gute Arbeit und guten Lohn. Aber ich bin nicht der Eigner. Er wird vielleicht zustimmen, oder auch nicht. Du musst es drauf ankommen lassen – alles was ich dir versprechen kann ist, dass ich mein Bestes tun werde, um ein wenig Geld für dich herauszuschlagen, wenn wir erst einmal Chartergäste an Bord haben ... schließlich kann er ja nicht erwarten, dass jemand umsonst arbeitet.“

„Wo werden wir arbeiten?“, fragte Jerry.

„Jungferninseln.“

„Das ist US-Territorium, richtig?“

„Ja, zumindest die Hälfte der Inseln, der Rest ist Britisch.“

„Aber unsere Basis wird in der amerikanischen Hälfte sein?“

„Ja“

„Dann kann ich da meine Sozialversicherung kassieren!“

„Wunderbar ... was hast du gesagt, wie du heißt?“

„Jerry."

„Hey, Jerry, nimm einen Drink!"

„Okay, Mann!", seine Stimme sang.

Diesmal kam der Whisky als Doppelter. Der Koch hing in der Schanghai Falle. Gott war droben im Himmel, und alles in der Welt war in bester Ordnung.

Um fünf Uhr morgens kam ich wieder nach City Island zurück. Ich brachte *Moonglow* in einen seetüchtigen Zustand, rauchte eine Zigarette, trank eine Tasse Tee und rief Johnny an. Wie mit Mr. Grindlay abgemacht, warteten wir um neun Uhr morgens auf dem Steg in West Steadyway. Bald darauf kam der Eigner mit zwei weiteren Männern in seinem Auto an und schaute stolz auf *Star Rider*. Einer davon war groß und schwer, der andere kleiner und im mittleren Alter. Er stellte mir und Johnny den jüngeren Mann vor.

„Das ist Al."

„Hi, Al", (mein Gott was hatte ich für einen Kater).

„Al ist Rohrleger in New Jersey. Er zahlt, um als Crew mitfahren zu dürfen, verstehst du, und er kann gut mit Werkzeugen umgehen und so Zeugs", sagte Grindlay.

„Biste schon mal gesegelt, Al?", fragte ich.

„Nur so in kleinen Jollen ... in New Jersey ..."

Ich schaute mir Al an, er war ungefähr vierundzwanzig und kräftig gebaut. Er strahlte eine Ruhe aus, die mir gefiel. Er war blond, und sah wie ein Deutscher aus. Er schaute Johnny an, der grinste und „Hi" sagte.

„Das ist Ihre neue Crew, Käp'ten", sagte Grindlay.

„Nenn' mich Tristan." (Kapitäne haben keinen Kater.)

„Und das ist Hank ...", stellte Grindlay mir den Amerikaner mittleren Alters vor. „Hank ist Pilot ..." Hank sah aus wie ein Durchschnittsamerikaner aus irgendeinem Vorortbezirk. Sein Haar war mittellang und gepflegt, er hatte rote Wangen und war offensichtlich wohlgenährt. Seine Fingernägel waren manikürt, er trug ein auffallendes kariertes Sportjackett in lila und graue Hosen über Sperry Topsider Bootsschuhen. Sie schienen ganz neu zu sein. Er war ein lauter Bursche, und er wollte uns offensichtlich beeindrucken und gleichermaßen anerkannt werden.

„Pilot?"

„Nur Amateur ... ich mache meinen Schein für Sportflugzeuge", erklärte Hank.

Grindlay grinste. „Ihm gehört auch ein Restaurant .... Er kommt mit euch, nur für die Überführung, verstehst du. Ihr werdet sicher gut essen auf diesem Törn, er ist ein Koch erster Klasse!"

„Jawohl", sagte Hank, „ihr werdet essen auf dieser Fahrt, wie ihr noch nie gegessen habt!"

Ich schaute Grindlay an. „Ich hab' einen Koch organisiert, für die Charter", sagte ich.

„Einen Koch?"

„Ja ..., ich hab' ihn letzte Nacht angeheuert. Heißt Jerry, ehemals US Air Force. Prima Kerl, hat viel Erfahrung mit dem Kochen in den Tropen."

„Ohne Lohn?"

„Richtig, aber er will seinen Rückflug bezahlt haben, wenn er das Schiff verlässt ... wie ich gestern gesagt habe ..."

„Aber ich sagte, dass ich das nicht machen kann", log er.

„Dann kommt Jerry nicht mit, und ich trete von der Überführung zurück", sagte ich und fragte mich gleichzeitig, wie ich Grindlay seine fünfzig Dollar Vorschuss zurückbezahlen könnte.

„Oh ... Scheiße... nun gut... also okay ... ich garantiere für seine Rückreise ..."

„Flugticket", hakte ich nach.

„Yeah ... Flugticket ... aber keinen Lohn!", sagte Grindlay. „Wo ist dieser Jerry überhaupt?"

„Er muss jeden Moment kommen." Ich blickte über Grindlays Schulter. „Er kommt gerade vom Parkplatz herüber."

Alle drehten sich um und schauten auf den Neuankömmling. Es herrschte Totenstille. „Hey Jerry", rief ich, „gerade rechtzeitig!" Jerry sang zurück: „Ich renne schon ... renne ja schon, Mann ... Wo ist das Boot, Tristan, alter Hecht?"

„Willkommen auf *H.M.S. Numero Uno*!", rief ich ihm zu.

„Guten Morgen, guten Morgen alle zusammen", begrüßte Jerry die Versammlung.

Schweigend starrten sie ihn an. Er war klein, ordentlich angezogen, allerdings in schreiend bunten Farben, und er war schwarz. „Hoffe nur, dass ihr Burschen Griesbrei mögt", sagte er.

I'll sing you one, O!
Green grow the rushes O!
What is your one O?
One is one and all alone and ever more shall be so!

I'll sing you two O!
Green grow the rushes, O!
What is your two O?
Two, two, the lily white boys, all dressed up in green oh ho!
One is one and all alone and ever more shall be so!

I'll sing you three O!
Green grow the rushes O!
What is your three O?
Three, three, alive, O!

Four for the gospel makers.

Five for the symbols at your door.

Six for the six proud walkers.

Seven for the sev'n stars in the sky.

Eight for the April rainers.

Nine for the nine bright shiners.

Ten for the ten commandments.

Eleven for the elev'n apostles.

Twelve for the twelve disciples.

(Ich sing' euch Eins, O!
Grün wächst das Schilfrohr, O!
Was ist Deine Eins, O?
Eins ist Eins, und ganz allein, und wird es immer sein!

Ich sing' Euch Zwei, O!
Grün wächst das Schilfrohr, O!
Was ist Deine Zwei, O?
Zwei, zwei lilienweiße Knaben, alle in grünen Kleidern!
Eins ist Eins, und ganz allein, und wird es immer sein!

Ich sing' Euch Drei!
Grün wächst das Schilfrohr, O!
Was ist Deine Drei, O?
Drei, Drei, wir leben, O!

Vier für die Prediger.

Fünf für die Zeichen an deiner Tür.

Sechs für die sechs stolzen Läufer.

Sieben für die sieben Sterne am Himmel.

Acht für die Aprilregen.

Neun für die hellen Strahlen.

Zehn für die zehn Gebote.

Elf für die elf Apostel.

Zwölf das sind der Jünger zwölf.)

Green grow the rushes O! ist ein uraltes Lied. Das Lied wurde von den Soldaten der Vereinigten Staaten während des Kriegs mit Mexiko (1847) gesungen. Das Wort „gringo“ kommt wahrscheinlich von „green grow“. Der Song war auch in der Royal Navy populär, speziell bei den älteren Rängen.

12 Fünf Mann in einem Boot

Außer dem dumpfen Dröhnen des Verkehrs auf dem Highway, dem Geschrei der herumfliegenden Seevögel und dem Quietschen, das *Star Rider* erzeugte, als sie an ihren Festmachern zerrte, gab es eine Minute lang kein Geräusch. Johnny, der gerade dabei war, einen Segelsack an Bord zu bringen, hielt in seinen Bewegungen inne, wie eingefroren. Der große Al stand einfach nur da, grinste, starrte auf Jerry, dann auf Grindlay und wieder zurück. Hank beäugte den Neuankömmling. Grindlay unterbrach die Stille, indem er hustete.

„Gut, dass du endlich kommst", sagte ich zu Jerry.

Johnnys asiatisches Gesicht verzog sich zu einem Grinsen, er warf den Segelsack ab und schüttelte Jerrys Hand. Dann löste sich die Anspannung, als Al es ihm nachmachte. „Hi", rief Hank im Flüsterton und kletterte an Bord.

„Schlimmer Husten", sagte ich leise zu Grindlay.

Er nickte Jerry zu und zog mich auf die Seite. Zusammen gingen wir auf dem Steg entlang in Richtung Parkplatz. Als wir außer Hörweite der anderen waren, fing Grindlay an zu sprechen. „Wer ist der Kerl?", wollte er wissen, „ist das der Koch, von dem du mir erzählt hast?"

„Das ist der Mann, genau der."

„Aber ... kennst du ihn? ... Wo hast du ihn kennen gelernt ...? Ich meine, du musst verdammt vorsichtig sein, wen du mit an Bord nimmst."

„Ich hab' ihn letzte Nacht kennen gelernt, er wurde mir auf einer Party vorgestellt. Er scheint die richtigen Voraussetzungen zu haben für den Job."

„Ja ... aber ..."

„Und ich kenn' ihn besser als die zwei Kerle, die du bereits an Bord geschafft hast."

„Aber Hank besitzt Grundstücke... er hat ein Geschäft ... und Al ist bei einem Freund von mir angestellt ..."

„Also, ich weiß nicht, ob das der See irgendetwas bedeutet. Was meinst du, Tom?“, fragte ich. „Jerry scheint arbeitswillig zu sein, und außerdem ist er ein angenehmer Kerl ... Wo sonst sollen wir einen Koch hernehmen, der den Job fast umsonst machen will?“

Grindlay dachte einen Moment lang nach. Dann sagte er warnend: „Es ist deine Verantwortung ...“

Jerry schaute herüber und grinste mich an. „Wie geht es deinem Kopf heute morgen?“

„Welchen von beiden meinst du?“, erwiderte ich. Er lachte kurz, dann kletterte er an Bord.

„Wie alt ist er?“, fragte Grindlay nervös.

„Zweiunddreißig, hat er mir gesagt“, antwortete ich.

„Oh ... gut ... scheint in Ordnung zu sein“, gab Grindlay zu.

Star Rider war in bestem Zustand und fast schon zum Ablegen bereit. Eine Sache muss man Grindlay zugute halten, er hielt sein Schiff gut in Schuss.

Während Jerry mit Hank und Grindlay an Land war, um in dem nahegelegenen Supermarkt einzukaufen, ging ich mit Johnny das Rigg und die Segel durch. Al, der für die Reise als Mechaniker eingeteilt war, studierte das Maschinenhandbuch und später, mit mir zusammen, die Maschine.

Bald hatten wir Vorräte für sechs Tage an Bord verstaut, die bis nach Morehead in North Carolina reichen sollten. Weil es nicht genug Schapps für Lebensmittel gab, mussten wir das meiste in den Kleiderschapps auf dem Schiff verstreut unterbringen. Wir bunkerten Diesel und als letztes Frischwasser. Nach einigen ermahnenden Worten von Grindlay über „Verantwortung“, „Achtgeben“ und „Sparsamkeit“ waren wir bereit zum Ablegen.

Wie vor einer Seereise üblich, machte ich einen kurzen Spaziergang über den Steg, den Parkplatz und hinauf zum Highway. Ich schaute auf die Neonreklamen, die für die kommende Nacht aufflackerten, auf den Supermarkt hinter der Straße und auf den unermüdlichen Strom brummender und hupender Autos. Ich versuchte mir einzureden, dass ich davon genug hatte und weg wollte, wieder hinaus auf See. Ich wollte den Winter hinter mir lassen.

Ich drehte dem Lärm, den Lichtern und den vorbeifahrenden Leuten den Rücken zu und ging wieder hinunter zum Hafenbecken. Ich sinnierte darüber nach, dass jede Reise mit einem kleinen Schiff eine Herausforderung der Naturgewalten darstellt und einem der Literatur zufolge ein Gefühl großen Bestrebens verleiht. Aber wenn es in meiner Crew Gefühle von Triumph oder Mut oder gar Heldentum gab, dann zeigte sie es nicht. Johnny war heiß darauf, die Festmacher loszuwerfen, Al sprach ein paar letzte Worte mit einer hübschen Frau auf dem Steg, Hank war damit beschäftigt, die Zutaten für kleine Vorspeisenhäppchen ins Cockpit zu schaffen und Jerry bemühte sich, den Kocher in Gang zu setzen. Er fluchte jedes mal fürchterlich, wenn ihm das Ding Flammen entgegenspuckte.

„Also ... so ein verdammtes Scheißding!"

Ich steckte meinen Kopf durch das Niedergangsluk und blickte in den rauchigen Dunst. Nur langsam konnte ich Jerrys Gesicht und seine funkelnden Augen in der nebligen Finsternis ausmachen.

„Haste Probleme, Kumpel?"

„Nee ... aber dieses verfluchte Scheißding hat die Hälfte meiner verdammten Afrofrisur abgebrannt...!" Jerrys Augen blitzten.

„Augenblick ..." Ich kletterte die senkrechte Niedergangsleiter hinunter, machte einen Docht aus Papier und zeigte Jerry, wie man den Spirituskocher anzündet.

„Hast' noch nie mit Alkohol gekocht?", fragte ich ihn, als der Kocher brannte.

„Nur in Bars", sagte er grinsend, „und manchmal sonst wo." Ich kletterte wieder die Jakobsleiter hinauf. Es war an der Zeit abzulegen. Es gab kein Gezeter und Palaver. Ich schaltete die Navigationslichter ein. Die grüne Positionslampe an Steuerbord erzeugte einen unheimlichen grünen Schein im Rigg, an Deck und an der Seite des Kabinendachs. Blöcke quietschten. Johnny rief vom Vordeck: „Alles klar, Skip?"

„Alles klar ... wirf los, Johnny!" Eigentlich sagte ich das zu *Star Rider*, in diesem Moment wurden wir eine Einheit, wir wuchsen zusammen, denn ich war ihr Skipper. Johnny nahm die Leinen an Bord, die noch kurz vorher doppelt um die Festmacherpfähle geschlungen waren, und ich schob den Gashebel der Maschine leicht nach vorne. Langsam schoben wir uns in der Dämmerung in den Kanal hinaus, der zwischen geisterhaften Schlammbänken in den Ozean hinaus führte. Ich fühlte wieder den momentanen Kältehauch, den ich immer am Beginn einer Reise empfinde, bis ich über das Seitendeck in den Schimmer der roten Positionslampe schaute und das leise Klatschen des Wassers hörte, das vom Schiff zur Seite geworfen wurde. Vor einer Minute hatte *Star Rider* noch an den Festmachern geruckt, und jetzt waren wir unterwegs in Richtung See.

Hinten auf dem Spiegeldeck hatte Hank an der Zubereitung kleiner Blätterteigpasteten weiter gearbeitet. Johnny und Al hatten sich an meine Bitte erinnert und waren nach hinten ins Cockpit gekommen, damit ich einen freien Blick über das Vorschiff auf den Kanal hatte. Die Maschine schnurrte an diesem windstillen Abend, und wir glitten an den Vorstadthäuschen am Ufer vorbei.

Als wir die Zwei-Meilen Boje erreichten, etwa auf halbem Weg zum freien Ozean, trug Hank seine Pastetchen nach unten und schob sie in den Ofen. Jerry kam den Niedergang herauf und steckte seinen Kopf in die kühle Nachtluft.

„Wann kommen wir hinaus?", fragte er.

„Komm' 'rauf und schau selbst", antwortete ich. Er kletterte ins Cockpit. Nachdem sich seine Augen an die Dunkelheit gewöhnt hatten, sah er staunend das Land vorüberziehen. Er schaute nach oben, auf den sich leicht bewegenden Mast, auf den weißen Schein des Toplichts, der sich am Mastkopf spiegelte und sich im Rhythmus des leicht rollenden Schiffes hin und her bewegte. Der Mast zeigte in dem leichten Dunst wie ein ermahnender Finger nach oben, hinauf zu den hellen Galaxien der Milchstraße.

„Oh Mann", rief er hinauf zu den Sternen. „Was diesen Typen in den Städten alles entgeht!" Er schaute auf die mit Flutlicht erhellte Brücke und die dunkle See dahinter.

„*Wow* ... das ist geil Mann ... *wow* ... oh *wow* ...", murmelte er. Dann drehte er sich zu mir um, sein Gesicht glühte vor Aufregung und Freude. „Hey, ist das so während der ganzen Fahrt?"

„Ich hoffe nicht, Jerry", sagte ich und zündete mir eine Zigarette an.

„Warum nicht, Mann, das ist doch toll!"

Leise nahm Johnny mir die Antwort ab. „Wir brauchen Wind draußen, damit wir morgen Abend in Norfolk sind".

„Alsooo ...", bemerkte Jerry, „... mir wär's schon ganz recht, wenn wir so entlang hoppeln würden wie jetzt, Mann, ... das grobe Zeugs ist echt Scheiße, Mann, für die Katz!"

„Meine Meinung", sagte ich, als wir unter der Brücke hindurch kamen. „Eine leichte Brise wäre gerade richtig, so lange sie aus Westen kommt, ablandig. Dann bleibt die See ruhig und glatt."

Jerry kletterte hinunter, um das Abendessen zu machen. „Sanft und glatt, ... das wollte ich sagen ... *yeah, wow* ... ruhig und schöööön glatt!"

Johnny murmelte leise zu mir. „Er redet diesen Slang mit dir, Tristan."

„Was für'n Slang, Kumpel?, fragte ich ihn.

„Diesen Jargon ... sie machen das, wenn sie unsicher sind ..."

„Wer tut das, Johnny?"

„Schwarze ..."

„Er gehört zu meiner Crew, und er ist der Koch, Johnny!", sagte ich so, dass es die anderen im Cockpit hören konnten.

„Ja."

„Jawohl!"

„Denke, du hast recht, Tristan", gab Johnny zu und klang etwas verlegen.

Ich gab der Maschine etwas mehr Gas, dann beugte ich mich am Rad nach vorn, schrie durch den Lärm nach unten und bat Jerry, heraufzukommen. Jerrys Kopf erschien im Niedergang. Ich überzeugte mich davon, dass Al und Hank mich hören konnten.

„Ich denke, wir sollten uns auf die erste goldene Regel auf einem kleinen Schiff mit Mannschaft einigen", sagte ich. Ich klang sicher wie ein Prediger. „Die wichtigste Regel von allen" – ich musste das einfach klarstellen – „keiner kritisiert einen anderen, sein Aussehen, seinen Aufzug, sein Benehmen, seine Gewohnheiten oder seine Arbeit, ohne dass er es selbst hören kann – okay?" Ich wartete einen Moment lang, dann drehte ich mich zu jedem einzelnen um und sah ihm in die Augen.

„Einverstanden?", fragte ich jeden Mann direkt.

„Okay", sagte Al leise.

„Verstanden", bestätigte Johnny. Hank nickte.

„Jerry?"

„Ja, was gibt's?"

„Stimmst du dem zu, was ich gerade erklärt habe?"

„Richtig, Mann ... du bist der Boss ... muss machen, was der Boss will ..." Er verschwand wieder nach unten.

„Johnny", erklärte ich, „entschuldige, Kumpel ... hier draußen gibt es keine Unterschiede ..."

Er lachte. „Nein, ich denke nicht ... ich weiß jetzt, was du meinst ..." Er machte sich auf den Weg nach unten. „Ich helfe Jerry, sieht so aus, als könnte er mich brauchen, bei dem verdammten Herd."

„Das wird ein guter Törn, Tristan!", sagte Al.

„Nur die Umsichtigen denken an Probleme, bevor sie plötzlich da sind", sagte ich und übergab ihm das Rad.

„Aber wie weißt du, ob jemand umsichtig ist, bevor du mit ihm segelst?“, fragte er.

„Das kann man eigentlich nicht wissen“, sagte ich leise, „nur wenige Menschen sind an Land die gleichen wie auf See.“

„Und du bist auf See ein harter Knochen“, spaßte Hank und lachte.

„Ich bin ein harter Knochen, Al“, gab ich zu, „aber jetzt geht es um das Schiff. Lass' mal sehen, wie du die Fock Nr. 2 nach oben bringst, dann kannst du mir und Hank helfen, das Groß zu setzen.“ Ich drehte mich zu Hank um. „Du gehst ans Rad, Hank. Halt' den Bug im Wind, bis die Segel gesetzt sind, dann nimm sie vom Wind weg und geh' auf Südost, bis ich dir einen anderen Kurs gebe.“

Bald waren alle Segel gesetzt und fingen den nordwestlichen Landwind ein, der uns um Sandy Hook herum brachte. Geisterhaft zogen wir unsere Bahn unter dem aufsteigenden Mond, bis wir die letzten Ausläufer des Landes hinter uns gelassen hatten. Es war eine sanfte Brise, und als ich *Star Rider* auf den neuen Kurs nach Süden brachte, krängte sie nur ein paar Grad. Ab und zu klatschte sie weich in eine See, ein zärtlicher Kuss für den Gott des Meeres, um ihn wissen zu lassen, dass sie hier war, auf diesen sich bewegenden, mondlichtbeschienenen Wassern. Selbst als wir noch das Fischermann-Stagsegel setzten, um die verlustreiche Lücke zwischen dem Luvliek des Großsegels und dem Besansegel zu schließen, legte sich *Star Rider* nur etwa fünf Grad auf die Seite. Sie war ausgesprochen stäbig, so steif wie in Neuschottland ein paar Hosenbeine bei Eisregen im Januar. Sie segelte angenehm, sie lag ganz bequem in der See, man fühlte sich wie in einer Hängematte. Und sie schob die Wellen zur Seite wie eine Amme ein aufdringliches Kind. In der sanften Brise gab es nur ein Wort für sie: majestätisch. Als der Wind zulegte, dachten wir nur: sanftmütig.

Als der erste Morgenschimmer rosa an der Kimm des Ozeans im Osten erkennbar wurde, gab es eine echte Liebesbeziehung zwischen fünf Männern und einer bezaubernden Prinzessin der See. *Star Rider* lief voran, als spürte sie das auch. Auf diesem Schlag hinunter nach Cape Henry schien selbst der Wind in *Star Rider* verliebt zu sein: er wollte uns ihre Schönheit zeigen. Er blieb im Westquadranten, ging sanft hinauf auf zwanzig Knoten und schob unsere Prinzessin, nicht zu schwach und nicht zu stark, in Richtung Süden. Die See machte es dem Wind nach und brachte alle, außer Einem, zum Tagträumen. Dieser Eine, der schon oft auf der rasiermesserscharfen Kante zwischen der Pracht des Meeres und dessen Gefahren entlangbalanciert war, hielt wachsam Ausschau nach achtern und nach Lee und verfolgte mit seinem inneren Auge den Kurs auf der Karte, die auf einer Koje unter Deck ausgebreitet war. Dieser Eine machte am Morgen zwei Standortbestimmungen mit dem Sextanten, zwei am Mittag und noch zwei am Abend, nur so für den Fall der Fälle und damit seine Kunst, die er fast ein Jahr lang nicht ausgeübt hatte, nicht einrostete.

Star Rider war jetzt weit draußen im Ozean, etwa fünfzig Seemeilen von der Küste entfernt. Die Gewässer vor der flachen Küste von New Jersey sind kein guter Platz für ein Schiff, das eine Reise nach Süden macht. Der Wind kann dort immer schnell auflandig werden, nur Anfänger und Narren setzen darauf, dass der Wind in der Nähe einer Küste stabil bleibt.

Meine vier Begleiter waren alle an Deck und hellwach, um den Sonnenaufgang zu beobachten. Ein Sonnenaufgang über der See ist unvergleichbar mit einem Sonnenaufgang an Land. Er ist ein brausender Chor aus Farben, es ist ein Anblick, den man zu hören glaubt, obwohl man ihn sieht. Zuerst kommt ein leises Bassgebrumm, wenn ein scheues, schwebendes Violett in der Schwärze der Nacht am östlichen Horizont auftaucht. Dann, wenn sich der Himmel über der Kante der nickelfarbigen See verändert, das formlose Grau zu feinem, perlenfarbigen Dunst wird, erheben die Himmelstenöre und die Soprane ihre Stimme. Bald erstrahlen im gesamten östlichen Bereich des Himmels funkelnde Schwertklingen aus Feuer, die den diffusen Schein des Dunstes durchbrechen und hinter den jetzt sichtbaren niedrigen Wolken der Passatzone über dem Horizont den kommenden Tag ankündigen. Dann entfaltet die Sonne mit wundersamer Macht ihre Schönheit und lässt die Welt in majestätischer Pracht erstrahlen. Zuerst ist sie blutrot und schrecklich, sie enthüllt ihr erhabenes Gesicht als einen perfekten Bogen aus Feuer. Dann zeigt sie Gnade mit den beschämten, besiegten Sternen im Westen des Himmels, sie erhebt sich auf ihrem blitzenden Weg, sie übernimmt das Kommando über ihre Kavallerie, die sich bewegende Masse des Ozeans und den treibenden Wind, und über ihre Artillerie, die sie selbst erschuf, zwischen Wasser und Himmel schwebend, die schwerfälligen Wolken.

Sea Rider segelte so trocken und fein, dass wir zusammen im Cockpit frühstücken konnten. Ich erzählte der Mannschaft von einem noch gewaltigeren Phänomen, dem „Grünen Blitz“. Das hatte ich immer nur weit draußen im Ozean erlebt, in der Abenddämmerung, tausend oder mehr Seemeilen vom Land entfernt. Dann, Sekundenbruchteile bevor die Oberkante der Sonne im Meer untertaucht, erstrahlt der gesamte Himmel in einem pulsierenden tiefen Smaragdgrün, einer Farbe, noch grüner als die Felder in Irland. Ich hatte den „Grünen Blitz“ drei Mal in meinem Leben gesehen, jedes mal war es, als wäre ich auf einem anderen Planeten. Alles um mich herum, die See, die Wolken, das Schiff, ja sogar meine eigene Haut erstrahlte in diesem funkelnden Grün.

Sea Rider arbeitete sich durch die auf Reede liegenden Schiffe der US-Reservemarine hindurch und lief Hunderte von Meilen auf Binnengewässern weiter, bis wir Morehead erreichten. Als wir dort ankamen, bestand die Besatzung von *Sea Rider* schon lange nicht mehr aus fünf Individualisten, zwei Nationalitäten und drei verschiedenen Rassen. Wir waren eine Crew. Wir wussten, wo die Dinge an Bord ihren Platz hatten, die Maschinenteile, das Werkzeug, die verschiedenen Segel, die Ersatzteile für das Rigg, die Tausende von Einzelteilen, aus denen ein Segelschiff besteht. Wir kannten *Sea Riders* Eigenschaften und ihre Handhabung bei schwachem und frischem Wind und unter Maschine. Und wir konnten unsere eigenen Fähigkeiten und Grenzen abschätzen, so gut, wie das nach einem Törn von acht Tagen möglich ist.

Al war stabil und reserviert; er beobachtete schweigend und war darauf erpicht, etwas zu lernen. Er wollte *Star Rider* in Puerto Rico verlassen, um seinen Bruder zu besuchen, der eine Feriensiedlung auf Jamaika leitete. Dort sollte er eine Stelle als Vorarbeiter für die Wartung antreten.

„Tristan“, fragte er eines Tages, als wir auf dem Inland-Wasserweg nach Carolina entlang tuckerten, „was ist das Wichtigste, wenn du ein Schiff für die See ausrüstest?“

„Das, was für jedes Schiff immer das Wichtigste ist, zu jeder Zeit.“

„Was denn? Der Rumpf?“

„Nein, Al, das Wichtigste sind die Leute an Bord ... alles Weitere ergibt sich daraus. Das Wichtigste, für das man auf See sorgen muss, ist das Leben und die Sicherheit der Leute an Bord, zuerst kommt die Sicherheit des eigenen Schiffes und danach die Sicherheit der Leute auf anderen Schiffen.“

„Und wenn du alleine bist?“ Inzwischen hörte uns auch Johnny zu.

„Gleiche Regeln!“

Johnny war ebenfalls interessiert daran, etwas zu lernen. Er war irgendwie ein wenig ungestüm, aber das war mehr seinem jugendlichen Alter zuzuschreiben als seinem Naturell.

Hank war nur ein paar Jahre jünger als ich selbst. Er war schon ein paar Mal auf seetüchtigen Schiffen gesegelt. Am Anfang hatte ich den Verdacht, dass seine Faszination für die Seefahrt, die er oft zum Ausdruck brachte, nur von oberflächlicher Natur war, weil sie ihn für eine kurze Zeit lang seine Distanz zu den natürlichen Dingen und den Menschen vergessen ließ. Als ich ihn zum ersten Mal traf, hatte ich den Eindruck, dass er dem Leben nachjagte, als wollte er es einfangen anstatt selbst ein Teil davon zu sein. Aber als wir uns besser kennen lernten, fand ich heraus, dass er beunruhigt war, dass er sich gefesselt fühlte von Eigentum und Wohlstand, von den unnatürlichen Dingen. Seine Autos, die Maschinen in seinem Betrieb – er fühlte, dass er sich bis zum Hals in einem Sumpf von Verantwortung festgesogen hatte, die vielleicht gar nicht notwendig war. Aber zur gleichen Zeit, so erzählte er mir, konnte er den Gedanken, seine Bequemlichkeit und Sicherheiten aufzugeben, die ihn immer weiter in den vermeintlichen Sumpf hineinzogen, nicht ertragen. Dafür bewunderte er die Leute, die für ihre Freiheit einfach alles hingeworfen hatten.

Hank hatte das Gefühl, dass die letzten zehn Jahre alles ruiniert hatten, was ihm einmal wertvoll gewesen war – alles was für ihn Amerika bedeutete. Einmal sagte er, dass die USA in Vietnam „ganze Sache" hätten machen sollen.

„Also – du hast also deine erste Niederlage erlebt", sagte ich ihm.

„Aber mir ist das Ernst", beteuerte er.

„Wir Engländer haben mehr Kriege verloren als du Hamburger gefressen hast", bemerkte ich. „Der Burenkrieg in Südafrika war unser Vietnam ... Zypern, Palästina, Kenia ..."

Dann, das erste Mal in meinem Leben, begann ich mit einem Amerikaner darüber zu streiten – nicht wer die meisten Kriege und Schlachten gewonnen hatte, sondern darüber, welche der beiden Nationen mehr Rückschläge und Verluste zu erleiden gehabt hatte. Es war ein Streit wie im Bilderbuch, und es wurde mir klar, wie sehr sich Amerika verändert hatte seit man mich 1948 aus dieser Bar in Brooklyn hinausgeworfen hatte, weil ich gesagt hatte, dass sowjetische Seeleute auch ganz gute Kumpels sind.

„Verdammte Idioten", schnaufte Hank als er steuerte. Er schaute in der Dunkelheit der Nacht umher, um sich zu vergewissern, dass alle anderen drunten schliefen. „Sie meckern und schreien herum, machen überall Aufstand, und derweil schießt man unseren Jungs in Vietnam den Arsch weg ... diese Generation ist eine verdammte Scheiße." Er nickte zum Niedergang hin.

„Also, sie gehören zu der gleichen Generation wie die, denen man den Arsch wegschießt ...", bot ich an. „Schau mal her, Hank, was die menschlichen Bedürfnisse und Reaktionen betrifft, gibt es eigentlich überhaupt nichts Neues unter der Sonne ... Was sie heutzutage hier machen, das hat die Französische Armee schon 1916 gemacht, genau wie unsere Kerle 1917 in Calais."

„Und was?"

„Die Meutereien der Armee im Ersten Weltkrieg. Die Leute haben sich einfach gefragt, warum sich die Soldaten wegen eines idiotischen Politikers in Stücke schießen lassen sollen, oder wegen so einem verdammten senilen General, der hinter der Front auf seinem fetten Arsch sitzt ..."

„Ach, du redest genau wie die ..."

„Ich wünschte, ich könnte es auch nur halb so gut", sagte ich. „Ich war an fünf verfluchten Kriegen beteiligt ... und drei davon, also man könnte sagen, die haben wir verloren. Und von all den Kriegen war nur einer wirklich notwendig – und selbst der nicht, wenn die Politiker und die Generäle ihre Arbeit richtig gemacht hätten."

„Halt' mal das Rad für mich, Tristan, ich geh' runter und mach' einen Pott Kaffee", sagte Hank, und verschwand nach unten. Ich stand alleine im Cockpit und schaute voraus auf den hellen Stern, der um das Vorstag herum tanzte.

Als Hank wieder nach oben kam, erzählte ich ihm von dem englischen Grenadieroffizier, der von dem Gemetzel in den Schützengräben auf Urlaub zurück nach London kam. Seine Clubfreunde baten ihn, möglichst genau zu erzählen, wie das so zuging, im Krieg. „Einfach scheußlich", sagte er, „dieser Lärm – und diese *Leute*."

Hank musste einen Moment nachdenken, ehe er die Pointe begriff. Dann lachte er, bis ihm die Tränen in seine blauen Augen stiegen. Danach diskutierten wir nie wieder über Vietnam. Aber selbst noch nach unserem Törn nach San Juan, immer wenn eine dieser kleinen Krisen ausbrach, wie sie auf Segelschiffen nicht unüblich sind, suchte Hank mit dem Blick meine Augen, schürzte die Lippen und murmelte: „Dieser Lärm – und diese *Leute*." Meine Standardantwort darauf lautete: „Wirklich scheußlich, alter Sack", und die Spannung verflog.

Jerry hatte einen kleinen Vorrat Tee an Bord gebracht, aber Hank trank nie davon. „Nur Weiber und Schwule trinken dieses verdammte Zeugs", pflegte er zu sagen.

Irgendwann gab ich es ihm mal zurück: „Für amerikanischen Tee mag das stimmen – der schmeckt wie Mückenpisse."

Hank grinste. „Wirklich scheußlich, alter Sack", sagte er.

Die anderen mochten mein starkes Gebräu trotzdem. *Earl Grey Tea*, so stark, dass der Löffel in der Mitte senkrecht stecken blieb.

Wir alle beteiligten uns an der Zubereitung der Mahlzeiten, mit Ausnahme des Mannes am Rad, und auch am Abwaschen. Das gab Jerry die Gelegenheit, ab und zu ans Rad zu kommen, was für die anderen eine Erleichterung war – der Monotonie des Steuerns zu entkommen, der Tyrannei des Rades.

Im Gegensatz zu den anderen Amerikanern an Bord hatte Jerry die Fähigkeit, sich selbst abzukapseln. In einer Gruppe von vier Leuten, die in einer kleinen Kabine quasselten, war er in einem Moment voll an der Unterhaltung beteiligt und im nächsten Moment weit weggetreten. Er schien sich in sich selbst zurückzuziehen. Es war, als hätte man einen Vorhang zugezogen. Seine Augenlider senkten sich, er lehnte sich zurück und weg war er, ganz in seine eigenen Gedanken versunken. Für einen Seemann auf einem kleinen Schiff mit Mannschaft, ist das eine unbezahlbare Gabe, nicht nur für ihn selbst, sondern auch für die anderen um ihn herum.

Nachdem wir in Morehead angelegt hatten, bereiteten wir uns auf die achthundert Seemeilen lange Ozeanreise vor. Im Gegensatz zu der weitverbreiteten Meinung über Seeleute stellten wir nicht die ganze Stadt auf den Kopf. Seeleute tun das meistens nach ihrer endgültigen Ankunft im Zielhafen, und nicht während der Reise.

Aber es ist eine gute Tradition, dass die gesamte Mannschaft zusammen an Land essen geht, bevor ein längerer Törn beginnt. Das gibt allen die Gelegenheit, sich ohne die Beschränkung durch die kleine Kabine des Schiffes ausgiebig zu unterhalten und sich zu entspannen. Bisher waren wir nur vierundzwanzig Stunden ununterbrochen auf See gewesen und sechs Tage lang auf dem langen Schlauch, meist unter Maschine, den Intracoastal Waterway hinunter von Norfolk nach Morehead.

Am Kai in Morehead gibt es eines der besten Fischrestaurants, in denen ich je gegessen habe, das Hygienic. Es ist ein feiner Laden, eigentlich wollte uns der Stand am Eingang mit Souvenirs für die Touristen, voll mit unsinnigem Kitschkram, schon fast zum Umkehren bewegen, aber als wir am Tisch saßen, wurden wir richtig verwöhnt. Herrliche Muscheln, Austern, Hummer und Krebs. Ich habe Meeresfrüchte in sechs Kontinenten gegessen, in einigen der besten Restaurants der Erde einschließlich denen in La Rochelle, Lissabon und San Francisco, aber kein Essen blieb mir so in Erinnerung wie das im Hygienic an diesem Abend.

„Segeln wir von hier aus direkt zu den Jungferninseln?", fragte Al. Jerry und Johnny hörten auf, sich Hummer und Bier einzuverleiben.

„Nein, zuerst San Juan, dann Puerto Rico. Die ganze Strecke reines Blauwassersegeln, und wir müssen uns nicht nach einer langen und vielleicht rauen Seereise noch durch die Brocken im Eingang der Jungferninseln hindurch quälen, die könnten uns den Spaß noch verderben ..."

„Rau?", wollte Jerry wissen.

„Ja, ein wenig vielleicht ... immerhin fahren wir quer durch das Herz des Bermuda Dreiecks ..."

„Was hältst du denn von den Geschichten über das mysteriöse Verschwinden von Schiffen dort?" Al und Jerry waren ganz Ohr.

„Am besten wir fahren hin und finden es 'raus!"

„Recht hast du!", wieherte Jerry. Er wippte mit dem Kopf von einer Seite zur anderen. „Wir zischen dem Teufel geradewegs durch seinen eigenen Garten."

Ye rambling boys of Ireland, ye rambling boys beware,
When you go onboard a merchant ship, blue dungaree jumpers wear.
Lay aside your working jackets, keep them at your command,
And beware of the cold nor'westers on the Banks of Newfoundland.

I had a dream the other night, I dreamt I was at home,
I dreamt me and and my true love were in Marylebone,
That we were on old England's shore with a jug of ale in hand,
But when I woke my heart was broke on the Banks of Newfoundland.

We had onboard two Irish lads, Mike Murphy and Pat Moore,
In the year 1844 those sailors suffered sore,
They pawned their clothes in Liverpool and sold their notes to hand,
Not thinkin' of the cold nor'wersters on the Banks of Newfoundland.

It's now we're passing Sandy Hook and the cold winds they still blow,
With a tug boat right ahead of us into New York we will go,
We fill our glasses brimming with a jug of rum in hand,
For while we're here we can't be there on the Banks of Newfoundland.

(Ihr wilden Boys aus Irland, ihr wilden Boys passt auf,
Geht ihr an Bord eines Handelsschiffs, tragt blaue Pullover nur.
Legt die Arbeitsjacken beiseite, aber haltet sie ständig zur Hand,
Und passt gut auf, auf die kalten Nordwester bei der Bank von Neufundland.

Ich hatte einen Traum letzte Nacht, ich träumt' ich wäre zu Haus',
Ich träumt', ich wär' mit meiner Lieb' daheim in Marylebone.
Wir standen auf Englands altem Grund mit einem Krug voll Ale zur Hand,
Aber als ich erwachte, war mein Herz traurig, vor der Bank von Neufundland.

Zwei irische Burschen waren an Bord, Mike Murphy und Pat Moore,
Im Jahr 1844 da waren sie arm dran.
Sie versetzten ihre Kleider in Liverpool und verschacherten alles zur Hand,
Sie vergaßen dabei die kalten Nordwester bei der Bank von Neufundland.

Jetzt fahren wir um Sandy Hook, die kalten Winde weh'n,
Der Schlepper vor uns bringt uns schön nach New York hinein.
Wir füllen das Glas bis an den Rand, und nehmen den Rum zur Hand,
Denn wir sind hier und nicht dort, vor der Bank von Neufundland.)

The Banks of Newfoundland. Es scheint, als wäre dies ein Lied der irischen Einwanderer gewesen, das von den Seeleuten übernommen wurde, besonders von denen aus Neuschottland. Das Lied kam etwa 1850 in New York auf. Marylebone ist ein Stadtteil von London.

13 Durch das Teufelsdreieck

Mit Ziel San Juan legte *Star Rider* in Morehead ab. Mit seiner nur ihm eigenen Alchemie brachte Jerry es fertig, auf dem winzigen Kocher ein Frühstück für fünf Leute zu zaubern. Jede Menge Pfannkuchen, gebratener Speck, mindestens 2 Pfund, vierundzwanzig Spiegeleier und – Griesbrei!

Der Rest der Crew – Hank, Al, Johnny, und ich hatten das rotgelbe Ölzeug von *Star Rider* an, nahmen die Zeisinge vom Großsegel weg und schlugen die Fock an. Die Szenerie um uns herum, die Gebäude am Kai, die blitzsauberen Schiffe im Hafen mit der Stadt im Hintergrund, alles sah aus wie auf einem Holzschnitt. Es war jedoch blass und farblos im Gegensatz zu den hellen Tönen des vorangegangenen Nachmittags.

Kein Windhauch war in Sicht. Die See draußen vor der Hafeneinfahrt sah aus wie eine Ebene aus Blei, nur in der Ferne waren rote Streifen der Morgendämmerung unter den tiefhängenden Wolken erkennbar.

Ich nickte Johnny zu, der es liebte, unsere Nabelschnur zum Land wegzunehmen. Elegant nahm er die doppelt geführte Festmacherleine an Bord, die vor Nässe triefte. Ich schaute über die Schulter zurück. Al hatte die Achterleine ins Wasser fallen lassen und ich gab ihm Zeit, das Ende herauszufischen, dann schob ich sanft den Gashebel nach vorne. Das Schraubenwasser sprudelte leise am Spiegel und *Star Rider* fing an, sich vorwärts in Bewegung zu setzen. Ich legte das Ruder hart nach steuerbord, und wir waren unterwegs.

„Soll ich das Großsegel setzen?", fragte Hank.

„Macht keinen Sinn", antwortete ich, „kein Wind bis jetzt ... hat keinen Wert, schlappt nur im Fahrtwind herum, mir scheint, wir müssen ziemlich weit hinaus ins Freie, ehe wir eine Brise erwischen. Besser wir essen unser Frühstück jetzt, bevor wir in das wilde blaue Wunder hinaus donnern."

„Sieht mir nicht so blau aus", sagte Johnny, als er mit der aufgeschossenen Vorleine um die Schulter nach achtern kam. Recht hatte er! Es war ein durch und durch grauer Tag. Die Luft war geschwängert mit dem bitteren Jodgeruch von Seetang, ein sicheres Vorzeichen für aufkommenden Nebel.

„Sobald wir aus dem Hafen raus sind, werde ich so schnell wie möglich nach Süden halten, dann sind wir ziemlich sicher vor dem Küstennebel", bemerkte ich zu Hank, „die Feuchtigkeit in der Luft riecht nicht gut für mich." Ich schnüffelte wieder. „Verdammter Nebel – ich verbringe lieber eine Woche lang im Sturm als eine Stunde lang im Nebel. Es gibt keine größere Gefahr als solche Suppe."

„Es ist wie Fliegen durch eine Wolke – da krieg ich 'ne Gänsehaut." Er schüttelte sich.

Wir nahmen Kurs auf die offene See, hinein in den rotznäsigen, rotäugigen Tag, der sich den ganzen Morgen lang nicht entscheiden konnte, ob er grinsen oder weinen sollte. Er saß einfach auf seinem marmorierten Arsch und schniefte. Die Maschine schob *Star Rider* mit gleichmäßigem Tuckern voran. Der Bug hob und senkte sich, langsam nahmen die Bewegungen zu, bis wir zehn Seemeilen von der Küste entfernt in einer matschigen See unter einem matschigen Himmel dahin dümpelten. Bald kam eine Nebelwand auf uns zu, schmutzigweiß wie die Rückseite eines Schreibblocks, und verhüllte alles, was wir von der niedrigen Küste von Carolina hätten sehen können.

Am frühen Nachmittag befanden sich alle außer Jerry in verschiedenen Stadien der Seekrankheit, ich eingeschlossen.

„Fühl' mich beschissen, Skipper", stöhnte Johnny.

„Halt durch, Kumpel!"

Es gibt keinen Grund, Seekranken gegenüber allzu viel Mitgefühl zu zeigen, auch nicht gegenüber sich selbst. Es ist alles nur eine Frage der Geduld, zumindest in den ersten achtundvierzig Stunden. Wenn danach eine Person noch weiterhin schwer erbricht oder die Moral verliert, würde ich sie nach Möglichkeit in einen Hafen bringen.

Der Einzige, der nicht leiden musste, war Jerry, er blieb unten und erledigte wie gewohnt seine Arbeiten in der Kombüse. Das ist sehr ungewöhnlich, normalerweise erwischt es die Küchenmannschaft zuerst.

Hank ging es am schlechtesten. Am Abend fühlte er sich miserabel. Wir liefen immer noch unter Maschine durch den Schwell der See. Der Bug stieg hoch und klatschte hinunter. Der Wind blieb den ganzen Tag aus, hin und wieder zeigte sich nur ein leichtes Kräuseln auf den Hügeln der See. Drei Mal setzten wir voller Vorfreude die Segel, dreimal schlief der Wind nach kurzer Zeit wieder ein und zwang uns, unter Maschine weiter zu laufen.

„Warum drehen wir nicht bei, dann werden diese Bewegungen vielleicht erträglicher?“, stöhnte Hank.

„Schau, drei Dinge können wir tun“, antwortete ich, „erstens, wir können zurückkehren, und du kannst eine scheußliche Zeit verbringen, wenn wir in der Nacht die Küste ansteuern, mit der Wahrscheinlichkeit, dass es wieder Morgennebel gibt. Zweitens, wir können hier beidrehen, mitten im Golfstrom, der uns die ganze Nacht lang nach Norden versetzt, in die Richtung von Kap Hatteras mit all' seinen Gefahren. Oder, drittens, wir können unter Maschine weiter laufen, bis wir aus der vollen Stärke des Stroms heraus sind und dann auf Wind warten, der das Schiff auf die Seite legt und für angenehmere Bewegungen sorgt.“ Es ist nicht so einfach, mitfühlend zu klingen, wenn dich die Seekrankheit selbst gepackt hat. Aber Selbstmitleid hat noch nie geholfen, eine Reise erfolgreich zu vollenden. Widerwillig folgte Hank meinen Erklärungen der Alternativen. Wir trieben *Sea Rider* weiter in die dunkle wolkenverhangene Nacht hinaus, die so schwarz war wie der Stiefel eines Grenadiers und so einladend wie ein Leichenwagen.

Als mich Johnny um Mitternacht am Rad ablöste, war er fast wieder er selbst. Der Schwell der See hatte abgenommen, und der Himmel fern im Osten schien seine hysterische Wankelmütigkeit vom Vortag zu bereuen.

„Halt' sie auf Kurs Südwest“, sagte ich ihm, „wenn du denkst, dass Wind aufkommt, nimm das Gas weg und fühl’, ob er kräftig genug ist, wenn ja, dann ruf' mich.“

„Genau, Skipper.“ Johnny schnappte seine Mug Kakao, als *Sea Rider* wieder mit dem Bug in ein nasses Wellental schoss.

Für mich war das ein langer Tag gewesen, mit drei Mann von der Crew krank unter Deck. Johnny und ich hatten uns beim Steuern abgelöst, aber die meiste Zeit hatte ich am Rad gestanden. In der ersten Nacht draußen auf See und bei diesen schlingernden Bewegungen des Schiffes, hatte ich erhebliche Mühe, einzuschlafen, aber irgendwie gelang es mir trotzdem. Sobald ich eingeschlafen war, rüttelte mich jemand wieder wach. Es war Johnny.

„Was is' denn, Kumpel?“

„Es gibt Wind ...“, weiter kam er gar nicht. Ich schoss aus meiner Koje wie ein aufgeschreckter Hase und raste, wie es schien, von selbst den Niedergang hinauf. Ich konnte die Brise im Gesicht fühlen. Ich blickte auf die rot schimmernde Kompassrose und dann hinauf zu den Segeltuchstreifen an den Besanwanten. Südost. Ich hielt mich an der Kante des Kabinendachs fest, als wieder eine See heftig unter *Sea Rider* hindurch rollte. Dann duckte ich meinen Kopf in den Niedergang. Johnny war immer noch unten.

„Auf geht's, ihr faulen Säcke! Hände vom Prügel und rein in die Socken!"

Alle waren in Sekunden aus den Kojen. Hanks rotunterlaufende Augen im Dämmerlicht der Kabine erinnerten mich daran, dass ich nach Möglichkeit amerikanisch sprechen musste. „*Okay guys*, setzt das Sternenbanner, der goldene Adler wird jeden Moment zu scheißen anfangen ... bewegt eure elenden Ärsche herauf auf Deck ..."

Alle fingen an zu lachen. Jonny war bereits auf Station und nahm die Zeisinge vom Besan weg. Hank kam den Niedergang herauf, mit Al dicht hinter ihm, der jubilierte.

Schnell hatten wir die gesamte Segelgarderobe oben und die Schoten dicht geholt. *Sea Rider* legte sich auf die Seite wie ein ausgelassenes Mädchen, das eine Horde trübseliger Kämpfer aufmuntern will. Es war das erste Mal, dass wir *Sea Rider* hoch am Wind segelten. Bisher waren wir immer unter raumem Wind gelaufen, aber jetzt konnte sie ihre stolze schottische Seele ausleben, wie ein Vollblutpferd beim Rennen in Ascot. Sie schmeckte den Wind, fing ihn mit ihren dichtgesetzten Segeln auf und spuckte ihn über das Heck wieder aus, so dass die See in ihrem Kielwasser aufwirbelte und die Männer auf ihrem Deck vor Freude lachten, bis einer nach dem anderen hinaufblickte, zu dem sternenüberladenen Himmel über ihr und voraus. Und dann auf die diamantblitzende Bugwelle neben dem Schiff und auf das wirbelnde Kielwasser hinter dem Heck. Ich beobachtete das genau wie die anderen. Alle Fünf starrten wir auf dieses ewige Wunder der Natur. Nur langsam brachte einer nach dem anderen die Augen zurück auf Deck. Sie sahen alle aus wie Leute, die gerade aus dem Gottesdienst gekommen waren.

„Großartig!", gurgelte Hank. „Fühle mich tausend Mal besser! Kann ich ans Rad?"

Al starrte wieder auf den blitzenden Himmel. „Phantastisch – Jesus Maria!"

„Herrlich, nicht wahr?", stimmte ich leise zu. „Ist die beste Zeit in der Welt, wenn das Wetter gut ist, auf hoher See, weit weg vom Land, in den ersten Stunden des neuen Tages ... schaut mal... ." Ich zog das Logbuch aus seinem Fach im Niedergang. „Schaut, das Sternenlicht ist so hell, dass man lesen kann!"

Wie zum Gebet senkten Al und Jerry die Köpfe und lasen, was ich am Vorabend geschrieben hatte: Wind null ... rollen schwer unter Maschine ... Kurs Südwest, suchen eine Brise ... erwarten leichten Südostwind gegen 02:00 ... Die beiden schauten mich entgeistert an.

„Woher hast du gewusst, dass Wind aufkommen wird?" Es war ...." Al drehte sich zu Johnny um. „Um welche Zeit kam der Wind auf, Johnny?"

„Etwa fünf Minuten nach zwei."

Al schaute mich wieder an. „Wie konntest du das wissen?"

„Ich hab's nicht gewusst ... hatte nur so ein Gefühl, dass er kommt."

„Also wie?", Al wollte es genau wissen.

„Also, ich hab' euch Kerle angeschaut, wie verdammt miserabel ihr letzten Abend ausgesehen habt, und dann habe ich mit den alten Ju-Ju-Perlen gerasselt ... das funktioniert immer ..."

Jerry grinste breit. „Er kennt den Voodoo Zauber, Mann", murmelte er.

Während der folgenden drei Tage hatten wir schönes Wetter. Als wir uns von dem warmen Wasser des Golfstroms frei gesegelt hatten, warnte ich die Kumpels, nach Böen Ausschau zu halten. Wir waren jetzt in diesem riesigen Wasserstrudel, der mit seinem mächtigen Maul auf der Ozeanseite kaltes Wasser aus dem Norden ansaugt.

Am Beginn schienen meine vier amerikanischen Freunde nicht besonders anpassungsfähig zu sein. Sie hatten mehr Mühe als andere Crews, mit denen ich vorher gesegelt war, sich an das Leben auf einem engen Segelschiff zu gewöhnen. Nachdem die Seekrankheit überwunden war, hatten sie nun Schwierigkeiten damit, ruhig dazusitzen und nichts zu tun. Das Dahinschmelzen des letzten Eisstückchens im Kühlfach wurde mit Stöhnen hingenommen. In den ersten Tagen fehlte ihnen auch die Möglichkeit, mit den Menschen an Land zu kommunizieren, für Hank und Al traf dies besonders zu. Johnny und Jerry hatten fast keine Mühe mit ihrer Isolation.

Aber vier Tage nach unserem Auslaufen hatten wir zu einer Crew aus einzelnen, unterschiedlichen Menschen zusammengefunden, und doch war jeder war mit den anderen durch die gemeinsamen Erfahrungen fest verbunden.

Im Gegensatz zu einer britischen Mannschaft schienen ihre Unterhaltungen viel ernster zu sein, aber das konnte auch von dem unterschiedlichen Humorverständnis herrühren. Es gab viel weniger Wortspiele, die Gespräche der Amerikaner drehten sich mehr um Ideen und Situationen, aber wenn einmal etwas Lustiges aufkam, erschien es dann auch viel lustiger. Unter sich schienen die Amerikaner mehr auf den Tonfall der Worte zu achten als auf die wirkliche Bedeutung.

Jerry, der Ex-US-Air-Force-Photograph, hatte von den Vieren den ausgeprägtesten Sinn für Humor. Er verstand fast alle meine (hoffentlich) feinsinnigen Anspielungen und brach oft in Lachen aus.

Al war der Aktivste der Vier. Er kontrollierte die Maschine mit fast religiösem Eifer, und wenn er nicht gerade schlief oder Wache hatte, fummelte er an irgendetwas herum, von der Elektrik bis zur Maschine. Er hatte großes handwerkliches Geschick und konnte gut mit Werkzeugen umgehen.

Hank fühlte sich immer noch ein wenig unwohl, er vermied es, sich bei den Bewegungen des Schiffes in der Nähe des Kochers in der Kombüse aufzuhalten und saß die meiste Zeit im Cockpit in der frischen Luft. Oft gab er Jerry, der unten am Kochen war, gute Ratschläge durch den Niedergang hinunter – aber der machte ohnehin was er wollte, meistens jedenfalls.

Johnny beschäftigte sich gerne mit Knoten und Tauen. Hatte ich ihm einmal einen Stek oder Knoten gezeigt, dann studierte er ihn und vergaß ihn danach nie mehr. Er hatte ein gutes Gefühl für Tauwerk und versuchte sich auch in der Herstellung von Macramé.

Wenn Hank wie üblich im Cockpit saß, spann ich mit ihm Seemannsgarn und erzählte ihm von meinen vergangenen Reisen und Abenteuern. Es war eine Fügung des Schicksals, von der ich damals noch keinerlei Ahnung hatte. Wie konnte ich auch wissen, dass unsere Unterhaltung einmal durch einen phantastischen Zufall mein Leben verändern sollte.

Neben ein paar seemännischen Dingen lernten sie nur wenig von mir. Aber vielleicht waren sie nach dieser Reise bescheidener, waren mit weniger zufrieden als vorher. Aber auch das konnte ich damals noch nicht wissen.

In meiner Freiwache am Nachmittag schlief ich, während ich mich in der morgendlichen Freizeit nur ausruhte. Alle Verhältnisse an Bord waren stabil. *Sea Rider* lief immer noch hoch am Wind, sie erzwang sich ihren Weg nach vorn, sprang mit dichtgeholten Segeln von See zu See wie ein junges Fohlen. Inzwischen hatten wir uns alle an die ruckartigen Bewegungen gewöhnt, das Schiff legte sich oft zwanzig Grad auf die Seite und klatschte dann in die nächste Welle hinein. Plötzlich, ohne erkennbaren Grund, wachte ich auf und saß kerzengerade in meiner Koje. Ich hörte auf die Geräusche des Schiffes – *Sea Rider* wollte mir etwas sagen. Ich sprang aus der Koje und kletterte die Niedergangsleiter hinauf, immer noch die Augen voll Schlaf.

Die Sonne schien tropisch warm über uns. Der Himmel schien klar wie aus Kristall; man hätte denken können, ein Hammerschlag würde ihn in Stücke bersten lassen. Ich starrte voraus.

Dort stand eine Linie aus Wolken über dem Horizont, weiße flaumige Passatwolken. Und davor, direkt voraus stand, wie ein Wolf unter den Schafen, eine dicke fette Sturmwolke, so schwarz wie die Bibel.

Ich wartete erst gar nicht ab, um ihre Ausmaße zu schätzen. „Wenden!“, schrie ich, „WENDEN – sofort auf den anderen Bug!“ Ziemlich grob schüttelte ich Al und Hank aus ihrem Nickerchen in der Sonne auf dem Leedeck. Blitzschnell waren sie auf den Beinen und an den Schoten. Ich schnappte das Rad von Johnny.

Ich hätte das Schiff auch alleine wenden können, aber ich wollte ihre Kenntnisse auffrischen.

„Klar zur Wende!“

„Klar!“, kam ihre Rückmeldung.

„Ruder hart Backbord!“ Ich rammte das Rad bis zum Anschlag nach Backbord. Mit knatterndem Knallen ging die Fock über das Vorschiff, das Großsegel folgte mit einem dumpfen Dröhnen. *Star Rider* hatte gewendet und lief jetzt nach Süden anstatt nach Westen.

Das Schiff lag ruhig auf dem neuen Kurs. Ich schaute hinüber auf die drohend aussehende Wolke, der wir durch unsere Wende ausgewichen waren. Ich schätzte, dass sie etwa drei Seemeilen von uns entfernt war und dass sie etwa sieben Seemeilen lang sein könnte. Wären wir auf dem früheren Kurs weiter gelaufen, dann hätte uns ihre vordere Kante sicherlich erwischt. Diese Kante glänzte in der Sonne hellweiß, während das hintere Ende regengrau war. Die Wolke sah aus wie ein Leichenzug.

„Gewitterfront?“, fragte Al, als wir uns von dem Schrecken erholt hatten.

„Nein – das ist ein ausgewachsener tropischer anti-zyklonischer Ministurm“, sagte ich. „Eine reguläre, bilderbuchmäßige, altmodische tropische Sturmwolke. Der Wind an der Vorderseite des Ungeheuers bläst sicherlich mit fünfundsechzig Knoten. Schaut mal hinüber – die See unter der Vorderkante ist weiß, und der Wind trägt die Schaumkronen weg. Der Wind ist so stark, dass er sogar die See platt macht.“

„Irgend so was wie ein großer Tornado", schlug Hank vor. Er stand auf dem Kajütdach und hielt sich am Besanmast fest.

„So ungefähr. In der Mitte ist eine Stelle absoluter Windstille."

Jerry meldete sich zu Wort. „Und das bringt die Schiffe zum Verschwinden." Er schnitt damit ein Thema an, das alle bewusst vermieden hatten, seit wir aus Morehead ausgelaufen waren. „Deshalb nennt man das hier das Teufelsdreieck?"

„Du triffst den Nagel auf den Kopf, Jerry! Nur, es sind nicht die Sturmwolken, es sind menschliche Schwächen und Ignoranz."

„Wieso?"

„Also, was wir hier haben, ist einfach eine große Menge heiße tropische Luft. Sie stößt mit der kälteren Festlandsluft zusammen und außerdem noch auf Streifen relativ kalten Seewassers. Das ergibt ein schlimmes Gebräu, aus dem sich dann diese Sturmwolken bilden."

Und all' diese Geschichten über die geheimen Kräfte und die Monster und die Außerirdischen – was ist mit denen?", fragte Al.

„Hirnverbrannter Unsinn, Kumpel. Ausgedacht – um kleine Kinder zu erschrecken. Die dem Menschen angeborene Furcht vor der See ausgenutzt, um damit eine Menge Kohle zu machen!" Es gibt keine kleinen grünen Männer und keine Geister, die nachts umher zischen. Es gibt einfach eine Menge Leute, die hier heraus fahren und die keine Erfahrung mit dieser Art von tropischem Wetter haben. Sie sind vertrauter mit den stabilen Wetterverhältnissen der gemäßigten Zonen, die berechenbarer sind. Hier, in dieser Gegend, vor dieser sogenannten „Dreieck"-Zone, liegt eine der am dichtesten besiedelten Landmassen der Erde. Es gibt hier eine Menge Seeverkehr, selbst wenn uns das im Moment nicht so vorkommt. Aber ihr müsst nicht vergessen – unsere Sicht reicht nur bis zum Horizont, in einem Umkreis von sechs Seemeilen."

Nun da die Sturmwolke sich im Nordwesten zurückgezogen hatte, gingen wir wieder auf unseren alten Kurs nach West.

„Also, was bringt diese Schiffe in Not?", wollte Al wissen.

„Schlafmützennavigation! Leute fahren hinaus, sie wollen weg von dem kalten Herbst, dem grauen Himmel über der Küste. Sie segeln durch den Golfstrom. Auf der anderen Seite gibt es herrlichen warmen Sonnenschein und stetige Passatwinde. Also raus mit den Badehosen und dem ganzen Schnickschnack. Dann werden alle Segel gesetzt und ab geht's. Plötzlich, mit Segelvollzeug und einem schläfrigen Steuermann am Ruder (falls sie nicht gar unter Autopilot daherrauschen), während alle anderen in Ferienlaune sind und in der Sonne liegen, kommt Old Henry daher." Ich deutete mit dem Daumen nach achtern auf die langsam verschwindende Wolke. „Und bevor man sich versieht, sitzt das Schiff aufrecht in der Windstille, und die Segel flappen hin und her. Alle schütteln den Kopf und sagen: 'Ach wie langweilig.' Und dann ... schnell wie ein geölter Blitz ... kommt der Wind wie ein Hammer auf sie runter und legt das Schiff platt auf die Seite, die See um sie herum wird schneller verrückt als Du 'papp' sagen kannst. Jim, Doris, der kleine Willi und die Bordkatze schwimmen in der Brühe, ohne Rettungswesten und vierhundert Seemeilen vom Land entfernt."

„Und was kann man daraus lernen? Ich meine, was macht man, wenn es mehrere von diesen Wolken um einen herum gibt?", wollte Al wissen.

„Die Antwort ist: Augen aufhalten, immer wachsam sein! Wenn du die Wolke auf deinem anliegenden Kurs nicht umsegeln kannst, dann musst du ihn ändern, und zwar schnell, so lange du noch kannst, und wenn es sein muss, dann musst du ihn immer wieder ändern bis du heraus bist. Wenn du das hintere Ende der Wolke ansteuern kannst, dann mach' das, dort ist normalerweise guter Wind, und nicht zu stark."

„Was ist mit den Flugzeugen, die in diesem Gebiet verschwinden?", fragte Jerry.

„Hank weiß vielleicht mehr darüber als ich", war meine Antwort.

„Erst will ich deine Version hören", sagte Hank.

„Es scheint, dass immer nur kleine Flugzeuge verloren gehen, ich weiß nicht, ob auch Verkehrsflugzeuge hier herunter gekommen sind, zumindest nicht in letzter Zeit – ich meine in den letzten Jahren. Nein, es waren immer nur kleinere Flugzeuge, Privatmaschinen und militärische Übungsflüge. Es sind also wieder Leute, die mehr an die Flugbedingungen über Land gewöhnt sind, mit generell stabilerer Wetterlage. Dann kommen sie hier heraus ... pass' mal auf ... der Höhenmesser im Flugzeug, was ist das? Ein barometrisches Instrument, richtig? Es misst den Luftdruck. So, hier fliegt also Charles Lindbergh seine Piper Club hinüber zu den Inseln. Plötzlich ist er in den Wolken. Er schaut auf seinen Höhenmesser und stellt fest, dass seine Flughöhe zunimmt. Er sieht keinen Horizont, nach dem er sich orientieren könnte ... und er ist in der Mitte von einer solchen Wolke, wo der Luftdruck niedrig ist ... also, was macht er? Er schiebt den Steuerknüppel nach vorn, und runter geht er ... direkt in den Nordatlantik!"

„Aber warum sind so viele Schiffe und Flugzeuge verschwunden, ohne

Spuren zu hinterlassen ... keine Wrackteile ... oder wie nennt man das ... Überbleibsel?“, fragte Johnny.

„Treibgut? Schau' mal um dich herum, Johnny. Schau' dir den Ozean an! Schau' auf die Weite! Und jetzt stell' dir vor, du müsstest jemanden suchen, der vor fünf Minuten über Bord gefallen ist. Stell' dir vor, du müsstest in diesen wogenden Hügeln etwas suchen, das so groß ist wie ein Kopf! Von mir aus auch Schultern. Und dann stell' dir vor, du müsstest den ganzen Ozean absuchen nach dem Stückchen eines Wracks, das der Wind und die Strömungen meilenweit verstreuen kann wie einen Samen vom Löwenzahn in einer steifen Brise!“

„Es ist wie eine Nadel im Heuhaufen.“

Ich drehte mich zu ihm um. „Mehr wie eine Nadel im Kornfeld. Schau' mal, was das alles bedeutet ... Auf der Erde gibt es noch andere Seegebiete wie dieses hier, alle mit scheußlichen Namen: Die See des Teufels im Süden von Japan – auch dort wehen warme Winde über kaltes Wasser in der Nähe einer gemäßigt temperierten bis kalten Landmasse, wieder in Nähe eines dichtbesiedelten Gebietes, wieder mit dichtem Seeverkehr. Dann gibt es da noch die Biskaya. Die alten Rahsegler, die nicht in der Lage waren, am Wind zu segeln, für sie war die riesige Bucht wie eine Falle. Der Wind war die meiste Zeit auflandig, und dort gab es damals fast noch keine sicheren Häfen. Aber es gibt eine Gegend, die noch mehr Ähnlichkeit mit diesem Gebiet hier hat: den Mozambique-Kanal. Der einzige Unterschied zu dem so genannten 'Teufelsdreieck' ist der, dass es hier eine viel höhere Befahrungsdichte gibt. Also gibt es auch mehr Leute hier draußen.“

„Dann glaubst du, das waren immer nur Unfälle, einfach so?“

„Wir können ja einmal ein Gesetz aufstellen, wir nennen es das 'Gesetz des Teufelsdreiecks', wenn du willst ... oder 'Tristans Gesetz' ... Es geht so: In der Fläche eines gegebenen Gebiets passieren umso mehr Unfälle, je mehr Menschen dort leben.“

Hank lachte und wiederholte es. „Das gefällt mir.“

„Aber es gibt noch einen Anhang zu dem Gesetz, Hank“, sagte ich, als wir uns wieder auf eine Wende vorbereiteten.

„Und was?“

„Je mehr Unfälle in einem Gebiet passieren, umso mehr paranoide Angstmacher werden versuchen, übersinnliche Erklärungen für diese Unfälle zu erfinden, für die zunehmende Anzahl von Einfältigen in der Bevölkerung, bevorzugt in dem Gebiet, das in geographischer Hinsicht am nächsten liegt. Wie ich schon am Anfang meiner Ausführungen feststellte: Hirnverbrannter Unsinn, Kumpel."

„Ich dachte immer, ihr seid abergläubisch da drüben", sagte Johnny.

„Nur in der Paarungszeit", erwiderte ich, „jedenfalls seit der Zeit, als Voltaire erklärte, dass man Admiral Bing nicht wegen Feigheit hatte erschießen lassen, sondern um die anderen Admirale zu ermuntern, keine Feiglinge zu sein."

„Pour encourager les autres", zitierte Johnny. Heller Kopf, hatte er von der Schule her behalten.

„Hab' gar nicht gewusst, dass du Französisch sprichst, Johnny", stellte ich fest.

„Nur in der Paarungszeit", sagte er und rutschte nach unten.

„Touché", rief ich ihm hinterher.

Für den Rest der Reise hatten wir moderaten bis frischen Wind und meist war es sonnig. Ab und zu begegneten wir Sturmwolken und mussten nach Osten und Süden hin und her kreuzen, um sie zu umsegeln. Wir sprachen über Funk mit einem griechischen Frachter, aber sonst mit niemandem, bis wir nur noch einhundert Seemeilen vor San Juan standen. Eine Meldung der US Coast Guard berichtete von einer anderen Yacht, die achtzig Meilen nördlich des Hafens Notsignale sendete. Aber die Yacht war nicht wirklich in Seenot, der Navigator hatte nur seine Position verloren. Wir hielten Ausguck nach dem Schiff und fanden es auch. Es hatte ein helles Blitzlicht an der Mastspitze gesetzt, das in der rauen See hin und her pendelte. Wir gaben die Position der Yacht über Funk an den Helikopter durch und arbeiteten uns durch die dramatische Einfahrt in den Hafen von San Juan hinein. Das Schiff war in bester Verfassung, fast noch besser als zehn Tage zuvor bei unserem Ablegen in Morehead. Das ist nichts mehr oder weniger, als man von einer guten Überführungscrew verlangen kann, und ich hatte weitere einhundert Dollar verdient, um *Sea Dart* zu befreien.

Sally Brown had a daughter, Nellie,
Way, hay, roll and go!
Sally Brown had a daughter, Nellie,
Spent my money on Sally Brown!

Sally Brown is a black mulatto,
Way, hay, roll and go!
Sally Brown is a black mulatto,
Spent my money on Sally Brown!

Sally Brown she loves me dearly,
Way, hay, roll and go!
Sally Brown she loves me dearly,
Spent my money on Sally Brown!

No-one knows how much I love Sally,
Way, hay, roll and go!
No-one knows how much I love Sally,
Spent my money on Sally Brown!

I'll be back to see my Sally,
Way, hay, roll and go!
I'll be back to see my Sally,
Spent my money on Sally Brown!

Sally brown is waiting for me,
Way, hay, roll and go!
Sally brown is waiting for me,
Spent my money on Sally Brown!

(Sally Brown hat 'ne Tochter, Nellie,
Way, hay, roll and go!
Sally Brown hat 'ne Tochter, Nellie,
Gab mein Geld für Sally Brown!

Sally Brown ist 'ne schwarze Mulattin,
Way, hay, roll and go!
Sally Brown ist 'ne schwarze Mulattin,
Gab mein Geld für Sally Brown!

Sally Brown, sie liebt mich innig,
Way, hay, roll and go!
Sally Brown, sie liebt mich innig,
Gab mein Geld für Sally Brown!

So sehr liebe ich Sally,
Way, hay, roll and go!
So sehr liebe ich Sally,
Gab mein Geld für Sally Brown!

Ich komm' zurück zu meiner Sally,
Way, hay, roll and go!
Ich komm' zurück zu meiner Sally,
Gab mein Geld für Sally Brown!

Sally Brown, sie wartet auf mich,
Way, hay, roll and go!
Sally Brown, sie wartet auf mich,
Gab mein Geld für Sally Brown!)

Sally Brown ist die frühe Version eines Ganspillshantys, der gesungen wurde, wenn der Anker gehievt wurde. Spätere Verse wurden dem Landleben angepasst, die zweite Strophe wurde geändert in „Sally Braun war die Tochter eines Weißen“. Die vorstehende Version wurde von meinem Skipper Tansy Lee, geboren 1866, gesungen, und ist vielleicht das Original. „Sally Brown“ kommt in einer ganzen Reihe von Shantys vor, einschließlich *Santayana* und *Jimmy Bowline*.

14 Sympathische Leute

Hank verließ uns, nachdem *Star Rider* beim Zoll in San Juan einklariert hatte. Er hatte es eilig, zu seinem Geschäft zurückzukehren. Al wollte ebenfalls möglichst schnell nach Jamaika fliegen und ging von Bord, so leise wie er gekommen war, ein bescheidener Techniker, ein leiser Amerikaner.

Johnny, Jerry und ich übernachteten in San Juan. Wir spazierten durch die Marina und hörten den Crews der gerade angekommenen Yachten zu, die haarsträubende Geschichten des Heldenmuts erzählten. Wir begutachteten die Schäden, die das Wetter im Teufelsdreieck bei diesen Yachten angerichtet hatte – gebrochene Bugspriets, gebrochene Arme, gebrochene Großbäume. Mit rollenden Schultern schlenderten wir zu *Star Rider* zurück. Sie saß in ihrer Box, so heil und fein wie ein englisches Kindermädchen. Mit ihrem hohen Bug sah es aus, als würde sie die Nase rümpfen und die anderen Schiffe von oben herab anschauen: für sie waren es arme weibliche Verwandte, die sich im Stall mit dem Knecht abgegeben hatten.

„Ein herrliches Gefühl, wenn man ein selbstgerechter Spießer sein kann", sagte ich zu meinen beiden Kumpels, „besonders wenn man allen Grund dazu hat. Die anderen haben versucht, das 'Dreieck' zu vermeiden, sind nach Osten weit in den Atlantik hinaus gesegelt und dann erst nach Süden. Sie haben das Schwanzende eines schwachen Hurrikans erwischt. Hätten sie einen direkten Kurs genommen, so wie wir, und hätten die Sturmwolken umsegelt, dann wären sie auch heil hier angekommen."

„Yeah, diese Typen hätten mitten hindurch zischen sollen, immer durch die Mitte, Mann", sagte Jerry, „mein Gott, ist es heiß hier, Mann!"

„Okay, wir bunkern Diesel und füllen unser Wasser auf. Dann schauen wir uns die Stadt an."

Ich war schon immer gern in San Juan gewesen, besonders in der malerischen Altstadt. Dort wimmelt Tag und Nacht das Leben, und die Einheimischen sind freundlich. Mit Johnny und Jerry im Schlepptau waren sie noch freundlicher. In den frühen Abendstunden streiften wir umher und besichtigten die alten spanischen Befestigungsanlagen am Hafen. Diese Anlagen dienten einst zum Schutz der in Südamerika geraubten Schätze, die hier während der Kolonialzeit mit Galeonen-Konvois nach Europa verschifft wurden. Aber ich bemühte mich, meine Crew nicht mit historischen Erzählungen zu langweilen.

„Diese Typen wussten, wie man Geld macht, Mann, wo man sich nach der Kohle umsehen muss", sagte Jerry und steuerte das Bier in einer Bar an. „Das ist der Kern der Sache – in der ganzen Geschichtsscheiße – sie haben sich immer nach Kohle umgesehen, Mann!"

Ich war ein wenig verwirrt. „Kohle?"

„Er meint Geld", sagte Johnny.

„Brot", fügte Jerry hinzu, als wir am Tresen ankamen. „Tutti Frutti, Piraten Lotti, Schmätze und Schätze ... Yeah!" Sein kleiner Körper tanzte auf und ab.

„Du hast absolut recht", sagte ich, und hob mein Glas. „Auf deine Sprüche – und auf die Segelei!"

„Auf's Segeln", rief Johnny.

„Jetzt schnall' ich's", sagte Jerry, „ja, jetzt hab' ich's geschnallt!"

Bei Anbruch des Morgens sah die Einfahrt zum Hafen von San Juan aus wie eine Szene aus der *Schatzinsel*. Das Land im Süden bestand aus dampfenden grünen Hügeln, über denen dramatisch aussehende graue Regenwolken hingen. Die Wolken rollten über die Hügel hinweg und ließen die Berge wie speiende Vulkane erscheinen. Im Vordergrund glänzten die weißen Häuser der Stadt silbrig in der Morgensonne. Die Schiffe im Hafen lagen da wie in einem Gemälde, ihre Farben wurden vom Licht reflektiert. Die an der Ostseite der Einfahrt liegende alte spanische Festung El Morro sah schattenhaft und riesig aus. Über ihr wiegten sich Palmen im vorherrschenden Ostwind, ihre Blätter blitzten smaragdgrün über den rosa-grauen Steinen der Festung. Die schwarzen Felsen, auf denen El Morro stand, wurden am Fuß vom tiefblauen Wasser umspült.

Star Rider segelte in der leichten Brise langsam aus dem Hafen hinaus. Jerry machte eine Pause bei der Zubereitung des Frühstücks und starrte gebannt auf die Szene.

„El Morro – was heißt das, Tristan?"

„Der Mohr – so haben sie damals die Marokkaner genannt – oder auch jeden anderen, der aus Afrika stammte“, antwortete ich.

„Wow – das ist cool, Mann – man hat die verdammte Burg nach mir benannt!“, rief Jerry, als er sich über die Niedergangsleiter auf den Weg ins Innere des Schiffes machte. Jemand auf einem einlaufenden Fischerboot blies in eine Muschelschale. Ich winkte ihm zu, und wir waren draußen auf See. Wir nahmen Kurs nach Norden, um von der Küste von Puerto Rico frei zu kommen, bevor wir zu unserem langen Schlag am Wind in Richtung St. Thomas ansetzten.

Als *Star Rider* erst einmal aus dem Windschatten von El Morro heraus war, hob und senkte sie ihren Bug im Rhythmus der See. Dieses Gefühl ist unvergleichlich. Es spielt keine Rolle, ob ein Schiff im Hafen über ein Jahr lang Bewuchs angesetzt oder wie *Star Rider* nur eine Nacht verbracht hat. Wenn das Schiff wieder den Ozean begrüßt, wenn es sich mit langen schwingenden Bewegungen der See hingibt, sobald die Decks sich neigen, nach dem leblosen Daliegen im Hafen, sobald das Schiff zittert, zu leben anfängt, wenn sein Körper in den weithergekommenen Wogen des unendlichen Ozeans rollt, stellt sich ein Gefühl der Freiheit und Heiterkeit ein.

Jetzt waren wir nur noch Drei an Bord und hatten mehr Bewegungsfreiheit als zuvor. Johnny erledigte die Arbeiten an Deck und ich übernahm die Wartung der Maschine. Aber weil wir jetzt in der Passatzone waren, es immer eine mehr oder weniger starke Brise gab, ließen wir die Maschine nur selten laufen, etwa eine Stunde am Tag, um die Batterien zu laden.

Ich habe ein großes Misstrauen gegenüber Maschinen auf Segelschiffen. Die einzigen Schiffe, auf denen ich segelte, ohne dass es Probleme mit der Maschine gab, waren die Schiffe, die keine Maschine hatten. Aus diesem Grund verhalte ich mich auf einem Segelschiff immer so, als wäre keine Maschine da. In tropischen Gewässern erzeugt sie sowieso nur Hitze, Lärm, und egal, ob Diesel oder Benzin, der Gestank haut in jedem Fall den stärksten Seemann um. Ich weiß, dass viele Leute eine Maschine für absolut notwendig halten, es ist mir auch klar, dass sie bei normaler Küstensegelei die Sicherheit des Schiffes um zirka fünfundzwanzig Prozent erhöht. Ich weiß, dass eine Maschine das Leben auf einem Schiff komfortabler macht, dass sie den Elektrizitätshaushalt regelt, aber ich habe großes Misstrauen gegenüber dem eisernen Judas. Dieses Misstrauen ist meine einzige Antwort auf die Gefahr, dass er dich in einem kritischen Augenblick im Stich lässt.

Mein Misstrauen kommt nicht, wie bei vielen anderen Seglern, vom Mangel an technischem Wissen, ich kenne mich ganz gut mit Maschinen aus, zumindest so gut wie jeder durchschnittliche Skipper. Ich kann eine Maschine pflegen und jahrelang in guter Verfassung halten – und trotzdem misstraue ich ihr. Maschinen erfordern Zeit, Energie und schweißtreibende Arbeit; sie sind laut, sie stinken und sie sind hinterhältig. Den einzigen Vorteil, den sie haben, außer dass sie ein Schiff in einen Hafen hinein- und herausbringen können, ist der, dass sie der Erfindung immer neuer Flüche dienen und so den Sprachschatz bereichern. Hunderte neuer Ausdrücke sind so entstanden, speziell auf See.

Segel hingegen sind altmodisch, besonders in den Augen von Landratten. Sie sind „Maschinen", die den von Gott geschickten Wind verwenden. Segel haben all' die Eigenschaften, die den Maschinen fehlen. Segel sind leicht zugänglich, sie sind leise, man kann sie einfach reparieren, ohne dass man dazu besonders ausgebildete Spezialisten braucht oder eine weltumspannende Serviceorganisation, deren einzelne Mitarbeiter überhaupt nicht wissen, dass du existierst, geschweige denn deine Probleme kennen.

„Was für eine Maschine sollte ein Ozeansegler haben?", fragte Johnny, als er das Rad übernahm. Wir waren eine Zeit lang hoch am Wind nach Osten gelaufen und standen jetzt zehn Meilen nördlich von Puerto Rico. Den ganzen Tag lang hatte *Star Rider* die Seen mit Ihrem Bug zur Seite geworfen, hartes Segeln hoch am Wind.

„Eine, die man möglichst leicht aus dem Schiff ausbauen kann", sagte ich, „und die schwer genug ist, um vor einer Leeküste an einem gottverlassenen Ort als Anker zu dienen. Man kann eine lange Kette an ihr festmachen und sie über Bord gehen lassen. Wenn sie schwer genug ist, hält sie dich sicher von den Klippen ab."

Später, als ich mich ausgeruht hatte, diskutierte ich mit ihm etwas ernsthafter über die verschiedenen Maschinentypen, aber immer mit der Warnung, ihnen aus tiefstem Herzen zu misstrauen.

Durch die von Mr. Grindley bereitgestellten Mittel für die Verpflegung lebten wir auf *Star Rider* ganz gut. Zum Mittagessen machte Jerry Hühnchen mit Bratkartoffeln. Er hatte viel von Hank gelernt und in Puerto Rico ziemlich billig ein lebendes Huhn gekauft. Als wir Vilques Island querab liegen hatten, saß er im Cockpit und rupfte es. Er füllte es mit Crackerbröseln, fein gehackten Zwiebeln, Salbei, einer Handvoll Reis und einer Currypaste, die ich für ihn anrührte. Zum Abendessen aßen wir wie Könige, wir hatten das Schiff beigedreht und warteten auf den Morgen, um in den Hafen von St. Thomas einzulaufen. Wir hatten keine Eile. In der Nacht schlief der Wind ein, und wir liefen etwas widerwillig unter Maschine ein. Johnny blickte mich an, und ich fühlte, dass ich meine harten Worte über Maschinen vielleicht etwas revidieren sollte. Johnny grinste mich an – ich grinste zurück.

Bald waren die üblichen Arbeiten nach dem Einlaufen eines Segelschiffs erledigt, das Festzurren der Segel, das Aufschießen der Fallen und Schoten, das Auffüllen des Frischwassertanks am Kai, das Aufblasen des Gummibeiboots und das Anbringen des kleinen Außenborders und das Hinausmotoren zu einem Ankerplatz zwischen den vielen anderen Yachten. Nachdem das Schiff sicher vor Anker lag, brachte ich Johnny mit dem Beiboot hinüber zum Flughafen und sagte „Good bye" zu einem guten Kumpel. Eines Tages wird er sicher berühmt werden.

Auf dem Weg zum Flughafen hatte ich Jerry am Kai abgeladen, und er hatte im Postamt nachgefragt, ob Nachrichten für uns eingetroffen wären. „Etwas für mich dabei?" rief ich aus dem hüpfenden Beiboot zu ihm hinauf.

„Das ist für dich", sagte er und gab mir einen Packen Briefe. „Und ich hab' ein Telegramm bekommen."

„Keine schlechte Nachricht, hoffe ich?"

„Doch, ich muss nach Hause – meine Mum ist krank und liegt im Hospital."

Im Büro der Marina hob ich genug Geld für das Flugticket von Mr. Grindlays bereitgestelltem Konto ab und gab es Jerry.

Schweigend machten wir uns auf den Rückweg zu *Star Rider*. Jerry suchte seine Sachen zusammen, und ich fuhr ihn wieder zurück zum Kai. „Du gibst mir besser das Telegramm, Grindlay wird ganz schön sauer sein, dass du gleich zurückfliegst, nachdem wir gerade angekommen sind", sagte ich.

Er gab mir das Telegramm, und ich verwahrte es sorgsam in meiner Brusttasche.

„Hey, Tristan, danke für die super Reise ...", sagte er

„Danke für das super Kochen", sagte ich. Dann war er weg.

Das Telegramm war eindeutig, und seine Abreise war berechtigt. Er war der einzige Sohn seiner verwitweten Mutter, die in der südlichen Bronx lebte.

Nun war ich also alleine. Ich machte mich daran, *Sea Rider* in einen guten Zustand zu versetzen und an meinem Manuskript der *Unglaublichen Seereise* weiter zu arbeiten. Außerdem wartete ich auf Chartergäste.

So ist nun mal das Seglerleben – immer wieder „Hello“ und dann „Good Bye“.

Den ganzen November und Dezember hindurch wartete ich auf das Eintreffen von Chartergästen. Es füllte meine Tage aus. Ich putzte bereits makellos saubere Flächen noch ein Mal, lackierte bereits spiegelnd lackiertes Holz immer wieder, wusch die Decks und schrubbte die Segel. Am Abend schrieb ich Briefe und arbeite am Manuskript weiter. Jede Woche traf von Mr. Grindlay Geld für den laufenden Schiffsunterhalt, für Verpflegung und mein Lohn ein. Von dem Lohn überwies ich das Meiste an die Werft in England, um meine Schulden zu reduzieren.

Für viele Seeleute gibt es nichts Schlimmeres als das Verrichten unnötiger Arbeiten, das Verschwenden von Körperenergie zu keinem ersichtlichen Zweck. Die Menge Arbeit, die man an einem Charterschiff aufwenden muss, nur um das Schiff immer auf Hochglanz zu halten, ist enorm. Ich verbrachte Stunden und Tage damit, die Deckboxen zu schrubben, um das Holz glänzen zu lassen, obwohl ich der Meinung war, dass es hundert Male besser und tausend Male weniger anstrengend wäre, einfach ein paar Lagen Farbe drüber zu pinseln. Dies ist nur ein kleines Beispiel für den Unterschied zwischen praktischen Maßnahmen und künstlichem Hochglanz. Wenn ein Schiff auf See ist, spritzt das Salzwasser über diese Boxen und hinterlässt ein braunweißes Pulver, unter dem die Boxen schäbig aussehen. Außerdem greift der Salzfilm sofort den Firnis an. Aber der größte Nachteil von Klarlack ist der, dass starke Reflexionen entstehen, wenn die Sonne darauf scheint. Das ist nicht gut für die Augen und eine große Irritation für den Rudergänger. Es ist reiner Schnickschnack, der die ankommenden Landratten beeindrucken soll, die dafür bezahlen, zwischen den Inseln herumkutschiert zu werden. Die Anhänger von Firnis sagen, sie möchten das Holz sehen, aber es ist wohl eher so, dass sie sich selbst im Spiegel sehen wollen.

Früher gab es einmal viele gute und fähige Skipper in den Charterflotten, ich bin auch sicher, dass es die heute noch gibt – besonders auf den kleineren Schiffen. Leute, die für das Geld, das sie bekommen, eine gute und ehrliche Leistung erbringen. Einige dieser Skipper, die ihr Schiff verchartern, sind richtige Ozeansegler, die ihre lange Reise unterbrechen, um etwas Geld für den nächsten Schlag zu verdienen. Aber es gibt auch welche darunter, mit denen ich mich nicht trauen würde, über einen Stausee zu segeln. Man erkennt sie an ihren super-modischen Yachtklamotten und an dem lässig unter den Arm geklemmten Hochglanz-Segelmagazin. Ihre Kappen sitzen meist in einem aufragenden Winkel auf dem Kopf, und sie sind üblicherweise auf der Jagd nach einem leichtgläubigen Kunden, den sie ausnehmen können. Man nennt sie auch „Steghaie". Wenn sie nicht gerade auf einen treffen, mit dem sie beim Chartern kurzen Prozess machen können, dann suchen sie nach umhertrampenden Jungen. Ein Bursche mit Träumen von Segeln, Sonne, Wind und Sternen im Kopf endet dann als Arbeitssklave unter Bedingungen, unter denen ein Tellerwäscher im Vorstadthotel erblassen würde. Eine Küchenkraft aus einer viktorianischen Dienstbotenküche hätte sich auf einem solchen Schiff durchaus heimisch gefühlt. Dieses hier waren die Sklavenschiffe des zwanzigsten Jahrhunderts. Und diese Steghaie besaßen die Frechheit, die Burschen, die sie ausnutzten, auch noch „Schiffsschnorrer" zu nennen.

Aber es gab auch gute, ehrliche Kerle auf gepflegten, seetüchtigen Schiffen in der Charterflotte der Karibik. Es gab allerdings auch einige, die man zwei Jahrhunderte zuvor kielgeholt, ausgepeitscht und aufgehängt hätte. Diese „Höllenschiffe" waren selten, aber kein auf mich gerichteter Fluch der Chartergesellschaften und deren Werbeagenturen kann meine Meinung darüber ändern, dass es sie gab, sie waren eine Tatsache. Die Regierungen der Inseln wären gut beraten, die Arbeitsbedingungen in der Charterindustrie näher unter die Lupe zu nehmen, wenn ihnen wirklich etwas an der Durchsetzung der Menschenrechte läge.

Dieser kriminelle Sumpf existiert nicht nur in der Karibik. Ich habe Dutzende von Fällen erlebt, in verschiedenen Gebieten der Welt, wo diese Burschen wochenlang arbeiten müssen – wirklich harte körperliche Arbeit leisten – das Schiff für die See vorbereiten müssen, ohne Lohn, nur für ihr Essen und die Hoffnung, einmal mitsegeln zu dürfen. Oft habe ich erlebt, wie man sie einfach zur Seite geschoben hat, gesagt hat, ein paar Tage Mitsegeln wären mehr als genug Entschädigung für die Arbeit, ein seegehendes Schiff zu unterhalten und für die Reise fertig zu machen. Aber Keiner kann nur von frischer Luft und Sonnenschein leben. Deshalb rate ich jedem, der mit dem Versprechen auf einen Törn einen Job zum Unterhalt eines Schiffes annimmt, auf einem schriftlichen Vertrag zu bestehen, der festlegt, dass er auch mitsegeln kann. Die Gesetze hierüber sind lokal verschieden, aber alle verbieten das Ablegen eines Schiffes, solange ein Verfahren gegen den Eigner läuft.

Richtiges Herumhängen bedeutet, dass man tun und lassen kann, was man will. Herumhängen als Pflichtübung ist verdammt harte Arbeit. Nach mehreren Wochen hatte ich die Nase gestrichen voll. Ich war sehr erleichtert, als mir Mr. Grindlay mitteilte, ich sollte versuchen, hier unten selbst Gäste für kurze Chartertörns zu finden. Ohne örtliche Charterlizenz war das zwar gegen die Vorschriften, aber wen ging das etwas an, wenn ich außerhalb der amerikanischen Gewässer war? Wir verstießen ohnehin schon krass gegen den Wortlaut der Gesetze, ich war kein Amerikaner und hatte auch keine Lizenz zur Beförderung von Personen. Ich hatte auch nie Anstrengungen gemacht, etwas gegen diese Situation zu unternehmen, und Grindlay wusste das ganz genau.

Zu meiner ersten (und einzigen) Gästegruppe kam ich an Weihnachten. Es war ein frischvermähltes Pärchen aus Chicago. Sie waren in die Karibik geflogen mit der Erwartung, ein Schiff zu finden, das sie eine Woche lang herumsegeln würde. Vorher hatten verschiedene andere Leute das Schiff angeschaut, aber sie fanden es unbequem und eng und kamen nicht wieder. Ich konnte das gut verstehen.

Herr und Frau Frischvermählt waren entzückt über ihren Fund. Die Chartergebühr war mäßig, dachten sie, und sie fanden meine Gesellschaft akzeptabel. Glücklicherweise hatte ich eine junge Frau kennen gelernt, die für einen nicht allzu hohen Lohn das Kochen übernahm, und los ging's. Es war Weihnachtsmorgen, und wir rauschten unter Segel daher, mit Kurs auf die britischen Jungferninseln. Es war herrlich wieder unterwegs zu sein, und dann noch in dieser lustigen Gesellschaft. Großsegel-Annie, die Köchin, war ein blondes Mädchen aus Dakota. Nicht nur in der Kombüse war sie ein Juwel, sie war ein geborener Seemann, flink und sicher auf den Füssen, und sie hatte genau so starke Arme wie jeder andere nach Teer riechende Salzbuckel, den ich gesehen hatte.

Annie war zwanzig, und die Amerikaner hätten sie als „niedlich" bezeichnet. Außerdem war sie sehr intelligent. Ihr Gesicht strahlte vor Aufmerksamkeit und Entzücken, wenn *Star Rider* unter Segel lief. Sie fühlte und genoss jede kleinste Bewegung des Schiffes. Annie war auch ein guter Kumpel. Vorher war sie auf verschiedenen Charterschiffen gefahren und konnte eine Menge kurioser Geschichten erzählen über die Leute, die sie getroffen hatte.

Annie war begierig auf das Ozeansegeln. Später, als sie Hals über Kopf abheuerte, um sich mit ein paar schräg aussehenden Kerlen einzulassen, versuchte ich sie zurückzuhalten. Aber die Zugkraft der Erwartung einer langen Ozeanreise war für eine eigenwillige, von den Pionieren abstammende Amerikanerin zu stark. Also segelte sie mit diesen beiden verschlagen aussehenden Typen in Richtung Panama. Seitdem habe ich mich oft gefragt, was aus ihr geworden ist, wie es ihr ergangen ist und wie sie sich auf der Reise gegen diesen beiden Galgenvögel behauptet hat.

„Ich hoffe, dass du das schaffst, Annie, ich hoffe, dass du mit den beiden Kerlen zurechtkommst. Die Seglerwelt ist klein, irgendwann kreuzen sich vielleicht wieder einmal unsere Kurse", sagte ich ihr zum Abschied.

Annie versprach, mir zu schreiben, aber ich habe nie mehr etwas von ihr gehört.

Als *Star Rider* an diesem Dezembertag in St. Thomas ablegte, schien das Schiff zu wissen, dass fröhliche Geister an Bord waren. Leichtfüßig pflügte sie durch die flache See der Drake Passage, nach den Wochen der Totenstarre im Hafen war sie wieder zum Leben erwacht. Freudig zog ihre Heckwelle von einer ruhigen Ankerbucht in die nächste, bis es am Neujahrstag Zeit zur Rückkehr wurde.

Star Rider lag vor Jost van Dyke vor Anker, einer der kleinsten und freundlichsten Inseln der Jungferninseln (und das will schon etwas heißen). Über hundert Schiffe, Segler und Charterer waren zu den Neujahrsfeiern hierher gekommen. Um uns herum hörte man überall die Geräusche von fröhlichen Feiern und Feten, und alle nahmen schließlich Kurs auf Foxy's Bar am Strand. So eine Menge, ein solches Gedränge und einen solchen Lärm hatte ich selten erlebt. Als ich nach vorne ging, um den Anker aufzuholen, sah ich, wie die Frischvermählten alles mit traurigen Augen beobachteten.

„So ein Mist", dachte ich, „jetzt müssen sie ihre Hochzeitsreise in einem überfüllten Hotel in St. Thomas beenden – an Land!" Ich ging zu ihnen nach achtern.

„Wir werden heute nicht segeln", sagte ich.

Das Gesicht von Herrn Frischvermählt hellte sich auf. „Warum nicht?" Die Augen seiner Frau begannen zu leuchten.

„Es bringt Unglück, wenn man am Neujahrstag segelt", log ich. „Ich bringe euch 'rüber zu Maria zum Abendessen – mein Kumpel Mike McMineman hat uns eingeladen – im Fall dass wir hier bleiben – wir segeln erst morgen nach St. Thomas zurück."

Herr und Frau Frischvermählt waren so begeistert, dass sie mich umarmten. Ich wusste, dass *Star Rider* unter meinen Füssen vor sich hin grinste, genau wie Großsegel-Annie in der Kombüse, wo sie Cocktails vorbereitete.

Als wir in St. Thomas eintrafen, hatten wir absolut keine Lust, vor Anker zu gehen. Also segelten wir noch ein paar Runden im Hafen unter vollen Segeln um die Ankerlieger herum. Wir ließen *Sea Rider* ein Wasserballett tanzen, kreuzten, liefen vor dem Wind, mit halbem Wind und hörten auf die Musik in ihren Wanten, die der Wind aus Südwest dirigierte. Es war, weil ich sie liebte, weil Großsegel-Annie sie liebte und weil die Frischvermählten sie liebten. Und sie wusste das, und wir wussten es und der Wind wusste es auch.

Anfang Januar besuchte mich ein Verleger aus New York, nennen wir ihn Mr. Geelunker. Er kannte mich von einigen meiner Geschichten, die im Magazin *Sail* veröffentlicht worden waren. Als ich ihm erzählte, dass ich ein halbfertiges Buch hatte und ihm einige Passage zeigte, schien er sehr interessiert zu sein. Er gab mir seine Karte. „Ich kann dein Manuskript nicht mitnehmen – ich bin auf dem Weg zum Flughafen, aber wenn du wieder nach New York kommst, musst du unbedingt mit mir Kontakt aufnehmen!“, sagte er.

„Werde ich tun, Mr. Geelunker“, antwortete ich.

Als er mit seinen Freunden den Steg entlang ging, sah ich ihm nach. In meinen Ohren klang Musik, der Himmel öffnete sich mit dem Einzugsmarsch aus Aida. „So sind die Autoren – Buchautoren – zum Leben erweckt“, dachte ich. Jetzt war die Strasse zu *Sea Darts* Befreiung geebnet.

Einen Monat später tauchte Grindlay auf.

„Ich bin kein gottverdammtes Wohlfahrtsunternehmen“, fauchte er, als wir auf dem Steg der Marina entlang gingen. „Diese Leute haben vierundzwanzig Stunden überzogen und keinen gottverdammten Cent dafür bezahlt ...“

Er schimpfte immer weiter. Ich ließ ihn seinen Dampf ablassen, bis er ruhiger wurde. Dann fragte ich ihn: „Willst du mich immer noch als Skipper von *Sea Rider* oder nicht?“

„Sicher will ich ... sie ist gut in Form ... kein Kratzer an ihr ... sicher will ich.“ Er war eine Minute lang still, als zwei Chartercrews an uns vorbei gingen. Sie tranken Bier aus der Dose. „Das ist eine Sache, die ich nie bei Ihnen sehen oder davon hören will, *Captain*."

Ich war verwirrt. „Was meinen Sie?"

„Bier trinken in der Öffentlichkeit, wenn man es von den anderen Schiffen aus sehen kann oder auf dem Steg", antwortete er.

Das brachte das Fass zum Überlaufen.

„Mr. Grindlay", sagte ich, „ich liebe *Star Rider* ... fast so sehr wie mein eigenes Schiff ... aber weißt du, du kannst dir deinen Job in den ... du brauchst keinen Skipper, du brauchst einen verdammten Chauffeur!"

Grindlay hatte vermutlich Streit gesucht, er wollte, dass sich unsere Wege trennten, zumindest war er darauf vorbereitet. Eine Stunde später holte ich meine Sachen vom Schiff. Ein junges Paar wartete bereits darauf, dort einzuziehen. Die beiden sahen ziemlich sympathisch aus, aber ich redete nicht mit ihnen, weil ich mich ruhig und angemessen verabschieden wollte. Aber innerlich wünschte ich ihnen Glück.

Ein paar Monate später setzten sie *Sea Rider* auf ein Riff vor Cape Henry. Das Schiff schlug leck und musste abgeschrieben werden.

Aber jedes Jahr bekomme ich eine Weihnachtskarte aus Chicago und so weiß ich, dass *Star Rider* wenigstens in Gedanken und Erinnerungen weiter lebt.

Ich suchte nach einem anderen Schiff, das ich hätte skippern können, aber es war noch zu früh in der Saison, es gab keine Schiffe, die in die Staaten überführt werden sollten, und die Charterschiffe hatten alle schon Skipper. Es gab nur eine einzige freie Stelle auf einem großen Schoner, der unter panamesischer Flagge fuhr. Der Eigner, ein dunkelhäutiger Mann von etwa fünfzig mit einer beginnenden Glatze, suchte einen Skipper. Ich ging an Bord, um mich vorzustellen. Wie sich herausstellte, war der Eigner ein Kolumbianer. Das Schiff war mit den modernsten Navigationsmitteln ausgerüstet und hatte zwei Radarsysteme an Bord. Außerdem hatte es zwei 800-PS-Dieselmaschinen. Diese Tatsachen, ein Blick auf die Crew, bestehend aus fünf gerissen aussehenden Kolumbianern und vier schweigsamen Amerikanern, sowie das komische Gefühl im Bauch, das ich an Bord hatte, waren genug für mich. Wenn man mit dem Teufel speisen will, sollte man einen langstieligen Löffel haben – und ich wollte mit dem, was sie wahrscheinlich schmuggelten, nichts zu tun haben.

„Aber ich zahle dir fünfhundert die Woche!", sagte der *Señor*.

„*Sorry.*“

„Aber warum nicht? Du bist genau der Richtige, du sprichst Spanisch ...“

„Ich kann Schoner nicht leiden, *Señor*.“

„Aber das ist doch Unsinn, nur weil du die Segel nicht leiden kannst?“, protestierte er, „wir haben gute starke Maschinen ...“

„Ich kann Schoner nicht leiden, sie erinnern mich immer an Keksdosen und Teekannen.“ (Stimmt nicht, aber besser, für blöd gehalten zu werden als Verdacht zu erregen).

„Du bist blöd!“, brüllte der *Señor*, als ich die Gangway hinunter ging.

Kurz bevor ich *Sea Rider* verlassen hatte, hatte ich gerade wieder Geld an die Reederei in London überwiesen, um *Sea Darts* Transportkosten von Südamerika nach England abzuzahlen. Als ich jetzt nach New York flog, war ich um einiges reicher als bei meiner Ankunft. Ich hatte einhundert Dollar in der Tasche.

Vom JFK Airport in New York aus rief ich aufgeregt das Büro des Verlags an. Eine weibliche Stimme fragte: „Mr. Geelunker? ... tut mit leid, aber der arbeitet seit letzter Woche nicht mehr bei uns. Ich war seine Assistentin, Fräulein Spielhammer. Aber er hat mir von Ihnen erzählt ... bringen Sie das maschinengeschriebene Manuskript doch am Montag vorbei.“

Teil 3: Angeschissen

To lay aloft in a howling breeze
May tickle an landsman's taste,
But the happiest hour a sailor sees
Is when he's down at an inland town,
With his Nancy on his knees, yeo-ho!
And his arm around her waist!
Then man the capstan – off we go,
As the fiddler swings us round,
With a yeo heave -ho,
And a rum below,
Hurrah for the homeward bound!

(Oben im Mast im rauschenden Wind,
Das mag einem Landmann gefallen,
Doch das Beste für einen Segler ist,
Zuhause im Binnenland zu sein,
Mit seiner Nancy auf den Knien yeo-ho!
Und dem Arm um ihre Mitte!
Dann ran an die Winde – jetzt geht's los,
Und der Fiedler dreht uns herum.
Winscht mit, yeo-ho! Winscht weg!
Und Rum unter Deck,
Ein Hurra auf die Fahrt nach Haus!)

Aus „A wand'ring minstrel I", *The Mikado*, W.S. Gilbert.

O Stormalong is dead and gone;
To my way, you Stormalong!
O Stormy was a good old man,
Ay, ay, ay, Mister Stormalong!

We'll dig his grave with a silver spade,
To my way, you Stormalong!
And lower him down with a silver chain,
Ay, ay, ay, Mister Stormalong!

O Stormy's dead and gone to rest,
To my way, you Stormalong!
Of all sailors he was the best,
Ay, ay, ay, Mister Stormalong!

(Oh Stormalong ist tot und weg,
Auf dem Weg, Stormalong!
Oh Stormy war ein guter Mann,
Ay, ay, ay, Mister Stormalong!

Wir graben sein Grab mit silberner Schaufel,
Auf dem Weg, Stormalong!
Und senken ihn hinab mit silbernen Ketten,
Ay, ay, ay, Mister Stormalong!

Oh Stormy ist tot und schläft jetzt fest,
Auf dem Weg, Stormalong!
Von allen Seglern war er der Beste,
Ay, ay, ay, Mister Stormalong!)

„Stormalong" ist eine legendäre Figur, wie etwa der Fliegende Holländer oder Reuben Ranzo. Stormalong kommt in einem halben Dutzend verschiedener Shantys vor. Es scheint, dass er zu seiner Zeit als hartgesottener Bursche galt. Dieser Ankerspillshanty stammt aus den Jahren um 1840.

15 Treibgut

Ich hängte den Hörer auf die Gabel und schaute mich eine Minute lang in der Lounge des JFK-Flughafens um; ich wollte meine Fassung wiedergewinnen. Dann warf ich meinen Seesack und mein gelbes Ölzeug über die Schulter und machte mich auf den Weg zur Cafeteria, um die Sache bei einer Tasse Tee zu überdenken.

Es gibt sechs wichtige Notwendigkeiten für das Überleben an Land. Auf See gibt es noch eine siebte, die Vorrang vor allen anderen hat, nämlich das Schiff schwimmfähig zu halten.

Wenn Seeleute ab und zu etwas leichtfertig gegenüber den anderen sechs Notwendigkeiten für das Überleben an Land erscheinen, so liegt das im Allgemeinen daran, dass sie dieser wichtigsten Notwendigkeit untergeordnet sind. An Land fühlen sich Seeleute für eine Weile von der ständigen Verantwortung für ihr Schiff befreit, und es scheint sie ein Hauch von Verantwortungslosigkeit zu umgeben, aber das ist nur, weil ihre Wertvorstellungen von der See geprägt sind und, im Vergleich zu den Landbewohnern, eine andere Reihenfolge haben. Ein Seemann braucht einfach eine gewisse Zeit, sich den Gebräuchen an Land anzupassen – einige schaffen es allerdings nie.

Der gewöhnliche Seemann ist ein scheinbar sehr direkter Typ. Er ist daran gewöhnt, absoluten Klartext zu reden, was Landbewohnern in der Mehrheit eher fremd ist. Das Leben eines Seemanns unterscheidet sich stark von dem eines Menschen an Land, der gegen die Naturgewalten abgeschirmt ist. Er hat Mühe, die Moral der Landratten und ihren Glauben daran zu verstehen, es ist nicht seine eigene Moral. Für einen Seemann gibt es nichts Schlimmeres als Unloyalität, egal ob sie sich gegen sein Schiff oder seine Kameraden richtet. Einem Seemann erscheinen die Vorstellungen der geschützten Landbewohner in Sachen Politik und Religion etwas fade und wässrig, die Litaneien, Katechismen, Manifeste und *pronuncia-*

mientos der Landmenschen sind ihm zu hohl und nichtssagend, aber trotzdem ist er ein durch und durch religiöser Mensch, vielleicht etwas weniger gesellschaftsbewusst, aber selten ein schlechter Charakter.

In meinem Fall war die vordringlichste Notwendigkeit, *Sea Darts* Schulden zu begleichen und sie aus England herauszubringen. Wenn ich mein halbfertiges Buch verkaufen könnte, würde dies vielleicht gelingen. Es war ein gewagter Schuss auf ein weit entferntes Ziel, aber solche Schüsse waren nichts Ungewöhnliches in meinem Leben.

Aber jetzt musste ich mich erst einmal mit den sechs Notwendigkeiten für das Überleben an Land auseinander setzen.

Die ersten drei Notwendigkeiten sind Essen im Bauch, Klamotten am Körper und ein Dach über dem Kopf. In manchen Klimazonen sind die beiden letzteren nicht so wichtig, aber in New York im Februar sind sie sehr bedeutsam.

Essen ist immer wichtig, egal wo man sich befindet, und wenn es an Land ums nackte Überleben geht, dann muss man Nahrung als erste Priorität ansehen. Ich wusste, dass ich meine Ausgaben für Essen niedrig halten konnte, indem ich mir billige Plätze aussuchte. Zur Not könnte ich auch nur einen Laib Brot kaufen und mich selbst verpflegen. Aus den Erfahrungen vom Jahr zuvor wusste ich, dass ich so mit einem Dollar am Tag auskommen konnte. Es wäre nicht gerade eine Verpflegung für Olympiasportler, aber sie würde mich am Leben halten, und ich hatte schon mit schlechterer Kost überlebt, manchmal monatelang.

Während ich an meinem Hot Dog kaute, dachte ich darüber nach, wie notwendig Essen für die Menschen ist. Wie die anderen Dinge auch ist es die Grundlage des Überlebens schlechthin, und es gibt für keinen Menschen eine Ausnahme. Egal ob jemand arm oder reich ist, das Nahrungsproblem muss jeder auf seine eigene Art lösen. Die einzige Schlussfolgerung, die mir am Ende zum Thema gute und schlechte Nahrung einfiel, war die, dass echter Hunger ein ausgezeichneter Appetitanreger ist und ein miserables Potenzmittel. Ich kam zu der Überzeugung, dass das Vorhandensein von Nahrung ebenso wichtig ist wie Luft und Wasser. Nahrung sollte eigentlich keine Handelsware sein wie die anderen Dinge, die für die Menschen nicht unbedingt lebensnotwendig sind. Alles was irgendwie die Nahrungsversorgung für einen Menschen auf dieser Welt unterbrechen könnte, sollte eliminiert werden ... zerstört.

Es gibt nichts Vergleichbares zu der Aussicht, langsam verhungern zu müssen. Sie macht jeden Mann zu einem anarchisch-sozialistischen Konservativen. Einen hungrigen Menschen wirst du in diesem Zustand nicht wiedererkennen. Aber eine Mahlzeit mit Roastbeef in einen feinen Hotel in Bloomsbury, Hampstead oder in der Altstadt macht gewöhnliche Menschen zu Poeten.

Ich schluckte den letzten Bissen meines Hot Dog hinunter und dachte über die anderen Notwendigkeiten des Lebens an Land nach.

Kleidung – in dieser Beziehung war ich nicht schlecht dran. Ich hatte noch ein zweites Paar Jeans mit einigen Flicken drauf, zwei Paar Socken und drei T-Shirts. Falls ich frieren sollte, könnte ich alle drei übereinander anziehen. Unter meinem Pullover würde mich das gut warm halten. Mein Schuhwerk, Bootsschuhe aus dünnem Stoff, waren schon eher besorgniserregend, aber für eine gewisse Zeit würde ich damit zurecht kommen.

Es war das Dach über dem Kopf, das mir fehlte, danach musste ich Ausschau halten. Vielleicht am Anfang ein billiges Hotel drunten in Greenwich Village, wo ich mit meinen farbverkleckSten Hosen so wenig auffallen würde wie ein Mann mit einem Gipskragen.

Die vierte Notwendigkeit, Geld, stand im engen Zusammenhang mit der ersten Notwendigkeit, dem Essen. Das bedeutete, dass ich durch Schreiben etwas verdienen musste. Doch mit meinem Touristenvisum konnte ich keine reguläre Arbeit annehmen.

Die fünfte Notwendigkeit, sozialer Kontakt, würde sich nach all meinen bisherigen Erfahrungen von selbst ergeben.

Die sechste Notwendigkeit, eine Liebesbeziehung, war in meinem Alter eigentlich ein Luxus. Es war keine direkte Notwendigkeit, aber wenn sich etwas ergeben sollte, wäre das natürlich sehr willkommen. Wenn es ums Überleben geht, ist das einer der großen Vorteile, den das Alter gegenüber der Jugend hat – mit fünfzig braucht man nicht mehr so viel Anerkennung wie mit zwanzig – sollte man jedenfalls nicht brauchen. Aber vielleicht ist das bei den Landbewohnern auch anders. Vielleicht hatte ich einen der seltenen Vorteile gefunden, den ein Seemann ihnen gegenüber hat.

Ich nahm Kurs auf den Bus zur U-Bahn und Richtung Manhattan.

Das Duke Hotel am Jefferson Place besaß drei Vorteile. Es war relativ preiswert – sieben Dollar pro Nacht – es war in der Nähe von einigen billigen Futterstellen und es lag in Greenwich Village. Das Hotel war wie ein

Gefängnis gebaut. Aber als ich erst einmal durch die mit kugelfesten Glasfenstern ausgestatteten Eingangstüren hindurch war, die von einem Wachmann hinter der Empfangstheke ferngesteuert wurden, machte mir das wenig aus.

Der Tagesportier war dünn und fies. Er hatte fast immer ein leichtes Grinsen im Gesicht, aber das war reine Tarnung. Er war ein kleiner hässlicher Bastard mit einer hohen Piepsstimme.

„Hastdufürheuteschonbezahlt?"

„Was?", ich hatte erst vor einer Stunde eingecheckt.

„Machtnix – bist du auf 'nem Trip oder so?"

„Wie bitte?", ich beugte mich hinunter, um ihn besser verstehen zu können.

„Ich sagte hastdufürheuteschonbezahlt?" Seine gemeinen blauen Augen blitzten mich an.

„Oh ... ja ... ich hab' für drei Tage bezahlt!"

Mr. Fies schaute mich an. Zzzzzz! Die elektrische Verriegelung der Eingangstür öffnete sich schnarrend. Eigentlich war ihm seine niederträchtige Art kaum zu verdenken angesichts der Leute, mit denen er die meiste Zeit zu tun hatte. Prostituierte, die gerade in der Stadt angekommen waren, um sich auf dem Strich umzusehen, sozusagen aber auf „Urlaub" waren, denn das Duke erlaubte ihnen nicht, hier zu arbeiten. Drogendealer und Schieber, schwarz, braun oder weiß, normalerweise gut gekleidet, in den Zwanzigern oder Dreißigern, und weiße Männer mittleren Alters mit abgewetzten, schäbigen Anzügen, die ruhig und ernst von der Bildfläche verschwanden und nach ein paar Stunden murmelnd und schwankend zurückkehrten. Dann gab es noch zwei oder drei ältere Ehepaare, die im Duke zu leben schienen, aber sie blieben fast immer unter sich, kamen und gingen lautlos wie Gespenster. Sie sahen irgendwie europäisch aus und erinnerten mich an Flüchtlinge, die ich viele Jahre zuvor in London und Algier gesehen hatte. Ihre Gesichter und ihre Kleidung hatten Ähnlichkeit mit diesen Flüchtlingen, sauber, gepflegt und von guter Qualität, aber abgetragen und unglaublich traurig aussehend. Einmal hörte ich eines dieser Paare Deutsch miteinander sprechen mit österreichischem Tonfall. Fies behandelte sie alle gleich.

Ich denke, dass seine grundlose Gemeinheit sicherlich aus seiner eigenen Situation heraus geboren war, dass er sich aufgrund seiner eigenen Machtvorstellung entweder überheblich oder minderwertig fühlte. Wäre er weniger arrogant gewesen, hätte ich eher das Erstere angenommen, aber so wie er war, erschien er mir als typischer frustrierter Hitlertyp. „Also zum Teufel mit ihm“, sagte ich zu mir selbst. „Jeder, der weder die Intelligenz noch den Willen hat, sein wirkliches Leben zu leben und der nicht von außen in irgendeiner Weise daran gehindert wird, verdient es, frustriert zu sein.“

Der Nachtportier, Joe, war genau des Gegenteil von Fies. Er war schwer, hässlich und grobschlächtig, aber einer der höflichsten und interessiertesten Menschen, die ich je in Manhattan getroffen habe.

„N'abend, Käpt'n. Hast du deinen Verleger getroffen?“

„Nee, hab' mir nur 'nen Hamburger reingezogen. Er ist verreist – treffe morgen einen seiner Mitarbeiter.“

„Hier ist dein Schlüssel, Nummer neunundsechzig .... Also gute Nacht, Käpt'n ... und viel Glück morgen!“

Später war ich immer überrascht, wenn ich in New York auf ausgesprochene Höflichkeit traf, manchmal an den unmöglichsten Orten und nicht selten bei Menschen, von denen ich es am wenigsten erwartet hätte. Oft war diese Höflichkeit von der Art, wie man sie in England in den feinen Häusern erwartet – ein „Bitte“ oder ein „Danke“ von einigen der rauesten, verwahrlosesten menschlichen Kreaturen, die ich je kennen gelernt hatte. Aber es gab noch eine andere Art der Höflichkeit, mehr durch Taten als durch Worte, und diese Art war am verblüffendsten. Das Angebot, einen Schluck aus der Flasche in einer Papiertüte ... eine Zigarette, die letzte in der Schachtel ... die Hälfte von einem Sandwich oder ein freundlicher Zuruf: „Wie geht's dir, Kumpel?“ Viele der amerikanischen Penner, die ich traf, von überall aus den Staaten, waren auf ihre Art viel höflicher als ihre wohlhabenden Mitmenschen. In der Türkei sagt man: „Der Höfliche lernt seine Höflichkeit von den Unhöflichen“. Ich denke, da ist schon etwas dran. Hollywood mit seiner Darstellung amerikanischer Landstreicher. Vielleicht haben sie dort ihre Höflichkeit gelernt, denn in allen Filmen, die ich gesehen habe, waren die Typen immer äußerst unhöflich.

Einmal drin im Duke und sicher hinter der doppelt gesicherten Tür meines acht Quadratmeter großen Zimmers, war es gemütlich, verglichen mit den Behausungen, in denen ich lange Abschnitte meines Lebens verbracht hatte. Das Zimmer hatte kein Fenster, es war ein Raum im Inneren des Hotels, aber es gab einen Fernseher. Der Ton war zwar kaputt, aber für jemanden wie mich, der lange Zeit ohne Fernseher gelebt hatte und sich noch an die Stummfilme der Jugendzeit erinnern konnte, war das keine große Entbehrung. Außerdem machte es mir Spaß, den Schauspielern meinen eigenen Dialog in den Mund zu legen. Ich saß auf dem Bett und machte das stundenlang. Manchmal musste ich lachen, dass mir die Seiten weh taten.

Ein weiterer Vorteil meines Zimmers war der, dass die Decke bestimmt viereinhalb Meter über dem Fußboden war und dass es sich weder hob noch senkte, weder rollte noch gierte. Es dauerte ein paar Nächte, bis ich nicht mehr versuchte, auf Windänderungen zu hören oder das Klatschen der See gegen den Rumpf wahrzunehmen. In der ersten Zeit hatte ich große Mühe, mehr als ein paar Stunden lang am Stück zu schlafen. Wenn ich nicht mehr schlafen konnte, versteckte ich das Geld in meinen Socken und machte einen Spaziergang.

„Ein Sprecher des FBI sagte, es würde zu keiner Verhaftung im Zusammenhang mit seinem Verschwinden kommen ...“, plärrte es aus dem Lautsprecher des Radios.

„Also pass' auf dich auf, Käpt'n“, sagte Joe und schaute von dem Buch hoch, das er gerade las.

„Wie soll ich das verstehen?“

„Miese Kerle da draußen. Bleib' auf den beleuchteten Strassen und geh' nur nicht in den Park ... wo wills'te denn hin, Käpt'n?“

„Auf eine Tasse Tee.“

„Hey, bring' mir einen Kaffee mit, ja?“

„Sonst noch was?“

„*Yeah ... schienunrienmayo.*“

„Was? ... Tut mir leid ... Aber das musst du mir nochmal langsam sagen.“

Joe grinste. „Yeah, hab' vergessen, dass du einer von den Engländern bist – ich will ein Sandwich, kennst du das Wort 'Sandwich'? Benutzt ihr das auch? Ja?“

Ich erzählte Joe, dass Lord Sandwich sich damals mit acht Zentimeter dicken Lagen aus aufgeschnittenem Steakfleisch im Inneren eines kompletten Landbrotes den Magen vollgestopft hatte und dass die Hawaii-Inseln nach ihm benannt waren.

„Yeah, genau, also bring' mir ein Schinkensandwich auf Rye ... yuh ... Weißt du was Rye ist? ... Esst ihr Rye da drüben?“

Wie ein Blitz zuckten mir die Namen der Städte Sandwich und Rye, keine fünfzig Kilometer voneinander entfernt, durch den Kopf. Beide liegen an der Südostküste Englands, beides sind Kunsthäfen, beide sind durch die Sandverwehungen und Schlammablagerungen der letzten Jahrhunderte inzwischen von der See abgeschnitten. Ich erzählte Joe von diesem Zusammenhang. Dann sagte ich: „Rye, die Amerikaner machen Whiskey daraus."

Joe fand das lustig, er lachte und keuchte gute fünf Minuten lang.

„Nee, Mann, Rye, das ist Roggenbrot ... ein Sandwich, verstehst du? Richtig ..." Er zögerte, dann erinnerte er sich. „Was zum Teufel war das wieder ... Oh yeah, Schinken auf Rye mit Mayo!"

„Mayo?"

„Yeah ... Mayonäse."

„Oh, ja, natürlich ... Mayonnaise, richtig!"

„Das ist englisches Zeugs, nicht wahr? ... Oder ist es französisch?" Durch seine langen Nachtwachen war er sehr belesen.

„Spanisch, genau genommen."

„Dachte es käme aus Frankreich ... Es gibt da eine Stadt ... Mayenne?"

„Nein, es kommt aus Port Mahón, auf Menorca."

„Wie zum Teufel ist es hier herüber gekommen?"

„Die Engländer waren zweihundert Jahre lang auf Menorca, vielleicht haben es unsere Seeleute nach Amerika eingeschleppt."

„Ihr Typen kommt in der Welt 'rum, oder?"

„Also, was wolltest du noch, Joe?"

„Ahehmnrynnmayo."

„Richtig ... hab' verstanden ... Ahehmnrynnmayo."

„Du hast's verstanden, Mensch ... super!"

Vergnügt verließ ich das Hotel. Ich machte Fortschritte bei einer weiteren Anforderung des landgebundenen Lebens: Ich lernte die Sprache!

In den drei Tagen und Nächten, die ich im Duke verbrachte, lernte ich von Joe viel über die amerikanische Sprache.

Ich kann die Einstellung von Leuten nicht verstehen, die meinen, dass Worte nicht zählen, dass sie keinen Bezug zur Realität haben, wenn sich doch die Realität in den Worten selbst spiegelt. Joes Worte waren er selbst.

Bald fand ich heraus, dass meine jämmerliche Kleidung auf der Strasse ein großer Vorteil war. Selten wurde ich von Ganoven oder Schiebern belästigt. Tatsächlich schienen sie mich für einen der ihren zu halten. Ganz selten traf ich auf einen, der bedrohlich oder bösartig war, die meisten waren einfach desinteressiert.

Als ich mich am Montag auf den Weg zum Verleger machte, war es saukalt. Auf der Sixth Avenue sprach mich eine Stimme an.

„Hey, Mac ... has'te ne Zigarette? ... Thanks ... Sag' mal, has'te 'nen Quarter für 'nen Kaffee? ... Okay, Mann ... hey ... du bist OK, Mann!"

Er war etwa fünfunddreißig, hatte einen Dreitagebart und man sah ihm an, dass er schon ein paar Wochen im rauen Klima der Strasse lebte, er sah wie sechzig aus.

„Hey ... wart' mal eine Minute ... hey ... du bist in Ordnung ... bist ein guter Kerl. Has'te auch 'ne harte Zeit?"

„Bin ein bisschen blank, mein ...", sagte ich im Weitergehen und grinste.

„Nee wirklich ...", sagte er und fischte in seiner Jackentasche, „wo will'ste hin?"

„Uptown ... ich ... ich laufe."

Er brachte ein halbes Dutzend Wertmünzen für die U-Bahn hervor. „Hier, nimm ein paar von denen ...", sagte er.

Ich griff zu. Wenn man arm ist, denkt man bei einem Geschenk nicht gleich an den Pferdefuss. Ich dachte, dass ich wieder eine Anforderung des Überlebens in einer Großstadt gemeistert hatte, ich war in die Szene integriert, ich fiel nicht auf. Ich stellte mir vor, dass alle anderen dachten, ich wäre einer von ihnen, solange ich den Mund hielt.

Er schaute auf den Packen mit dem Manuskript unter meinem Arm. „Machst du Botengänge?", fragte er.

Wenn man Zweifel hat, soll man die Wahrheit sagen. „Nein, ich bin Schriftsteller", sagte ich. „Ich bringe das zu einem Verleger."

„Man hat dich verlegt? ... Hey, das ist stark, Mann!"

„Nein, bis jetzt noch nicht, aber ich lebe sozusagen in der Hoffnung ..."

Er schaute über die Strasse hinüber. „Hey, muss weg, Bursche ... (Er hatte mich durchschaut, sonst hätte er nicht dieses Wort benutzt) ... Also pass' jetzt auf dich auf, mach's gut." Er schlenderte weg, ich fingerte an den U-Bahn-Münzen in meiner Tasche. Ich entschied mich, trotzdem zu laufen, aber die Kälte drang durch meine Stoffschuhe. Also stieg ich an der dreiundzwanzigsten Strasse in einen Zug der Independent Subway und kam gemütlich und mit warmen Zehen in Midtown an.

Jeder Mensch, der sich weigert zu glauben, dass die Qualität des menschlichen Lebens in den letzten hundert Jahren in bestimmten Regionen unseres Planeten nicht gesunken ist, der sollte mindestens einmal mit der New Yorker U-Bahn fahren. Wie bei vielen anderen Phänomenen in den Vereinigten

Staaten muss man absolute Superlative verwenden, um sie zu beschreiben. Sonst könnte man keinen Eindruck von dem lautesten, schmutzigsten, stets überfüllten, gefährlichsten (für wohlhabendere Leute als mich) und gleichzeitig dem lebendigsten und interessantesten Transportsystem der Erde erhalten. Es ist nie langweilig. Es ist der einzige Ort, wo sich die Gesichter der New Yorker entspannen und wo man sie so beobachten kann, wie sie wirklich sind: in all ihrer ängstlichen Verletzlichkeit, besonders die einsamen Reisenden, und dann die Gruppen mit ihrem paradoxen Zusammengehörigkeitsgefühl. Das gilt für die verhältnismäßig „sicheren" Stunden während des Tages und am Abend. Während der Nacht sollte man das Privileg der U-Bahn-Benutzung auf Kinderschänder, Frauenmisshandler, Friedhofsschänder, Irre und Naziverbrecher begrenzen. Man sollte sie mit einem Vorrat an Junk-Food einsperren und ihnen ab und zu Wasser geben. Dann sollte man sie für den Rest ihres Lebens mit der IRT-Linie hin und her fahren lassen. Die BMT-Linie sollte man für Verräter reservieren.

Aber alles hat einmal ein Ende, auch eine Fahrt durchs Fegefeuer mit der New Yorker Subway. Zuletzt wurde ich mit einer menschlichen Woge auf den märchenhaften Strand der Rockefeller Plaza gespült, voller Marmor und Chrom. Obwohl es regnete, bitter kalt war und die Schlittschuhläufer im Ring davon unbeeindruckt ihre Runden drehten, schien es mir als käme ich aus dem stinkenden Vorschiff der *H.M.S. Bounty* direkt auf den Strand von Tahiti.

Ein kurzer Sprint vom Rockefeller Center durch die Stadt, ein paar Blocks, und ich war im Inneren des Verlagsgebäudes. Quadratkilometer von Glas schienen mehr vom Himmel herab zu hängen als hinaufzustreben. Der sanfte, leise Aufzug funktionierte wie Gottes eigener Bootsmannstuhl. Die Stockwerke, mindestens fünfzig davon, schienen auf Ewigkeit an mir vorüber zu ziehen. Der Empfangsraum des Verlages war in zarten Pastelltönen gehalten, die indirekte Beleuchtung erinnerte mich irgendwie an das bekannte Black Cat Freudenhaus in Tanger.

„Mzz. Spielhammer hat jetzt Zeit für Sie, Mr. Jones", sagte die Dame hinter der Rezeption. Sie war bei weitem nicht so hübsch wie die Sirenen, die im Film den Empfang zu Gary Grants Büro bewachen. Sie war etwa so alt wie ich und wog bestimmt das Dreifache. Ich schnappte mein Paket, wie ein Mann, der sich nicht sicher ist, ob man ihn zur Exekution oder in den Palast führen wird, und folgte einem Mädchen mit kariertem Rock und roten Haaren, die mehr in die Kate eines Kleinbauern im schottischen

Hochland zu passen schien. Nach einer halben Meile waren wir in Fräulein Spielhammers Reich. Sie war klein, dunkel und schaute mich durch dicke Brillengläser an. Ihr erster Blick schien einschüchternd, aber dann blitzte mir ein breites Lächeln entgegen. Sie bat mich, Platz zu nehmen.

„Wie Sie wissen, hat uns Mr. Geelunker verlassen“, sagte sie monoton, „aber wir würden uns gerne Ihr Werk ansehen, wir hoffen, dass Sie es hier lassen können, damit es einer unserer Lektoren begutachten kann ...“

„Und wie lange wird das ungefähr dauern?“, wollte ich wissen, meine Hoffnung wuchs.

„Oh ... sagen wir einen Monat, oder sechs Wochen. Nicht allzu lange ...“

Meine Hoffnung brach in sich zusammen. Im Geiste zählte ich die siebzig Dollar, die ich noch hatte.

„... eigentlich haben Sie noch Glück. Wenn ein Autor keinen Agenten hat, dann dauert es viel, viel länger – wenn wir uns überhaupt dazu durchringen können, das Buch zu lesen.“

„Ja ... aber ich hatte noch keine Zeit, mich nach einem Agenten umzusehen, und ein noch unbekannter Autor braucht Jahre, um einen zu finden ... Ja, ich denke, ich habe Glück.“

Fräulein Spielhammer begann, etwas auf einen Notizblock zu schreiben. „Also“, fragte sie, „haben Sie ... Sie wohnen in New York, Herr Jones?“

„Ja, bestimmt für eine Weile.“

„Gibt es eine Adresse, unter der wir Sie erreichen können?“

Ich gab ihr die Adresse vom Duke Hotel.

„Das ist unten, in Greenwich Village“, kommentierte sie. „Das ist eine schöne Gegend, viele unserer Autoren leben dort.“

Ich sagte Fräulein Spielhammer, sie sollte meine Post an Joe adressieren. Als mich das sanfte Mädchen hinaus führte, fragte ich mich, was ich jetzt machen sollte.

Ich musste einen Monat oder gar sechs Wochen warten, und ich hatte siebzig Dollar, um über die Runden zu kommen. Dann erinnerte ich mich daran, dass es ja noch meine Rente aus der Marine gab, die fällig war ... fünfundzwanzig Dollar. Als ich zu Fuß nach Downtown ging, fühlte ich mich besser. Die restlichen U-Bahn-Münzen wollte ich für einen dringenderen Anlass aufheben.

Über den wenig zuvorkommenden Empfang bei dem Verlag war ich nicht allzu enttäuscht; instinktiv wusste ich, dass ein pompöser Empfang nicht unbedingt zum Erfolg führt. Es ist so ungefähr, als wenn man eine

Reise mit einem kleinen Schiff antritt und eine Menschenmasse schaut zu, eine Kapelle spielt und so weiter. Es bedeutet nicht, dass die Reise weiter führt als zum nächsten Hafen, in dem man mit einem ramponierten Schiff ankommt. Deshalb bevorzuge ich einen leisen Abschied und eine leise Ankunft, so war es jedenfalls bisher.

Es schien, dass mein erster Ausflug in die Welt der Buchverlage eine langsame Sache werden würde. Also entschied ich mich dazu, in der Zwischenzeit etwas für Magazine zu schreiben, um Geld zu verdienen – aber erst wenn ich eine Bleibe gefunden hätte.

Als ich ins Hotel zurück kam, wartete dort ein amtlich aussehender Brief auf mich. *O.H.M.S. – On Her Majesty's Service* stand auf dem Umschlag. Ich riss ihn auf. Die britische Finanzbehörde hatte meine Pension gepfändet – wegen der Steuern auf zwei Beiträge, die ich im vergangenen Jahr für eine britische Zeitschrift in London verfasst hatte.

„Wie is' es gelaufen?", fragte Joe in dieser Nacht.

Ich war bereits aus dem Duke ausgezogen, bevor ich mich auf den Weg zum Verlag gemacht hatte.

„Ein wenig ruppig, Joe. Ich muss einen Monat lang auf die Antwort warten."

„So?", sagte er. „Einen Monat .... keine große Sache."

„Für mich schon, ich habe keinen Sack mit Geld."

„Oh Gott, richtig ... du bist Engländer ... keinen Scheck von der Fürsorge, huh?" Joe dachte einen Moment lang nach, dann sagte er: „Was du machen solltest ... geh' hinüber zur East Side ... geh' ins Männerheim ... hier ... ich schreib' dir die Adresse auf ... die sagen dir, wo du ganz billig unterkommen kannst ..."

„Danke Joe. Ich hab' an ein paar Freunde geschrieben, hab' deine Adresse hier angegeben."

„Das ist okay ..." Ein breites Grinsen in seinem schwarzen Gesicht entblößte seine Goldzähne. „Viel Glück, Mann ... lass' es dir gut geh'n, verstanden?"

Als ich mit meinem Seesack auf der Schulter draußen stand, las ich, was auf dem Zettel stand, den Joe mir gegeben hatte. „Bowery Mission, 227 Broadway." Es fiel mir ein, dass ich vergessen hatte, Joe zu fragen, wie ich dahin kommen könnte. Ich fragte einen der vorüber ging.

„Entschuldigen Sie Sir, ich welcher Richtung liegt die Bowery?"

Er war groß, schwergewichtig, ungefähr vierzig, hatte einen Schnurrbart mitten im Gesicht und war warm in einen Parka eingepackt. Er ging einfach weiter.

Ich versuchte es noch einmal, diesmal lauter, falls er taub sein sollte: „Entschuldigen Sie, Sir ..."

Er drehte sich kurz um, und knurrte: „Ahh ... verpiss' dich! ..." Vor sich hin fluchend ging er weiter und ließ mich unter dem mit Wolken überzogenen Nachthimmel zurück. Ich schaute irgendwie dumm hinauf und versuchte mich zu erinnern, ob die Zwillinge im Osten aufgingen – oder der Krebs? Löwe? Jungfrau? – Stier, das war es. Das Sternbild des Stiers mit Aldebaran und den Plejaden im Nordosten hinterher. Joe hatte gesagt East Side, also Osten. Am Himmel war nichts zu sehen, kein Stern. Also ging ich zu einem Straßenschild, um mich zu orientieren. Dann drehte ich mich in dem Eisregen um und trottete mit meinem Seesack auf der Schulter nach Osten, um mich „zu verpissen".

When, in disgrace with fortune and men's eyes,
I all alone beweep my outcast state,
And trouble deaf heaven with my bootless cries,
And look upon myself and curse my fate,
Wishing me like to one more rich in hope,
Featured like him, like him with friends possess'd,
Desiring this man's art and that man's scope,
With what I most enjoy contented least;
Yet in these thoughts myself almost despising,
Haply I think on thee, and then my state,
Like to the lark at break of day arising
From sullen earth, sings hymns at heaven's gate;
For thy sweet love remember'd such wealth brings,
That then I scorn to change my state with kings.

(Wenn ich, zerfallen mit Geschick und Welt,
Als Ausgestoßner weinend mich beklage,
Umsonst mein Flehn zu tauben Himmel gellt,
Und ich verzweifelt fluche meinem Tage,
Dann wär' ich gern wie andere hoffnungsreich,
So schön wie sie, bei Freunden so beliebt,
An Kunst und hohem Ziele manchem gleich,
Freudlos mit dem, was mir das Schicksal gibt.
Veracht' ich mich beinah in den Gedanken,
So denk' ich dein, dann steigt mein Geist empor
Der Lärche gleich von trüber Erde Schranken
Und jauchzt im Frührot an des Himmels Tor.
In deiner Liebe fühl' ich mich so reich,
Dass ich nicht tausche um ein Königreich.)

William Shakespeare, *Sonett*

16 Das Tor zum Himmel

Vor langer Zeit schon hatte ich das gelernt: Wenn man am tiefsten Punkt angelangt ist, wenn es keine Hoffnung auf Besserung oder Erleichterung gibt, kann der Mensch immer noch eines tun – schlafen. Ich fand heraus, dass dies in einer kalten Februarnacht an Land gar nicht so leicht war; auf See wäre es einfacher gewesen. Wenn die Dinge nichts Gutes versprechen, dann gibt es einen Vorteil, den die Seeleute gegenüber den Landbewohnern haben. Auf See kann man beidrehen, sofern keine Gefahr besteht, dass das Schiff auf eine Küste getrieben wird, und kann sich einfach hinlegen. Hier musste ich erst einmal zwei Meilen durch den Eisregen hindurch.

Während ich weiter ging, überdachte ich meine Situation. Ich kam zu der Einsicht, dass ich weniger darunter litt, dass es kalt war, dass ich kein Geld hatte, keine Arbeit, keinen Schlaf, sondern darunter, dass ich mich selbst in diese Situation hinein katapultiert hatte. Ich hatte so gehandelt, weil ich mein wahres Leiden verdrängen wollte – die Trennung von *Sea Dart*. In letzter Konsequenz bestand mein Leiden darin, dass ich hatte, was ich eigentlich nicht wollte, und vermisste, was ich wirklich wollte. Denke einfach – es ist am besten, um zwei Uhr nachts im kalten Regen einfach zu denken. Vielleicht gibt es in jedem von uns etwas, das nur durch Leiden zu Vorschein gebracht werden kann. Ich dachte an die Dinge, die sich lohnten, je mehr ich über meine verschiedenen Probleme nachdachte. Es schien, dass all die guten Vorsätze, die wir in uns haben, um unserem Leben eine neue Qualität zu geben und aus uns einen besseren Menschen zu machen, im Allgemeinen wie Streu im Wind verwehen. Es scheint, dass nur echtes Leiden uns tief im Inneren verändern kann, dass es uns lehrt, unsere Mitmenschen zu lieben.

Wie immer, wenn ich ein wirkliches Problem hatte, entschied ich, mir die Nase zu putzen, kräftig zu husten und die Situation auf kurze Sicht zu betrachten. Es ging eigentlich nur darum, einen warmen Platz zum Schlafen zu finden und etwas Geld zu verdienen. Ich schaute mich um, hundert Häuser, tausend Fenster, einige beleuchtet, einige dunkel. Ich fing an, mich besser zu fühlen. Mit all dem Schutz um mich herum musste es etwas für mich geben. Ich dachte daran, was Joe mir mit auf den Weg gegeben hatte, vorsichtig zu sein und mein Geld zu verstecken. Dann erinnerte ich mich an einen alten Seemannstrick.

Es gibt verschiedene Gründe sich die Hand zu bandagieren. Zum einen, wenn etwas damit nicht stimmt, zum anderen, wenn man an Land ist und Gesellschaft sucht. Besonders in Paris. Es gibt nichts Wirksameres als eine Bandage, um die Aufmerksamkeit und die Neugier der Leute dort auf sich zu ziehen. In Paris sollte man allerdings einen blutigen Kopfverband bevorzugen, er erinnert an die Tage der Guillotine. Ein dritter Grund für das Bandagieren einer Hand ist der, dass man in der New Yorker East Side ein sicheres Versteck für sein Geld sucht, besonders wenn man noch eine weite Strecke laufen muss. In jedem Fall ist es angenehmer als das rektale Versteck im Papillon- Stil, es sei denn, man ist daran gewöhnt, mit X-Beinen zu laufen.

Ich hatte bemerkt, das die Einstellung der New Yorker gegenüber Verletzten und Invaliden sich stark von der Sympathie der Leute in Paris unterschied. Die New Yorker scheinen vor Invaliden zurück zu schrecken.

Eine verbundene Hand ist wie ein unantastbarer Reliquienschrein für den heiligen Dollar, daneben hat sie auf der Strasse noch weitere Vorteile. Sie gibt einem den Nimbus eines Aussätzigen. Eine bandagierte Hand macht die Leute auf der Straße unsicher; sie wissen nicht, ob die Verletzung durch Unfall oder Schlägerei entstanden ist – und, um bei der Schlägerei zu bleiben, können sie nicht wissen, wer angefangen hat, ich oder der andere oder gar die anderen.

In einer Nachtapotheke bei der Eighth Street kaufte ich einen Verband. In einer bequemer Weise vorhandenen dunklen Toreinfahrt wickelte ich sie stramm um meine linke Hand, fünfundsechzig Dollar innen in der Handfläche versteckt. Die übrigen drei Dollar steckte ich in meine rechte Socke, als Portokasse sozusagen.

Die Achte Strasse ist eine Art Brücke zwischen dem wohlhabenderen West Village und dem armutsverseuchten East Village. Es ist eine Einkaufsstraße, und fast immer wimmelt es dort vor Leuten in einer ethnischen Mischung, die man überall in Manhattan findet, um nicht zu sagen überall auf der Welt. Trotz des Eisregens war die Strasse in dieser Nacht um halb vier morgens so belebt wie eine englische High Street zur Hauptverkehrszeit. Leute kamen aus einem Kino heraus, andere gingen hinein, die Junk-Food-Schuppen hatten durchgehend geöffnet und warben mit riesigen blinkenden Neonreklamen. Auf der westlichen Seite hingen eine Menge Drogenschieber herum, Pot, Coke, Heroin, Mandrax, Valium – egal was einer wollte, sie hatten es. An der Ecke zur Fifth Avenue war der Handel in vollem Gange, die Schieber sahen ziemlich zufrieden aus, geduldig und wohlhabend. Als ich das Ende bei St. Marks erreichte, fing es an zu schütten. Ich nahm Kurs auf eine der schmierigen Kneipen, die rund um die Uhr geöffnet sind. Als ich auf das einladende Licht, das aus einem Fenster herausströmte, zuging, wurde ich von einem Paar aufgehalten – einem blonden Jungen und seiner Freundin.

Der Junge sagte: „Hey, Mann, meine Tussi fühlt sich nicht wohl ... has'te mal fuffzig Cent?“

Im Licht sah ich, dass der Junge ein blaues Auge hatte. Sein Haar war lang und hing über den Kragen seiner Jeansjacke, die auf der Brust mit kleinen Silbersternen besetzt war. Er war groß und schlank, und ich schätzte sein Alter auf etwa zwanzig. Sein Gesicht hatte einen gequälten Ausdruck und seine Augen hatten einen träumerischen Glanz. Er sah aus, als brauche er dringend ein paar Stunden Schlaf.

Ich schaute seine Freundin an. Sie war winzig – nicht größer als einmeterdreißig. Zuerst dachte ich, es sei ein Mädchen von etwa zwölf, aber dann sah ich ihr Gesicht, das unter dem schwarzen nassen Haar hervor schaute. Sie war wohl ebenso alt wie ihr Freund.

„Ich will gerade da rein, um einen Kaffee zu trinken“, sagte ich ihnen, „kommt mit, wenn ihr wollt. Bin auch knapp bei Kasse, aber das ist okay ...“

Das Café war fast leer; es gab nur zwei oder drei Kunden und zwei Griechen hinter der Theke. Ich bestellte drei Kaffee, und wir setzten uns an einen Seitentisch. Ich nahm meinen Seesack sicher zwischen die Beine.

„Hey, Mann, das ist cool“, sagte der Junge, die Freundin lächelte. Der Junge studierte mein Gesicht, sonnenverbrannt, und meinen grauen Bart. „Bist du so eine Art Seemann?“, fragte er.

„War ich mal ...“, antwortete ich, während einer der Griechen den Kaffee an den Tisch brachte; er war erstaunlich freundlich und höflich. „... ich hänge rum, suche einen Job ...“ Meine Stimme verklang.

Es gab eine Minute Pause. „Rauchst du?“, wollte der Junge wissen.

„Nur Zigaretten ... ich bin eher ein Trinker.“ Ich räusperte mich:

„Whisky ... wenn ich welchen kriegen kann.“ Das hier war kein Platz für Engel, nicht um halb vier am Morgen.

Der Junge schmunzelte. „Is' cool“, sagte er. Die Frau lächelte.

„Was ist mit deinem Auge passiert?“, fragte ich ihn: „Bis'te in 'ne Tür gelaufen?“

Plötzlich sprach die Frau zum ersten Mal. „Wir sind Junkies“, sagte sie.

„Ich weiß“, antwortete ich. Ich wusste es nicht – ich war mir nicht sicher gewesen, aber ich dachte, sie würden sich besser fühlen, wenn sie dachten, ich hätte es gewusst.

„Wir hatten Zoff mit den spanischen Kerlen drunten in der Vierten Strasse, an der Treppe zur U-Bahn...“, sagte der Junge, „war eine raue Nacht, huh?“

„Scheißloch“, sagte die Frau, „Dreckschweine.“

„Rau?“, fragte ich.

„*Yeah*“, sagte die Frau. „Wir sind in einer Methadontherapie beim Krankenhaus an der Second Street, Ecke Twelfth Avenue. Jeff ...“, sie warf dem Jungen einen Blick zu. „ ... er hat ihnen erzählt, wir würden nach Hause zu seinen Eltern gehen, nach Kansas. Also haben sie uns für zehn Tage Vorrat gegeben ...“

„*Yeah* ...“, unterbrach der Junge, „aber wir sind natürlich nicht nach Kansas, sondern hinunter zur Fourth Street, um die Scheiße zu verhökern und dann Smack zu kaufen, aber dort waren die Spanier, verstehst du. Das sind dumme, verrückte Hunde. Sie saßen auf der Treppe, soffen Bier und kifften, verstehst du, und dann fing die verdammte Scheiße an ... Die Methadon-Ampullen fielen die verfluchte Treppe runter, und die ganze Soße ist ausgelaufen – verdammte Dreckschweine.“ Der Jungs schlug mit der Faust in die flache Hand. „So eine Scheiße – diese verdammten spanischen Schwanzlecker!“

„Also“, sagte ich zu dem Jungen, „du hattest Glück, dass sie kein Messer benutzt haben.“

Die hellblauen Augen des Jungen starrten mich an. „Schau' mal her!“, sagte er. Er schob seine Hand in die offene Jacke, zog ein Revers hoch und hatte ein Schnappmesser in der Hand. „Jeder verdammte Arschficker, der was von mir oder meiner Tussi will, der kriegt“ – er ließ das Messer mit einem ominösen KLICK aufspringen – „das hier.“

„Und was wollt ihr jetzt machen?“, fragte ich, um die Spannung am Tisch zu lösen. Draußen vor dem Fenster des Cafés konnte ich die ersten Anzeichen der Morgendämmerung erkennen.

„Wir gehen wieder zu dem verdammten Methadon Center, wir sagen Ihnen, dass man uns überfallen hat, ausgeraubt, versteh'ste, und dann verkaufen wir die Scheiße ... aber diesmal an der Fourteenth Street!"

„Ja, Fourteenth und Third", sagte die Frau, „da is' es auch rau, aber niemand nimm'ts da mit Jeff und seinem Zeugs auf, in der Fourteenth."

„Gehst du nach Uptown? Wir kommen mit", bot Jeff an. Ich bemerkte, dass er gute teure Lederstiefel trug, mit einem eingeprägten Designerlogo.

„Danke für das Angebot, aber ich will runter in die Bowery", sagte ich.

„Zum Teufel, einfach so? Huh", sagte Jeff.

„Ja, einfach so", ich schnappte meinen Seesack.

„Also, mach's gut Mann ... danke für den Kaffee ... bleib' cool!"

Die beiden gingen nach rechts, ich sah ihnen nach, wie sie Arm in Arm auf dem Gehsteig voller Müll und Unrat davon gingen. Dann wandte ich mich nach links hinunter in Richtung Bowery, es fing gerade wieder an zu schütten. Überall sonst regnet es, aber in der Lower East Side platscht es herunter. Einen Moment lang dachte ich daran, wieder zurück ins Café zu gehen, aber die Griechen waren bereits beim Aufwischen. Ich empfinde es bedrückend, in einem Café zu sitzen, wenn der Fußboden gewischt wird – also ging ich weiter.

Gefahr ist schon ein seltsames Gefühl. Man nimmt die Gefahr eigentlich nicht richtig wahr, erst wenn sie vorüber ist, entweder dadurch, dass sie sich einfach auflöst oder dass man sie gemeistert hat. Bei dem Gedanken an das Schnappmesser mit dem hässlichen Klick und an die fanatischen blauen Augen, die mich halbgeschlossen angestarrt hatten, lief mir eine Gänsehaut den Rücken hinunter. Jetzt war ich immer noch auf mich selbst gestellt; ich beschloss ein Pokergesicht aufzusetzen. Dann erinnerte ich mich, dass wir bei anderen Leuten in Wirklichkeit nur das fürchten, was wir uns in unserer eigenen Phantasie vorzustellen vermögen, und ich fühlte mich besser. Zumindest hatte der Junge nicht versucht mich zu betrügen, das wäre ein viel größeres Verbrechen gewesen als mir nur Angst einzujagen. Ich hasse Betrug und Verrat, aber das ist eigentlich dumm, denn selbst die Drohung mit Verrat ist schon verräterisch. Es scheint, dass wir auf diese Weise viele Erfahrungen verpassen, die uns helfen würden und um die wir reicher sein könnten.

Ich hatte beide Seiten gesehen, ich war auch schon mittendrin in dem abschaumverseuchten Drogengeschäft. Ich hatte die kolumbianische, die bolivianische und die paraguayische Seite des Geschäfts gesehen und die schmerbäuchigen Drogenbarone, die den halbverhungerten indianischen Bauern den Stoff für ein Taschengeld abkaufen. Ich hatte die Mittelsmänner gesehen, die in den Luxusherbergen von Bogotá, Cartagena, Lima und La Paz residierten; ich war an Bord des verdammten Dreckschoners in St. Thomas gewesen. Nun hatte ich das Endprodukt der Drogenkette kennen gelernt, einer Kette menschlicher Verstümmelung. Ich dachte an all die Teenager – nicht nur an die zwei, die ich kennen gelernt hatte – an all die Kinder, die in eine Welt hinein geboren wurden, die herrlicher ist, als sie es je erfahren werden, viel herrlicher als sie es in der künstlichen Glückseligkeit erleben können, unter dem Einfluss des Stoffs ihrer Träume mit dem nachfolgenden alptraumartigen Absturz. Die Jungen sollten die Erben sein von all dieser Schönheit und der Poesie, die der Mensch auf diesem ohnehin herrlichen Stück Mechanismus, den wir Welt nennen, geschaffen hat. Die Fußgängerampel in der nassen, fast menschenleeren Bowery wechselte die Farben, das grüne Glas war kaputt und die Ampel blitzte weiß. *„Gehen ... nicht gehen, gehen ... nicht gehen. Weiß – rot, weiß – rot. Fleisch, Blut, Knochen, Fleisch, Brot, Wein, links, links, rechts, links, rechts. Gehen ... nicht gehen."*

Ich ging.

Es fiel mir ein, dass niemand mich gezwungen hatte, fünfzig meiner wertvollen Cents für den Jungen und die Frau auszugeben, nur um das Ende dieses verdammten Prozesses mitzuerleben. Die Frau hatte gezittert und gefroren. Diese fünfzig Cents waren alles, was die Saubande, die ganze verfluchte Drogenkette – von den Mohnfeldern bis zur Straßenecke – je von mir bekommen würde. Wenn man Mörder, die den Körper eines Menschen in den Tod befördern, lebenslang ins Zuchthaus sperrt, wie soll man dann die Leute bestrafen, die den Geist eines Menschen morden? Ich trotte weiter, aber ich fühlte mich nicht länger wie ein Stück Treibholz.

Im Männerwohnheim ging man ungezwungen miteinander um und war hilfsbereit. Der Mann hinter der Empfangstheke, ein dünner drahtiger Kerl von etwa dreißig, sagte mir, dass sie selbst keine Unterkünfte hätten – nur Essen. Frühstück würde es um sieben Uhr am Morgen geben und ich müsste draußen warten. „Wo kann ich ein Bett finden?", fragte ich.

„Der beste Platz zum Schlafen", sagt er, „ist das Uncle Sam oder das Clover. Früher gab es noch eine andere Hütte, das Majestic, aber das haben sie dichtgemacht ... Hier, ich schreib' dir die Adressen auf."

„Wie viel nehmen die?“, fragte ich besorgt.

Er schaute hoch und sagte monoton: „Zwei Mäuse.“

„Das geht ja, danke.“

Der Mann schaute auf meinen Seesack. „Ich würde das nicht mitnehmen“, sagte er.

„Kann ich es hier lassen?“

„Wir können keine Verantwortung übernehmen, ist gegen die Vorschriften.“

„Wissen Sie, wo ich meine Sachen lassen könnte? ... Kann man irgendwo ein Schließfach mieten?“

Der Mann dachte einen Moment lang nach. „Also, da ist der Grand Central Bahnhof oder das Port Authority Bus Terminal ...“

„Wo ist das?“

„Forty-second und Eighth.“

„Und wie viel kostet ein Schließfach?“

Der Mann stöhnte und stand auf. Er öffnete die Tür hinter sich und steckte seinen Kopf in den Türrahmen. „Hey Charlie!“ Von hinten kam eine dumpfe Antwort.

„Der Kerl hier will wissen, wie viel ein Schließfach am Path Terminal kostet.“ Wieder eine dumpf gemurmelte Antwort. Der Mann setzte sich hin und rutschte seinen Stuhl zurecht. Er schwieg eine Weile und starrte vor sich auf die Theke. Dann schaute er zu mir hoch und sagte leise: „Fünfzig Cent am Tag.“

Ich entschied mich dazu, Joe drüben im Duke zu fragen, ob er auf meine Schreibmaschine und meine Klamotten aufpassen würde. Zu dem Schuppen waren es drei Kilometer zu laufen, aber wenigstens wäre meine Schreibmaschine an einem sicheren Ort. Solche Probleme hat man eben, wenn man verarmt ist.

Der Speisesaal im Männerheim war ohne jeden Zierrat, aber sauber. Das Frühstück war erstaunlich gut, es gab Cornflakes, zwei Eier und Schinken. Um sieben Uhr morgens war der Speisesaal überfüllt, es waren etwa einhundertfünfzig Männer da, in jedem Alter, aber die meisten waren über vierzig. Es gab etwa genau so viele Weiße wie Schwarze und Lateinamerikaner. In meinen Augen sahen einige Leute gut gekleidet aus und schienen gepflegt. Aber die Mehrzahl trug alte Klamotten. Mit Ausnahme der Geräusche durch die Essensausgabe war es erstaunlich leise, es gab kein Palaver und Geschrei.

Die Männer unterhielten sich mit gedämpften Stimmen. An diesem Tag war ich einer der ersten, die hineingingen, und hatte bald gefrühstückt, mit meinem Seesack zwischen den Knien. Dann war ich wieder draußen im Verkehrsgewühl, in den ampelgesteuerten Autoschlangen, die vorbei röhrten. Abgasschwaden hingen wie schwarze Bänder in der Luft. Es war kalt, aber gestärkt wie ich war, machte ich mich auf den Weg zum Duke Hotel, ich wollte dort sein, bevor Joes Dienst um neun Uhr zu Ende ging.

„Hey ... Käpt'n ... wie iss'es gelaufen?"

„Okay, Joe ... schau', ich hab' ein paar Hoteladressen hier, wo ich hingeh'n kann ... aber ich kann meinen Seesack nicht sicher dort unterbringen, deshalb ..."

„Willst du, dass ich ...?"

„Ich dachte ..."

„Nee ... nicht hier. Man würde ihn nur klauen. Schau', geh rüber in die Bar von Julius in der West Tenth. Sag' Mickey, dass ich dich geschickt habe. Er wird ihn für dich verstauen, dort wird er sicher sein."

Ich drehte mich zum Gehen um.

„Hey, Käp'tn", rief Joe und grinste, „vergiss' nicht die alte steife Oberlippe, hörst du! Huh!"

Das Uncle Sam war ein großes altes Backsteingebäude nicht weit vom Männerasyl. In seinen Glanztagen war es einmal ein richtiges Mittelklassehotel gewesen. Jetzt schien es dem Untergang geweiht zu sein, eher noch der Verdammnis. Es war eine Absteige, und es wollte auch gar nichts anderes sein. In der schmierigen Empfangshalle standen etwa zwanzig Männer herum, ziellos. Der Fahrstuhl war kaputt. „In Reparatur" stand auf dem Pappschild, das an der Tür hing. Der Teppich auf der Treppe war ausgelatscht, er bestand eigentlich nur noch aus Lumpen. Oben hatte man viele der Zwischenwände herausgerissen, die früher einmal die Zimmer gebildet hatten, jetzt gab es nur noch einige große Schlafsäle; jeder davon war so mit Einzelbetten vollgepfercht, dass dazwischen nur dreißig Zentimeter Raum zum Laufen blieb. Der Mann, der mir den Schlafsaal zeigte, war untersetzt, fett und glatzköpfig. Über seinem Hemd hatte er einen Overall an, und an den Füssen trug er Turnschuhe. Er war etwa fünfundvierzig.

„Wirst dich wohlfühlen hier, kannst aber nicht vor acht Uhr zum Pennen kommen – wo komm'ste her ... bis'te Seemann oder sonst was?" Ohne meine Antwort abzuwarten, starrte er auf meine bandagierte Hand.

„Unfall oder sonst was?“

„Muskelkrampf“, sagte ich.

„Was du nicht sagst, wie hast du das angestellt?“

„Schreibmaschinentippen“, sagte ich. Ich erzählte dem Hausmeister von meinen Artikeln und Kurzgeschichten, die ich geschrieben hatte. Er sah mich zweifelnd an. Ich zog eine der Geschichten, die ich für das *SAIL Magazin* geschrieben hatte, aus meiner hinteren Jeanstasche. Sie war schmutzig und zerfranst, aber sie überzeugte ihn. Die Augen des Hausmeisters wurden freundlicher.

Er lud mich in seine Kammer auf einen Kaffee ein.

„Ich bin der 'Mann für alles' hier“, sagte er, als wir uns an den mit Wachstuch überzogenen Tisch setzten. Er schaltete das Radio aus.

„Wie du siehst, habe ich diesen Stern um meinen Hals“, sagte er und zog einen kleinen silbernen Anhänger aus seinem Hemd. „Ich bin Jude.“

Ich sagte ihm, dass ich in Israel gewesen war, es interessierte ihn sehr. Ich erzählte ihm eine halbe Stunde lang von den Orten, die ich gesehen hatte, und von den Leuten, die ich getroffen hatte. Dann schwieg ich, und der Hausmeister war eine Weile ruhig, dann sagte er: „Du fragst dich sicher, was so ein Kerl wie ich hier macht.“

„Also, ich dachte, du arbeitest hier?“

„*Yeah*... aber du weißt ja, wie das mit den Leuten hier ist ... ich meine, ich bin Jude... und eigentlich sollte das Hotel mir gehören, denken sie, ich weiß, dass sie das alle denken...“

„Ich hab' das nicht gedacht!“

„He, das ist interessant ... wieso nicht ... wieso hast du nicht gedacht, dass der Laden mir gehört?“

„Weil du dich nicht im geringsten geschämt hast, als du mir das verdammte Barackenlager da oben gezeigt hast.“

Der Hausmeister lachte, dann zog er mich ins Vertrauen. „Ich bin erst ein paar Monate hier. Vorher hab' ich ... willst du das hören? ... von der Fürsorge gelebt – ich und Fürsorge ... Mein Gott!“

„Was ist falsch daran? Millionen von Leute leben von der Fürsorge, überall im Land“, stellte ich fest.

„*Yeah*, aber ich bin Jude, um Gotteswillen! Ich hab' eine Familie, drei Kinder und eine Frau!“

„Na und?“

„Also das Klischee von den Juden in diesem Land – ein Jude ist erfolgreich um Gotteswillen, verstehst du! Nicht nur in sozialer Hinsicht, er hat auch reich zu sein, siehst du!"

„Aber es ist alles eine Frage des Überlebens ...", sagte ich.

„Überleben ist nicht alles, mein Freund. Kein einziger Jude in diesem Land würde sich damit zufrieden geben. Sicher, damals in Nazi-Deutschland, während des Holocaust, da machte das Sinn, aber hier, in diesem Land? Ein Jude, der hier vom Überleben spricht, macht entweder Spaß oder ist arm wie eine Kirchenmaus. Amerikanische Juden haben diese Überlebensscheiße längst hinter sich, richtig?"

„Wenn du meinst?", ich konnte ihm nicht folgen.

„Wie wir es hier drüben geschafft haben", sagte er finster, „durch Konkurrenzkampf, verstehst du. Wenn sie Hirn wollten, haben wir es ihnen gegeben. Wenn es Geld war, hatten wir sie Schlange stehen. Wenn es Muskeln waren ...", er zeigte einen Bizeps an seinem dünnen Arm, „... haben wir ihnen Muskeln gegeben, richtig?"

„Okay", ich war todmüde nach meiner durchwachten Nacht. Ich fragte mich, wie ich bis zum Abend durchhalten sollte.

„Aber wo ist der Konkurrenzkampf beim Putzen, verstehst du? Ich sollte nicht in diesem Dreckloch putzen. Die ganze Fürsorgeszene, Arbeitslosigkeit, alte kranke Leute, das passt doch nicht zu uns. Juden, verstehst du? Schau dir all' diese Leute hier an – ja, schau sie dir heute Abend an. Schwarze, Puertoricaner, Griechen, Italiener, Asiaten, sogar Japaner, Französisch-Kanadier ... Indianer ... aber einen Juden wirst du nicht sehen – mich ausgenommen. Und all' die jüdischen Großköpfe da droben, in Scarsdale und Connecticut, sie schauen alle auf mich herunter und schreien: 'Hey, was zum Teufel machst du da? Du putzt in diesem Sumpf? Du gehörst hier her, zu uns!'"

„Bist du zufrieden?", fragte ich ihn, „ich meine, zumindest hast du eine Arbeit."

„Ich? ... Ich sollte eigentlich zufrieden sein!"

„Ich wünschte, ich hätte gewusst, dass es dich hier gibt! Ich hab' eine Schreibmaschine ..." Seine Augen fingen an zu leuchten. Ich erzählte ihm die Geschichte vom Vormittag.

„Du hast ein Buch halb fertig, oder?", sagte er, „bring mal deine Schreibmaschine hier her und dein Papier, und dann schreibst du in der Kammer hier. In der Nacht schließ ich die Maschine im Besenschrank ein ..."

„Das würdest du mir erlauben?" Ich war begeistert.

„Sicher ... soll nur keiner sagen, wir Juden hätten etwas gegen die Kunst!“ Er stand auf um mit dem Kehren weiter zu machen. „Und pass' auf die Schnorrer da draußen auf!“, sagte er, als ich zur Tür ging.

„Ach, ich denke, die sind ganz in Ordnung“, sagte ich.

„Wie du willst ... vergiss' es“, grunzte der Hausmeister. „Sie sind eine Plage ... ein paar davon. Beteilig' mich mit fünf Prozent.“

Ich starrte ihn an.

„Ahh, scher' dich zum Teufel und hol' diese Schreibmaschine.“ Seine braunen Augen strahlten voll Humor. „Ich hab' nur einen Spaß mit dir gemacht. Verdammte Seeleute ... keinen Sinn für Humor!“

Ich war in der besten Laune, die ich seit Tagen gehabt hatte. Wie der Blitz raste ich zu der Bar in der West Tenth Street und zurück, die Kälte spürte ich überhaupt nicht. Ich hatte einen Platz für meine Schreibmaschine, einen Platz zum Schreiben und auch noch einen Platz zum Schlafen. Wunderbares Amerika! Vor nur vier Stunden war ich noch hoffnungslos herumgeirrt, jetzt hatte ich etwas im Magen, ein Bett und eine Basis zum Arbeiten. Wenn man ganz unten ist, gibt es nur eine Richtung – nach oben. Ich konnte im Land des Uncle Sam bleiben, ich konnte vielleicht mit ein paar Artikeln ein paar Dollar verdienen, und wenn der Verlag mein Buch annehmen würde, dann hätte ich *Sea Dart* schnell aus dem Schneider.

„Nur noch ein Problem“, dachte ich, als der Hausmeister den Tisch in der Kammer abräumte, „jetzt muss ich meine Bandage abnehmen, weil ich sonst nicht tippen kann.“ Ich ging zur Toilette und bandagierte mir anstelle der Hand den linken Ellenbogen.

„Ist die Hand besser?“, fragte mein neuer Freund.

„Ja, es sind Muskelschmerzen – Arthritis, es wandert immer“, erzählte ich ihm.

„Yeah? ... Wer macht hier die Späße?“, sagte er und lachte.

„Du hast mir noch nicht gesagt, wie du heißt ...“, sagte ich zu ihm, „oder ich hab's vergessen.“

Er schaute mich an. „Hab' ich das wirklich vergessen? ... Zum Teufel ... ich heiße Peter.“ Er machte eine Pause, dann sagte er: „Aber für dich bin ich *Herr Hausmeister*!“

And not by eastern windows only,
When daylight comes, comes in the light;
In front the sun climbs slow, how slowly,
But westward, look, the land is bright!

(Und nicht nur an den Fenstern im Osten
Wenn der Tag kommt, kommt auch das Licht;
Vor dir steigt die Sonne auf, ganz langsam,
Aber im Westen leuchtet das Land ganz hell.)

Aus *Say Not the Struggle Nought Availeth*, Arthur Hugh Clough.

17 Lichtblicke

Das Schlafen im Uncle Sam war nicht gerade erholsam. Wir wurden zwar alle an der Tür gefilzt, aber einige Flaschen kamen immer durch. Die ganze Nacht gab es Gemurmel in den verschiedenen Ecken, Husten, Schnarchen, Wimmern, Grunzen und eine stetige Wanderschaft von und zu der Toilette. Zwischendurch hörte man das Knistern der braunen Papiertüten, in denen der „Irish Rose“ Whisky versteckt war, mit nachfolgendem Gurgeln, dann das Schimpfen von denen, die gerade eingeschlafen waren, schon wieder geweckt wurden und keine Ruhe fanden.

Es gab ein halbes Dutzend Penner, meist ältere Männer, die einfach nicht schlafen konnten. Sie verbrachten die Nacht damit, im Schlafsaal umher zu schleichen. Sie machten überhaupt keine Geräusche. Sie hatten ihre Mäntel über ihrem Schlafanzug angezogen und im Dämmerlicht, das aus dem Treppenflur hereindrang, sahen sie aus wie meditierende Mönche, die leise durch ein gespenstisches Alptraumkloster schwebten. Ein oder zwei murmelten noch dabei, es schien, als beteten sie den Rosenkranz, aber ich wusste, dass sie eher leise über irgendwas oder irgendwen fluchten. Zuerst war ich misstrauisch, lag lange wach, bis mir klar wurde, dass sie von mir nichts wollten. Trotzdem legte ich meinen bandagierten Arm unter meinen Körper, bevor ich die Augen schloss. Irgendwie taten mir die anderen armen Seelen leid, die in dieser Nacht ohne Bett durch die Stadt liefen und auf den Straßen vor Kälte zitterten. Die erste Nacht konnte ich nur stückweise schlafen und war am Morgen ziemlich erschöpft.

Betten quietschten, Männer stöhnten.

Die meisten Leute, die überhaupt an so etwas denken, meinen, dass die Männer, die in Torbögen am East River oder in der Bowery schlafen, kein Liebesleben haben. Das stimmt nicht ganz. Einige von ihnen haben eines, aber es ist ein Liebesleben, das eher in ein Internat oder eine Erziehungsanstalt passen würde als in das Schlafzimmer eines Mittelklasse-Haushalts.

Vielleicht waren einige der tausend Männer, die 1976 in der Bowery lebten, nur deshalb hier, weil sie niemanden hatten, der sie liebte, sie mochte oder mit dem sie eine Beziehung hätten aufbauen können. Vielleicht hatten sie niemanden, dem sie etwas geben konnten. Aber für die meisten der Landstreicher war es ein Leben ohne Sex – und wenn es einmal Sex gab, dann wurde damit nicht geprahlt, wie das bei den Bessergestellten üblich ist. Es gab viele Partnerschaften unter den Männern, aber sie waren mehr eine Frage des gegenseitigen Schutzes und Respekts als sexuell bedingt.

„Verfluchte Sau, halt endlich das Maul, verdammt noch mal", schrie eine hohe Stimme.

„Wer hat denn diesen Idioten hier reingelassen?", brummte ein Bass, „Scheißkerl."

„Trink' einen!"

„Ahh, schaff' deinen verdammten Arsch hier raus!"

Ich hatte keinen Zweifel daran, dass es unter den Männern im Schlafsaal auch Schwerkriminelle gab. Es gab sicher Einbrecher, Straßenräuber, Vergewaltiger und vielleicht noch einen oder zwei Mörder. Aber die Müdigkeit überwältigte irgendwann früher oder später alle Vorurteile, und Angst hat noch nie ein Problem gelöst oder die Gedankengänge beruhigt. Also schloss ich ein Auge wie die Seeleute es tun und döste. Ich dachte daran, wie verrückt es war, dass es selbst hier noch Unterschiede gab. Die Weißen schliefen in einer Ecke des Saals – die Schwarzen und Latinos in einer anderen.

Ich beschloss, mir ein Bett an der Wand zu suchen, selbst wenn es Schmiergeld kosten würde. Es kostete mich am nächsten Tag einen ganzen Dollar an den „Saalaufseher". Es war ein besserer Name für den „Rausschmeißer", einen bulligen Schlägertypen, dessen Blumenkohlohren, gebrochene Nase und nichtssagenden Augen eindeutig auf seine frühere Tätigkeit hinwiesen. Seine derzeitige Aufgabe bestand darin, Schlägereien und andere Unannehmlichkeiten im Schlafsaal zu verhindern. Er verrichtete seinen Job, indem er auf einem Stuhl vor sich hin döste. Das einzige Mal, dass ich von ihm eine menschliche Regung sah war, als er meinen Dollarschein einsackte. „Ugg", sagte er. Das sind nun mal die Privilegien der Aufseher und der Finanzämter.

Am Morgen zuvor im Männerheim hatte ich mich gewundert, dass die Männer so früh zum Essen gekommen waren. Ich hatte immer angenommen, dass ein Vorteil des Lebens an Land war, sich morgens auszuschlafen. An dem Morgen war mir aufgefallen, dass manche Männer ein wenig unsicher auf den Füssen waren und taumelten. Ich hatte das damals als Nachwirkungen leichtfertigen und übermäßigen Alkoholgenusses abgetan, aber jetzt bemerkte ich, dass ich mich schwer getäuscht hatte. Die Männer konnten einfach nachts nicht schlafen, es sei denn, sie waren stockbesoffen. Sie befanden sich in einem Teufelskreis. Wenn sie sich gegen das Verlangen nach Alkohol zur Wehr setzten, wurden sie von denen wach gehalten, die diesem Verlangen nachgaben. Der einzige Ausweg bestand darin, sich selbst fast bis zur Bewusstlosigkeit zu besaufen. Am nächsten Morgen schaute ich die Männer beim Frühstück mit anderen Augen an. Einer, der uralt aussah, hatte einen Fahrradschlauch um den Hals gewickelt wie eine Krawatte. Das Ventil stand nach vorne heraus wie ein Symbol der Verteidigung oder, wie die Anhänger Freuds sagen würden, wie ein kleiner Pimmel.

"Entschuldigen Sie bitte", ich ließ fast meinen Teller mir Rührei fallen. Diese heimatlichen Worte hatte ich seit meiner Abreise in St. Thomas nicht mehr gehört. Ich wendete meine Augen von dem Mann mit dem Fahrradschlauch ab und drehte mich um. Derjenige, der mich angesprochen hatte, war mittelgroß. In einer Hand hielt er einen vergammelten Hut und eine dampfende Tasse Kaffee. Es war mir aufgefallen, dass die meisten, die eine Kopfbedeckung besaßen, sich nicht damit abmühten, diese im Speisesaal abzunehmen, selbst nicht beim Essen. In der anderen Hand hielt er seinen Teller mit Rührei und ein Stück trockenes Brot. Beide Hände zitterten erheblich. Er hatte strähniges, leicht ergrautes Haar und trug eine Brille mit Stahlgestell. Sein Mantel war abgetragen, aber sauber, obwohl alle Knöpfe fehlten.

Er sprach weiter. „Möchtest du mein Ei? ... Ich bin allergisch ... Cholesterin, weißt du."

Das gab es wirklich nur in Amerika! Wir setzten uns an einen langen Tisch an der Wand, und er stellte sich vor. Er hatte eine klare wohlklingende Stimme. „... aber meine Freunde hier nennen mich den Colonel. Sie haben gerne ein wenig Hierarchie, weißt du". Er legte seinen Hut neben sich auf die Bank und nahm die zwei Scheiben Brot von seinem Teller. Danach fischte er in seinen Taschen und zog ein nicht mehr ganz sauberes Taschentuch hervor. Es war blau und grau kariert – oder war es weiß? Er legte es sorgfältig vor sich auf dem Wachstuch aus. Mit zittrigen Händen platzierte er seine Brotscheiben darauf. „Der Chef drüben im Uncle Sam hat mir gesagt, dass du so eine Art Schriftsteller bist", sagte er. Ich schätzte sein Alter auf etwa sechzig; später fand ich heraus, dass er siebenundvierzig war.

„Ach, ich habe ein paar Kurzgeschichten geschrieben, und viele Artikel."

„Auf welchem Gebiet schreibst du?", fragte der Colonel. „Ich denke, du schreibst über das Leben."

„Oh, hauptsächlich über die Seefahrt und das Segeln ... war mal Seemann."

„Ah ... ja, außerordentliche Burschen ... Melville ... er war mal lange Zeit Zollinspektor hier in New York, weißt du ... stell' dir vor, Conrad ... er war Pole ... und wie präzise und ausdrucksvoll der in Englisch schreiben konnte ..." Mit wild zitternden Händen brach der Colonel ein Stück Brot ab und schaffte es, seinen Mund zu finden.

„Du hast einen interessanten Akzent, Colonel", sagte ich, „es gibt so viele Leute hier, und ich habe immer noch die britische Angewohnheit, Personen nach dem Klang ihrer Stimme einzuordnen ... vielleicht ist das ein Fehler ..."

„Boston, alter Kerl, Boston." Er sagte das, als wäre es vollkommen unwichtig. Dann fuhr er fort: „Ach ja ... das Leben ... das ist ein interessantes Thema ... aber wenn du über die See schreibt, dann schreibst du ja auch über das Leben."

„Viele Landratten sehen es eher als die Schreibe eines Aussteigers an."

„Ahh ... mein Junge ... das sind nur die, die das Leben nicht voll gelebt haben, sie wollen all diejenigen anschwärzen, die es versucht haben oder die es tun – das Leben voll leben. Menschliche Natur!" Irgendwie schaffte es der Colonel, seine Kaffeetasse an die Lippen zu führen. Dabei verschüttete er etwa die gleiche Menge, die er trank. „Herr im Himmel", sagte er.

Meine Neugier war geweckt. „Was meinst du damit, das Leben voll leben, Colonel?"

„*Faux pas*, alter Junge. Gibt es nicht. Was ich in Wirklichkeit sagen will, ist, dass wir denken, wir leben das Leben voll. Das Leben mag breit sein, hoch und nobel, aber es ist nie richtig voll ... niemals wirklich voll. Es gibt immer etwas anderes nebenher, Energie, Aktivität, Schulden ... was hoffentlich zur Kreativität beiträgt ... und Gefühle ... ich denke, sie sind der Spiegel vom Rest ..."

„Denkst du, dass dein Leben, wie sagtest du? Denkst du, dass dein Leben voll ist?"

„Natürlich ist es das, alter Junge, natürlich ist es das!"

„Von was ist es denn voll?"

Der Colonel suchte sorgsam die Worte zusammen, dann sagte er: „Voll Trägheit, mein Freund ... voll mit verdammter Trägheit."

An diesem Punkt unserer Unterhaltung wurden wir durch einen haarigen, anscheinend jüngeren Mann unterbrochen. In der Bowery wird das Alter bestimmt durch das Verhältnis einer bestimmten Anzahl Jahre in Bezug auf die Summe der Jahre in der jeweils anwesenden Menschengruppe geteilt durch das Lebensalter von siebzig Jahren. Ich machte eine schnelle Kopfrechnung. Im Speisesaal des Männerheims schätzte ich die Summe der Jahre aller Anwesenden auf 6700, also war der Behaarte, wenn er fünfundzwanzig war, hier in der Bowery erst zwei Wochen alt.

„Hallo, Colonel, was machst du so, Mann?"

„Ah, Jimmyjo ... und wie geht's dir an diesem herrlichen Morgen?", sagte der Colonel.

Jimmyjo sah aus wie das Uniformjackett eines US-Leutnants, aus dem am Kragen rotbraunes Haar heraus wucherte. Es schien nicht auf seinem Kopf zu wachsen, sondern als Wildwuchs aus dem Kragen der Kakijacke nach oben ins Freie zu sprießen. Es schien, dass sein Bart noch nie getrimmt worden war, geschweige denn gekämmt oder gebürstet. Der Bart wucherte über sein gesamtes Gesicht, das dahinter verborgen war. Alles, was man hinter der Masse von Haar sehen konnte, waren zwei blutunterlaufene Augen. Er sah aus wie ein lüsterner Terrier, der durch einen Heuhaufen hindurch blickt. Wenn er sprach, dann schwankte er von einer Seite zur anderen wie eine kleine Segeljolle vor Anker bei Sturm.

„Ganz prima, Mann, *cool*", sagte Jimmyjo und schaute zu mir herüber. „Wer ist denn dein Kumpel da, Colonel?"

„Ah ... das ist ein Bekannter von mir, aus England ... Kapitän Jones. Er ist ..." Der Colonel schaute mich von der Seite an, grinste und sagte mit Befehlsstimme: „Er bleibt eine Weile bei uns ... er wohnt ... er logiert im Uncle Sam."

„Bearbeitet er Howston mit uns?" fragte Jimmyjo und winkte mir mit einer Pranke zu, die einem jungen Metzgergesellen große Ehre gemacht hätte.

„Ah ... nein", sagte der Colonel, „ich fürchte, mein Freund ...", er schaute mich wieder durch die Gläser seiner Stahlbrille von der Seite an. Er erinnerte mich an einen Schullehrer. „... er hat andere Verpflichtungen."

„Er macht etwas anderes ... was macht er denn?“, wollte Jimmyjo wissen.

„Der Kapitän wagt sich in das Reich der Literatur vor ... im Uncle Sam, im Büro des Chefs“, sagte der Colonel.

„Huh?“

„Ah ... er schreibt ein Buch.“

„Aww ... heh ... Scheiße ... also ... mach's gut Colonel ... bin schon auf dem Weg nach Howston ... brauch' noch Kleingeld ... bis dann, Kumpel.“ Jimmyjo winkte mir wieder mit seiner Pranke zu und nahm Kurs auf die Eingangstür. Er schob sich durch die zerlumpte Menge, die um uns herumstand, als wartete sie auf einen Zug, der nie ankommen würde.

„Howston?“, sagte ich zum Colonel, „ich denke er meint Houston, das ist in Texas, nicht wahr? Das ist ein weiter Weg...“

Der Colonel brach in ein schreckliches Zittern aus, halb Lachen, halb Husten. „Ah ... nein, mein Freund ...“, sagte er endlich, als er sich ausgehustet und die Hälfte des Brotes in seinem Mund auf den Boden gespuckt hatte. „Es ist der Name einer Strasse – eigentlich ziemlich in der Nähe. Die Jungs gehen da runter und putzen die Scheiben von den Autos, die an der Ampel halten müssen, weißt du. Sie verdienen nicht schlecht dabei – in vier oder fünf Stunden machen sie ... oh ... genug für ein Bett, eine Flasche Wein und vielleicht noch ein paar Zigaretten.“ Der Colonel stand auf, oder besser, er stellte sich zitternd auf die Beine. „Also, eigentlich bin ich auch auf dem Weg dahin ...“, sagte er, „wenn du mitkommen willst, kannst du das gerne tun. Natürlich darfst du nicht arbeiten ... wir sind sozusagen eine geschlossene Gesellschaft ... ziemlich geschlossen, aber es würde ein interessanter Ausflug für dich sein, oder ?“ Während er das sagte, waren seine Augen lüstern auf einen anderen gerichtet, der einen langen Zug aus einer Flasche nahm, die in einer braunen Papiertüte verborgen war.

„Danke, Colonel, aber ich kann natürlich nicht lange bleiben ... ich will einen Artikel mit neuntausend Worten für ein Magazin schreiben ...“

„Ah ... wirklich?“ Die Augen des Colonel gingen nach oben. Dann starrte er mich einen Moment lang an und strahlte. „Du *hast* doch einen Vertrag – hoffentlich.“

„Nein, noch nicht. Erst schreibe ich den Artikel, und dann gehe ich nach Uptown und mache die Runde ...“, sagte ich als wir uns durch die Menge zur Tür drängten.

Nie zuvor hatte ich gehört, was der Colonel nun sagte, weil er es so aussprach, wie es eigentlich nur geschrieben wird. „Tuut tuut“, sagte er,

„mein Junge, in diesem Land musst du zuerst einen schriftlichen Vertrag machen, bevor du auch nur deine Feder zum Schreiben auf das Papier setzt." Es war der erste literarische Rat, den mir jemand im Leben gegeben hatte.

Draußen war es ziemlich kalt, aber viel milder als in den vergangenen Tagen. Die Sonne schien blass auf die Figuren der Männer, die auf den Bürgersteigen der Bowery entlang schlurften, besitzeinnehmend auf den steinernen Häusertreppen saßen oder ziellos durch die Berge von Müll und die Regenpfützen auf den unbebauten Flächen zwischen den Häusern umher wanderten. Als wir weiter gingen, erklärte mir der Colonel die einzelnen Kategorien, nach denen sich die Figuren einteilen ließen und nach welchen Regeln sie ihr Geschäft machten. Auf der untersten Stufe der Skala standen die mittellosen Nichtstuer. Es waren die Krüppel – die „Gelähmten", wie der Colonel sie nannte, als wenn eine vornehmere Bezeichnung ihr Elend lindern könnte – und diejenigen, die zu alt waren um herumzuwandern. Mit Ausnahme der ehemaligen Armeezugehörigen, die eine kleine Pension bekamen, passten die höheren Kategorien mehr oder weniger auf diese Leute auf.

Ein Mann ging an uns vorbei, alt und schmutzig. Er hatte derbe Stiefel an und zerfetzte Frauenkleider, einschließlich Hut und Mantel. Er sang leise vor sich hin.

Die Mülldurchwühler standen ziemlich oben auf der Skala, genau so wie die Autoscheibenwäscher, aber die *crème de la crème* waren die Parkplatzwächter. Sie konnten Extra-Geld machen, wenn sie den Straßenmädchen und ihren Kunden geparkte Autos für ihr Vorhaben zur Verfügung stellten (der Colonel nannte das „für ihre Verhandlungen"). „Manche Parkplatzwächter machen zwanzig ... fünfundzwanzig Dollar am Tag ...", erklärte der Colonel, dann fuhr er mit bedauernder Stimme fort, „... aber leider haben unsere karibischen Freunde dieses Marktsegment ziemlich fest im Griff." Dann hellte sich sein Gesicht wieder auf. „Ein großer Vorteil unserer amerikanischen Autos – viel Platz drin." Wir warteten darauf, dass die Fußgängerampel auf grün springen würde. Ich beobachtete das Gesicht des Colonel, es war wie eine Silhouette, ernst. „Ich weiß nicht, wie sie das machen werden, wenn sich die ausländischen Kleinwagen immer mehr durchsetzen."

Eine junge Frau ging vorbei, schwarz. Sie sah aus als hätte sie Elephantiasis. Bei jeder Bar, an der wir vorbei gingen, erklärte mir der Colonel, zu welcher Zeit man dort kostenlose Häppchen bekommen konnte. Für den Preis von einem Bier konnte man zusätzlich noch etwas zum Essen bekommen. Demzufolge könnte ich meine Verpflegungskosten auf fünfundsechzig Cent herunterschrauben.

An der Ecke von Bowery und Houston war eine rege Geschäftstätigkeit im Gange. Auf einer Seite der Straße gab es einen kleinen Flohmarkt, wo die besseren Stücke der Müllverwerter verscherbelt wurden – alte Klamotten, alte Tischchen, Stühle, Spiegel, das meiste war unbeschreiblich vergammelt und kaputt. Die Ausstellung diente hauptsächlich dazu, die Neugier der Autofahrer zu erregen, die an der Ampel halten mussten. Sobald die Ampel auf rot schaltete, begannen der Colonel und sein Team ihre Aktivitäten. Der Colonel erklärte mir, wer jeder war. Jimmyjo, Big Bluey – woher der Name kam, wusste selbst der Colonel nicht, denn Bluey, der Blaue, war rabenschwarz, Hot Shot kam aus Haiti, dann Denver Kid, der so dünn war wie ein Kadaver und etwa fünfundsechzig, und Maximum, mit fassförmigem Brustkorb und Igelkopf. Auf der anderen Seite der Strasse starrten verlassene Fenster ins Leere wie trauernde Witwen.

„Maximum?“, fragte ich den Colonel.

„Ah ... das kommt daher, wenn ihn jemand fragt, wie es ihm geht, dann ist das seine Standardantwort, mein Junge ... aber nenne ihn nur nicht Max ... das hasst er.“

Zwanzig Meter weiter lag ein jüngerer Mann im Rinnstein und stöhnte.

Während ich noch diese lebendige Demonstration amerikanischen Geschäftssinns und seiner Organisation beobachtete, erklärte mir der Colonel das System.

„Also ... pass' auf, sie gehen niemals auf die Insassen eines Taxis los und fragen nach Knete. Es wäre nicht gut, die Taxifahrer als Feinde zu haben, nicht wahr?“

„Denke nicht.“

Das Team des Colonel schien die Stimmung eines Autofahrers blitzschnell beurteilen zu können. Wenn der Fahrer Witze machte, machten sie auch welche; wenn er lachte, lachten sie auch; wenn er schwieg, schwiegen auch sie. Die ganze Operation war ein bühnenreifes Schauspiel, es gab einen Rhythmus, als wenn das Ganze zu Musik stattfinden würde. Wenn die Ampel grün war und die Autos vorbei röhrten, stand das Team in Bereitschaft, dann wurde die Ampel rot, und der Verkehr kam zum Stillstand. Die Truppe übernahm die Bühne und tanzte in Aktion, jeder spurtete auf einen Wagen zu, wenn nur ein Fahrer und vielleicht ein Passagier darin saßen. Aber manchmal, wenn es ein Auto von außerhalb der Stadt war oder mehrere Passagiere darin saßen, übernahmen zwei aus dem Team den Job, als wollten sie den Wagen verschlingen. In mehr oder weniger perfekter Synchronisation wischten sie die vorderen und hinteren Scheiben. Es lag so eine Art Zirkusclown-Atmosphäre über dem Ganzen, und die Situation war gleichzeitig wie ein surrealistisches Ballett. Auf der Bühne hatte ich bestimmt schon schlechtere Aufführungen gesehen, weniger perfekt synchronisiert und sicherlich mit weniger Aktion. Der Colonel stand auf dem Gehsteig wie ein Ringrichter oder besser wie ein Choreograph, und die ganze Zeit wehte der Wind Papierfetzen von den Müllhaufen über die Straße, wie Fahnen und Wimpel, mit einem Geräusch wie klatschende Zuschauer. Alle Mitglieder des Teams waren in Lumpen gekleidet und schienen mit offenen Augen zu träumen – von einer Flasche Fusel vielleicht, aber ihr Auftritt war deswegen nicht weniger eifrig und emsig. Zwischen ihren Einsätzen lagen regelmäßig Pausen, in denen sie geduldig auf dei nächsten Fahrzeuge warteten.

„Einige der Fahrer können sehr unangenehm werden“, kommentierte der Colonel, „zwei oder drei Mal haben sie 'ne Waffe gezogen ...“

„Waffen?“ Riesige Lastwagenmonster donnerten an uns vorbei und spuckten Dieselqualm aus, die Gänge krachten, als würden sie den Stadtverkehr verfluchen.

„Polizisten, ohne Uniform, dienstfrei“, brüllte der Colonel, um den Höllenlärm zu übertönen. Er zog eine Flasche aus seiner Manteltasche.

„Oh.“

„Die Touristen von außerhalb sind die besten Kunden, weißt du, Kapitän. Sie kommen auf ihrer Fahrt zur Williams Bridge hier durch. Ich denke, die glauben, dass die Brücke ein Denkmal aus der Kolonialzeit ist.“

Eine Frau im mittleren Alter, schmutzig, mit Einkaufsbeuteln aus Papier und Plastik, schlurfte langsam auf dem Gehsteig entlang. Sie sang oder fluchte vor sich hin. Der Colonel nahm einen Schluck aus der Flasche, als sie vorbei war.

„Wie kommen diese Männer alle hierher, ich meine ins Männerheim ... wie reisen sie hierher? Es scheint, dass sie aus allen Ecken der Vereinigten Staaten kommen.“

„Ah ... nicht nur aus den Vereinigten Staaten, aus ganz Nordamerika!“, sagte der Colonel fast stolz. „Unsere Freunde von nördlich und südlich der

Grenze kommen oft hier her.“ Er nahm wieder einen Schluck aus der Flasche, die in einer Papiertüte steckte.

„Also, wie machen sie es? Fahren sie immer noch als blinde Passagiere auf den Zügen, so wie früher?“

Der Colonel sah mich an, als wäre ich ein Kind. „Ah ... nein, mein Freund, keineswegs. Also, ich korrigiere mich, nur sehr wenige machen das. Nein ... die Bustickets sind heutzutage so billig, dass sie – nein, dass wir, denn ich reise auch jedes Jahr eine beachtliche Strecke – also, wir reisen ganz komfortabel mit den Greyhound-Bussen über die Interstate Highways.“ Er dachte einen Moment lang nach. „Die Interstate Highways sind eine feine Sache, eine der besten Sachen, die man gebaut hat. Für nur sechzig Dollar kannst du quer durch das ganze Land reisen.“

Maximum kam herüber zum Gehsteig getrabt. „*Goddam!*“, sagte er.

Der Colonel begrüßte ihn. „Ich hoffe, es geht dir gut, Maximum!“

„Dieser verfluchte Wichser ... dieser elende Schwanz aus New Jersey.“ Maximum tobte und hatte einen gepeinigten Ausdruck im Gesicht. Es war so groß wie ein Preisboxer, schwer und kräftig. So wie er neben dem Colonel stand, erinnerten mich die Beiden an ein Schlachtschiff mit einer Versorgungsbarkasse an der Seite.

„Wen meinst du denn?, fragte der Colonel.

„Das verlauste Arschloch in dem verdammten Taxi mit den Jersey Schildern!“ Maximum richtete seine Geschütze auf ein entferntes Auto, das gerade an der nächsten Ampel, an der Kreuzung von Houston und First, seine Fahrt verlangsamte.

„Fehlt dir was, mein Freund?“, fragte der Colonel. „Nicht Maximum heute?“

„*Yeah* ... Maximum heute stinksauer.“ Maximums Stimme wurde eine Oktave tiefer. „Verschissenes Arschloch, lässt mich seine Windschutzscheibe putzen und gibt dann einfach Gas – nicht mal einen einzigen verdammten Penny!“

„Ah ... also“, sagte der Colonel, „jeder Beruf hat seine Schattenseiten.“

„Red' nicht so einen verdammten Blödsinn, Mann“, sagte Maximum. Er nahm einen Schluck aus der braunen Papiertüte, die der Colonel ihm hin hielt. Maximum legte seinen kurzgeschorenen Kopf zurück und ließ den Wein durch seine Kehle gluckern. Dann sagte er leise: „Ich hoffe, dass dieser Arschficker aus Jersey Angelhaken in seinem Spaghettifrühstück hat und dass er sich die verdammten Därme rausreißt, wenn er scheißen geht.“

„Du hast ja recht, Maximum ... hast ganz recht!“, sagte der Colonel leise, wie zu sich selbst.

„Ich hoffe, der Scheißlackaffe fällt von der verdammten Brücke.“

„Auch das“, sagte der Colonel und starrte abwesend auf das Dach eines ausgebrannten Gebäudes in der Ferne. Er machte ein Pause, um den Höhepunkt des quietschenden kreischenden Verkehrs vorüber gehen zu lassen. Dann drehte er sich zu mir um.

„Ah ... Kapitän, ich möchte dir meinen guten Freund Maximum vorstellen.“

„Erfreut dich kennen zu lernen“, sagte ich, als die Ampel auf rot sprang.

„*Yeah*“, sagte Maximum, „dieses verdammte Arschloch ...“ Er drehte sich um, rollte seine Schultern zur Straße hinüber und ging wieder an die Arbeit.

Etwa eine Stunde lang schaute ich den Aktivitäten auf der Straße zu und unterhielt mich mit dem Colonel. Er war ein belesener Mann. Nach zwei Schluck Irish Rose konnte er Shakespeare zitieren, Milton, Blake und Dostojewski. Ich dachte, ich müsste mich langsam an die Arbeit machen. Etwas widerwillig trat ich den Rückweg an den endlosen Autoschlangen entlang zum Uncle Sam und dem Büro des Hausmeisters an.

Viel später erfuhr ich von Maximum, dass der Colonel bis 1970 Universitätsprofessor gewesen war, bevor er sich der Flasche zugewandt hatte und in der Bowery landete.

Schriftsteller brauchen Ruhe und Frieden, um sich konzentrieren zu können. Sie sollten ihre Gedanken und Erinnerungen in sauberer und ordentlicher Manier aufschreiben und grammatikalische Ordnung in den Wirrwarr der Ereignisse bringen, die scheinbar nur geringfügig miteinander zusammenhängen, aber trotzdem das wirkliche Leben ausmachen. Einen Schriftsteller sollte man lesen und nicht beobachten. Nur ehrgeizige Einzelgänger und Mittelmäßige stellen ihr Werk in unbehauener Form vor. Schriftsteller sollten verschwiegen sein, vage. Sie sollten Zweifel haben an dem Werk, an dem sie gerade arbeiten, und sie sollten es mit niemandem diskutieren. Schriftsteller sollten sich in Isolation befinden und einen Ausblick haben, der den kreativen Prozess, der wie Blasen in ihrem Gehirn aufsteigt, nicht stört – eine nackte Backsteinwand vor dem Fenster ist dafür ideal. Schreiben ist eine einsame Angelegenheit, jeder, der einen Schriftsteller dabei stört, wird als natürlicher Feind empfunden. Schreiber sollten ganz allein sein, ungestört. Wenn sie ihren Job ernst nehmen, sollten sie jeden Eindringling bissig anfallen, bis das Werk vollendet ist.

Weil mir bisher noch niemand davon erzählt hatte, wusste ich glücklicherweise nichts von all dem, als ich mich im Uncle Sam an die Arbeit machte. Nach einer Woche hatte ich zwei Entwürfe meiner neuntausend Worte geschrieben – drei Kapitel einer Serie, die von meinen Erfahrungen während der *Unglaublichen Seereise* handelten.

Die meiste Zeit schaute mir dabei jemand über die Schulter oder quasselte mir ins Ohr. Wenn Peter der Chef mit seinen klappernden und scheppernden Eimern in den Raum kam, übernahm er sofort das Kommando. „Hey, ihr Typen, lasst den Käp'ten um Himmelswillen arbeiten – seht ihr nicht, dass er ein wichtiges Werk zu schreiben hat. Schert euch zum Teufel ..." Daraufhin entflohen die Bösewichte blitzartig. Peter kam zu mir herüber und schnappte sich das obenauf liegende Blatt, voll mit Bleistiftkorrekturen und Anmerkungen.

„Ay ... das ist ja schon 'was!"

„Ich strenge mich an", sagte ich und versuchte, Peters Anwesenheit aus meinem Gehirn zu verbannen.

„Und alles mit nur zwei Fingern getippt!"

Ich hielt in meiner Tipperei inne.

„Muss hier sauber machen ...", sagte Peter, „geh' eine Zeit lang an den Tisch in der Rezeption ... Charlie macht das nix aus ... hab' ihm von dir erzählt."

Ohne überhaupt darüber nachzudenken, schnappte ich wie ein Schlafwandler meine Schreibmaschine, mein Papier, die Bleistifte und zog um. Die Rezeption bestand aus einem winzigen Verschlag, der von der Eingangshalle durch die Theke getrennt war. Auf dem Tisch gab es keinen Platz; ich stellte meine Schreibmaschine auf einen Stuhl und machte weiter. Es war immer noch bequemer als in der winzigen Kabine von *Sea Dart*.

„Will ein Bett", wimmerte eine Stimme.

„Okay, schreib' hier deinen Namen auf", sagte Charlie monoton.

„Kann nicht schreiben", sagte die Stimme.

Charlie knurrte. „Wie heißt du, Typ? Ich schreibe für dich." Im Hintergrund plärrte das Radio Musik heraus, Songs von Liebe und Herzschmerz, und ich hackte weiter auf der Schreibmaschinentastatur.

Als ich mich in der Woche darauf mit meinem kostbaren braunen Briefumschlag und meinen Logbüchern auf den Weg nach Uptown machte, hatte ich immer noch die geschenkten U-Bahnmünzen in der Tasche. Ich stieg an der Thirty-fourth Street aus. Es war Anfang März. Ich ging zum Büro einer Yachtzeitschrift, die sich an die Wohlhabenden wendet und an die, die es gerne wären. Zweimal hatte dieses Magazin bereits Artikel von mir abgelehnt – das erste Mal eine Geschichte aus dem Indischen Ozean, damals 1971, und das zweite Mal 1974, nachdem sich *Sea Dart* als das kleinste bekannte Schiff, das dies je geschafft hatte, dreitausend Seemeilen gegen den Humboldtstrom von Panama nach Callao vorangekämpft hatte. Die Redaktion der Zeitschrift hatte mir mitgeteilt, dass sie dachte, „dass ihre Leser an so weit entferntem Material nicht besonders interessiert wären", und dass „sie die Geschichte für ihre Leserschaft ungeeignet fänden." Ich dachte, wenn ich persönlich bei Ihnen vorspräche, würden sie das „weit entfernte" Material vielleicht als „passend" einstufen.

Vom Verhalten des Herrn und seiner beiden weiblichen Assistentinnen her, die mich empfingen, wurde mir bald klar, dass sie mein Material wiederum für ihre Leserschaft als „nicht geeignet" empfanden. Der Herr, der auf mich den Eindruck machte, dass er eher im Boudoir einer Herzogin zu Hause wäre, blätterte durch meine kostbaren Seiten, drehte sie zimperlich hin und her, als würde er Hammelkoteletts begutachten, um festzustellen, ob sie auch für den Tisch der Herzogin in Frage kämen und schüttelte mit mildem Lächeln den Kopf. Die beiden jungen Assistentinnen begutachteten mich und zogen sich zurück, als es ihnen langweilig wurde. Offensichtlich war mein Material wiederum „ungeeignet" – es gab da einen Kaffeefleck auf Seite vierzehn – Peter hatte mir wieder einmal aufmunternd auf die Schulter gehauen.

Ich bot an, dem Herrn meine Logbücher vorzulegen, aber die Buchdeckel waren vergammelt, und seine Nase legte sich in Falten.

Nein es schien, dass die ganze Sache nicht ihren Maßstäben entsprach, weder in sozialer Hinsicht noch was das Material anging, außerdem weder in ästhetischer, literarischer, hygienischer und sicherlich auch nicht in moralischer Hinsicht.

Ich ging zurück auf die Straße und machte mich wieder auf den Weg zum Büro des *„Rudder"* Magazins. Den Herausgeber, Martin Luray, hatte ich einige Wochen zuvor in der Karibik kennen gelernt.

„Hi, Tristan", Martin war ein kleiner, dünner, lakonischer und angenehmer Mann. „Was kann ich für dich tun? ... Wie wär's, wenn wir zusammen

Mittagessen gehen?“ Er hätte mir weitaus Schlimmeres anbieten können.

Als wir mit dem Lift nach unten fuhren, sagte ich Martin, was mit mir los war. In der Eingangshalle des Gebäudes schnappte Martin meinen Briefumschlag und blätterte ein paar Minuten lang durch meine Manuskripte. Dann schob er die Seiten wieder in das braune Couvert.

Ich wartete. Ich hatte genau noch achtzehn Dollar und fünfzehn Cent.

„Wir könnten drei deiner Geschichten brauchen“, sagte Martin. Wir nahmen Kurs auf ein Café in der Nähe. Der Lärm des vorbeibrausenden Verkehrs klang in meinen Ohren wie ein Halleluja-Chor oder wie die Geräuschkulisse in einem Rugbystadium in Wales nach einem Touchdown der Heimmannschaft. Irgendwie hörte ich ihn sagen: „Ich kann dir neun anbieten für die ganze Mappe. Drei pro Stück.“

Ich musste ihn falsch verstanden haben, dachte ich – „Neunzig Dollar?“, schrie ich auf.

Martin grinste mich an. „Nee, du Dummkopf – neun*hundert* für die komplette Serie, dreihundert das Stück! – Ich behalte sie gleich hier.“ Wie im Nebel gab ich ihm den Umschlag.

Die Musik in meinen Ohren übertönte jetzt den Verkehrslärm. „Wann krieg' ich das Geld?“

„Ich veranlasse heute Nachmittag, dass man einen Scheck fertig macht – es wird etwa eine Woche dauern – du kannst ihn am nächsten Montag abholen.“ Beim Mittagessen in dem überfüllten Café sprach ich mit Martin über einige meiner Erlebnisse auf See, aber meine Gedanken waren ganz wo anders – jetzt konnte ich heraus aus dem Uncle Sam, und ich konnte realistisch an der Rettung von *Sea Dart* arbeiten.

Als ich mich von Martin trennte, jubilierte ich innerlich. Ich war so sehr in Hochstimmung, dass ich vergaß, ihn zu fragen, ob er mir zehn Dollar Vorschuss geben könnte. Als es mir einfiel, war es zu spät, noch einmal in die Rudder-Redaktion zu gehen. Deshalb machte ich meinen zweiten Telefonanruf, seit ich in New York angekommen war. Zehn Cents.

„Mr. Luray?“

„Am Apparat ... bist du das, Tristan?“

„Ja, ich frage mich, ob es möglich wäre, den Scheck über achthundertfünfzig Dollar auszustellen und mir am Montag fünfzig Dollar in bar zu geben, bitte?“

„Na klar, ich sage es meiner Sekretärin. Ruf' mich so gegen drei an, okay?“

„Danke!"

Ich machte mich auf den Weg zum Duke Hotel. Es war noch zu früh für Joe, der Nachtschicht hatte. Aber Fies war gütig genug, mir einen Zettel zu geben, auf dem Joe etwas für mich hingekritzelt hatte.

„Dringend mit mir Kontakt aufnehmen – Hank", stand drauf und eine Telefonnummer. Ich ging zur Sixth Avenue und suchte ein Telephon. Es ging mir jetzt so gut, dass ich gar nicht mehr umrechnete, wie viel Essen oder Trinken ich für die Münzen, die ich in den Schlitz schob, bekommen könnte. Es war eine Nummer außerhalb der Stadt – fünfunddreißig Cents. Eine ganze Handvoll meiner lebenserhaltenden Barschaft kollerte in den Apparat.

„Hey, Tristan, wie geht's denn so?"

„Oh ... rauf und runter, und bei dir, Hank?"

„Hör' zu Tristan, bring' deinen verdammten Arsch hier herauf, nächste Woche! Verstehst du?"

„Wo bist du denn?" Ich hatte einen Brief an Hank geschrieben, aber an die Adresse seines Fliegerclubs, die er mir während der Reise mit *Sea Rider* gegeben hatte. Er gab mir seine neue Adresse.

„Hey, jetzt hör' ganz genau zu!", sagte er. „Da war vor ein paar Tagen so ein Typ in meinem Restaurant... das wird mir einfach keiner glauben, Tris ... und er war aus Texas, und er hatte seinen Namen auf meiner Werbetafel am Highway gesehen ... Er hat den gleichen Namen wie ich, verstehst du? Und er war neugierig und kam zum Lunch herein. Es war eine ruhige Zeit, und ich hab' ihm erzählt, dass ich mit dir gesegelt bin, und der Typ ist auch Segler ... weißt du, ein Yachtie, drunten in Texas, und er hat einiges von deinem Zeugs gelesen. Also hab' ich ihm ein paar von diesen verrückten Geschichten erzählt, mit denen du uns auf der Reise unterhalten hast, weißt du, manchmal musstest du uns deine Logbücher zeigen, sonst hätten wir geglaubt, es wäre alles Seemannsgarn. Also, der Kerl hält Aktien von einer Verlagsgesellschaft in Texas ... und als er gegangen ist, hat er gesagt, er würde mit den Direktoren reden. Also, einer der Direktoren hat mich angerufen ...er will dich treffen. Er heißt Jim Andrews und er ist ganz verrückt wegen deinem verdammten Buch. Also, wann kannst du herauf kommen?"

„Wart' einen Moment, Hank, muss nachdenken", in meinem Kopf drehte sich alles.

„Wie wär's mit Montag?"

Am Montag konnte ich den Scheck bei *Rudder* abholen.

„Dienstag wäre besser."

„Gut ... ich rufe Jim Andrews an und frage ihn, ob er Donnerstag kann, aber du bringst deinen Arsch auf jeden Fall hier 'rauf, okay?"

„Okay, Hank, ich komme hin." Halleluja – Halleluja!

„Richtig ... wir sehen uns am Dienstag!", sagte Hank. Das Telefon klickte. Jemand anderes wollte das Telefon benutzen. Ich stolperte ein paar Schritte weg und lehnte mich an den Zaun eines Handballfeldes. Drinnen spielten etwa hundert Kinder Basketball. Aber ich sah keinen Menschen, und auch den brausenden Verkehr auf der Sixth Avenue nahm ich überhaupt nicht wahr.

Nach der Sonne, die mir auf die rechte Schulter schien, schätzte ich, dass es später Nachmittag war.

Ich starrte auf die Backsteinmauer auf der anderen Seite des Spielfeldes. Ich hörte das Rauschen der See, hörte die Basstölpel kreischen, sah das Durcheinanderwirbeln der Sturmschwalben, das Schweben der Albatrosse, sah die Kurve des Segels über mir, merkte wie der Bug sich hob und klatschend in die See einsetzte und sah die Billionen Blitze im Kielwasser der Nacht. Ich stellte mir einen Fremden vor, der zufällig den gleichen Nachnamen hatte wie Hank, wir er auf dem Highway entlang fuhr ...

„Und das nennt man Zufall", sagte ich zu mir selbst, immer und immer wieder. *„Das nennt man Zufall!"*

Ich erinnerte mich an den kleinen Vogel, der urplötzlich aus dem Regenschauer vor der kolumbianischen Pazifikküste heraus geflogen kam. *Sea Dart* wurde geprügelt, hin und her geworfen, dreihundert Seemeilen weit draußen. Ich hatte das kleine Federbündel vom Deck aufgelesen, wo es liegengeblieben war und hatte mich sehr gewundert, wie es möglich war, dass es meinen Kurs gekreuzt hatte da draußen in der grauen Wildnis, in der sich die Wolken zerfetzten und der Wind heulte wie ein Bulle, den man kastrieren wollte. War das auch ein Zufall gewesen? Ich starrte weiterhin auf die Backsteinwand des Spielfeldes und erinnerte mich, wie der Vogel gerade lange genug geblieben war, um nervös an meinen Mahlzeiten zu picken und zu schlafen. Ein winziger Federball aus Unwichtigkeit. Er saß bis zum Morgen auf dem Achterstag; ich beobachte ihn, als er sich aufrichtete, seine Flügel ausschüttelte und seiner eigenen Bestimmung entgegen flog, nach Westen, wo der leere Horizont sich aufgehellt hatte. Ich sah ihm nach, bis er in der Weite verschwand, ein winziger Punkt Leben.

Es war, als wenn er einen Teil von mir mitnehmen würde. Dann hatte ich mir die Gedanken an den Vogel aus dem Gehirn gezwungen, hatte die Schoten dichter genommen und mich wieder auf den Kampf mit dem kalten, freudlosen, sadistischen Humboldtstrom konzentriert. Wann war das gewesen? – Vor drei Jahren?

Aber warum gerade ein Verleger aus Kansas City? Einem Ort, der so weit von der See entfernt ist, mitten im Herz der Vereinigten Staaten? Nach einer Zeit, in der ich weiterhin auf die Backsteinmauer starrte, dachte ich mir, dass ich die Antwort auf diese Frage irgendwann in der Zukunft erhalten würde. Es gab irgendwie ein Schema hinter allem.

Dann drehte ich mich plötzlich um. Es war Nacht, und es regnete. Auf meinem Weg zurück zum Uncle Sam ging ich bestimmt an Tausenden von Leuten vorbei, aber ich nahm keinen Einzigen von ihren wahr, der kalte Märzregen trübte meine Augen.

Am darauffolgenden Montag leistete ich mir mein erstes Taxi nach fast sieben Jahren – vom Times Square zu einer Bank im Village. Ich kam dort zehn Minuten vor Ladenschluss um vier Uhr an.

Zwei Stunden später hatte ich ein Zimmer in einem dreistöckigen Gebäude in Greenwich Village, das einzige Möbel war ein ausgedienter Friseurstuhl – oder ein Zahnarztstuhl? Schwarzes Öl war aus den Zylindern ausgelaufen und sickerte in den Fußboden.

„Ist ein sehr schönes Zimmer", sagte der puertoricanische Hausmeister. „Schau', fließend Wasser und alles." Er drehte an einem Hahn über dem winzigen Waschbecken an der Tür. Erst kam ein Spritzer, dann ein Gurgeln, und dann lief braunes Brackwasser heraus. Ich starrte den Hahn an wie ein Wunder, ich bekam Frischwasser frei Haus geliefert! Keine Eimer mehr und keine Kanister! Und keine meilenweite Ruderei im Beiboot!

„Es gibt kein Bett?", sagte ich zum Hausmeister. „*Una cama ... no tengo.*"

Er war etwa einssiebzig groß, fett, mit dünnem Haar und blauen Augen – der Farbe von Galizien ... entfernte Verwandte der Kelten. Er hatte ein altes graues Jackett an, darunter ein Khakihemd und einen Overall, eine flache Kappe auf dem Kopf und Strohsandalen an den Füßen. Er machte auf mich den Eindruck, als hätte er große Zahnschmerzen. „Huh ... *que*?"

„Ein Bett ... *una cama*", erklärte ich.

„Ah, die Bett ... kein Problem, mein Freund", er brach in ein breites Grinsen aus, „komm' mit mir mit." Er marschierte aus der Tür hinaus auf den Treppenabsatz. Er drehte sich nach mir um, verbeugte sich vor mir wie ein Torero und hielt seine Jacke wie eine Muleta vor sich hin. „Komm, komm ... ich hab' ein Bett ... ich hab' ein sehr schönes Bett für dich!"

Wir gingen die Treppe hinunter, hinaus in den verlotterten Hinterhof, der von den Rückseiten der anderen Häuser begrenzt war; überall lag Müll herum. Es gab eine Reihe zerbrochener Statuen, und jemand hatte früher einmal versucht, Blumen und Pflanzen zu züchten. Übrig geblieben davon waren einige große Büsche, unter denen jetzt ein Motorrad geparkt war. Wir gingen in den Kesselraum im Keller. Als sich meine Augen an die Dunkelheit gewöhnt hatten, sah ich eine Menge aufgestapelter Möbel, obenauf lag eine einzelne Matratze.

„Kannst du haben", sagte der Hausmeister. Ich gab ihm fünfzig Cents. „Okay ... und schlaf' gut! He?" Er grinste und zeigte sein fabelhaftes Gebiss. Ich schaffte die Matratze die Treppe hinauf und in meine Höhle. Dann lieh ich mir einen Eimer und Putzmittel vom Chef und ging an die Arbeit. Ich schrubbte die Wände und den Fußboden. Als ich fertig war, begutachtete ich meine neue Bleibe. Sie war sieben Meter lang, fünf Meter breit und vier Meter hoch, sie hatte ein Fenster, ein winziges Waschbecken, einen Kamin, eine Tür, einen alten Zahnarztstuhl und eine Matratze. Ich würde mir einen Tisch aus dem Kesselraum organisieren und einen Stuhl. Mit diesen Annehmlichkeiten könnte ich dann schreiben und an meinem Buch weiter arbeiten. Ich schaute aus dem Fenster. Ich konnte die White Horse Taverne an der Ecke zur Hudson Street sehen. Ich prüfte das Türschloss und drehte den Wasserhahn vor Freude immer wieder auf und zu. Dann setzte ich mich in den Friseurstuhl und schloss die Augen.

Zum ersten Mal, seit ich damals, 1938, Llangareth in Marionydd verlassen hatte, vor achtunddreißig Jahren, hatte ich wieder eine eigene Bleibe an Land.

Früh am nächsten Morgen machte ich mich auf den Weg zur Bowery, um meine Schreibmaschine zu holen.

„Gib's ihnen, Mann", rief Peter.

„Wir alle wünschen dir viel Erfolg, Kapitän", sagte der Colonel, „für die Zukunft!"

„Yeah – zeig's den Arschlöchern!", knurrte Maximum.

Mit dem Colonel und Maximum dicht hinter mir trat ich auf die Strasse hinaus. „Hey, Käp'ten“, sagte Maximum, „danke für die ...“, er schlug sich mit einer geschlossenen Faust auf den anderen Handrücken, schüttelte sie hin und her und schob dabei die Augenbrauen hoch und runter. Dann schlurften sie davon.

„Das geht in Ordnung ... bis bald, Kumpels!“ Ich ging zur Houston U-Bahnstation. Ich hatte jedem aus der Truppe des Colonel einen Dollar gegeben, mehr wäre fast einem Todesurteil durch Suff gleich gekommen. So ließen sie heute das Windschutzscheibenputzen sein und machten sich einen freien Tag.

Aus einem Gefühl heraus, das ich mir zunächst nicht erklären konnte, dachte ich, dass ich meine Freunde irgendwie vermissen würde, dann hustete ich, schnäuzte mich, betrachtete die Dinge kurzfristig und bereitete mich darauf vor, Hank zu besuchen. So entsteht Schuldbewusstsein.

Ich ging zu dem Verleger nach Uptown, um mein Manuskript abzuholen. Fräulein Spielhammer bat fast um Entschuldigung. Nein, sie hatte noch keine Zeit gehabt, es einem der Lektoren zum Lesen zu geben. „Trotzdem, viel Glück damit, und behalten Sie uns in Erinnerung, wenn Sie wieder mal ein Buch schreiben.“

„Natürlich, sicherlich, Fräulein Spielhammer, das werde ich ganz bestimmt!“

„Hatten Sie eine schöne Zeit in der Stadt, Herr Jones? Es muss ein wunderschönes Erlebnis für Sie sein, all' die Sehenswürdigkeiten zu besuchen, die Shows am Broadway, die Nachtclubs ...“

„Oh ja, es war sehr interessant, ich habe viel gelernt.“

„Nun machen Sie aber einen Punkt, was hätten Sie schon in New York lernen können, nach all' diesen exotischen Orten, wo Sie schon waren, wie Herr Geelunker mir erzählt hat.“

„Also, ein paar Sachen habe ich schon gelernt“, ich lächelte.

„Sie verlassen uns?“

„Gehe nur für ein paar Tage aufs Land, besuche ein paar Freunde.“

„Ich wünsche Ihnen eine schöne Zeit ... schade, dass wir Ihnen nicht helfen konnten.“

„Danke, ich werde mir Mühe geben.“

Der Fahrstuhl, wie ein Bootsmannstuhl Gottes, glitt so sanft nach unten wie er heraufgekommen war. Die Kabine war voll, und ich dachte darüber nach, was ich seit meinem letzten Besuch hier alles gelernt hatte. Die Hammelherde im Fahrstuhl schob mich sachte aus der Kabine hinaus, als sie mit Gewalt zum Eingang und ins Freie drängte.

Alkoholismus, Drogenkonsum und andere selbstzerstörerische Süchte sind ein Symptom totaler Ablehnung der Dinge, die man jemandem verkaufen will oder ihm aufdrängt, bewusst oder unbewusst. Alkoholismus und andere Abhängigkeiten entstehen aus Trotzreaktionen, aber sie sind unsinnig, denn sie sind selbstzerstörerisch. In dieser Welt kann nur die Kunst eine wahre Trotzreaktion ausdrücken. Jede Art von Kunst – selbst wenn es nur ein Nagel in einem Brett ist – so lange man selbst mit seinem Werk zufrieden ist, hat man etwas für sich getan. Jede Art von Kunst – selbst wenn es nur ein Gebet ist. Und wenn die Abhängigkeit anhält, selbst nachdem der Grund dafür eindeutig identifiziert ist, dann ist das bloß ein Symptom der Schwäche ... menschliche Schwäche begründet durch Angst. Angst erzeugt durch das Nichterkennen, dass Angst das Gegenteil von Intelligenz ist.

Die Ampel schaltete auf grün, ich ging über die Straße. Midtown Manhattan wimmelte von Menschen. Auf meinem Weg zur U-Bahn dachte ich über die Tate Galerie nach und über die englischen Felder in Kent. *„War das wirklich erst sieben Monate her?“*

Teil 4:
... und dann doch hingerissen

A wand'ring minstrel I –
A thing of shreds, and patches,
Of ballads, songs and snatches,
And dreamy lullaby ...

.... And dreamy lullaby!

(Ein fahrender Spielmann bin ich,
Ein Ding aus Lumpen und Flicken
Voll Balladen, Songs und Possen
Und sanften Wiegenliedern ...

...Und sanften Wiegenliedern!)

Aus „A wand'ring Minstrel I", *The Mikado*, W.S. Gilbert

I hear America singing, the varied carols I hear,
Those of the mechanics, each one singing his as it should be blithe and strong,
The carpenter singing his as he measures his plank or beam,
The mason singing his as he makes ready for work, or leaves off work,
The boatman singing what belongs to him in his boat, the deckhand singing on the steamboat deck,
The shoemaker singing as he sits on his bench, the hatter singing as he stands,
The woodcutter's song, the ploughboy's on his way in the morning, or at noon intermissions or at sundown,
The delicious singing of the mother, or of the young wife at work,
or of the girl sewing or washing,
Each singing what belongs to him or her and to no-one else,
The day what belongs to the day – at night a party of young fellows,
robust, friendly,
Singing with open mouths their strong melodious songs.

(Ich höre Amerika singen, höre die vielen Chöre,
Die der Mechaniker, jeder singt seinen, wie es sein soll, laut und heiter
Der Schreiner singt seinen und misst seine Planken und Balken aus,
Der Maurer singt seinen, wenn er sich zur Arbeit fertig macht,
oder wenn er Feierabend hat
Der Schiffer singt das, was ihm an seinem Boot gefällt,
der Matrose singt auf dem Deck des Dampfers
Der Schuhmacher singt und sitzt auf seiner Bank, der Hutmacher singt im Stehen,
Das Lied des Zimmermanns, das Lied des Jungen, der zum Pflügen in den
Morgen hinausfährt, wenn er Pause macht, oder am Abend zurückkehrt
Das zärtliche Singen der Mutter, oder der jungen Frau bei der Arbeit,
oder das des Mädchens beim Nähen oder Waschen,
Jeder besingt das, was zu ihm gehört, und zu niemandem sonst
Am Tag sind es die Lieder das Tages – in der Nacht,
eine Gruppe von jungen Burschen, kräftig und freundlich
Sie singen aus vollen Kehlen ihre starken melodischen Lieder).

Aus *Leaves of grass* von Walt Whitman. Es gab eine Zeit, in der Whitmann seine Gedichte und Lieder von einem Handkarren auf der Eight Street, Ecke Sixth Avenue und Sheridan Square, aus verkaufte.

18 Stimmen und Vorzeichen

Der Unterschied zwischen der Bowery und Outurb war für mich ein größerer Kulturschock als der zwischen der Karibik und New York City. In der Karibik hatte ich in einer Marina gelebt, in der die Menschen mehr oder weniger dicht zusammen wohnten, herumliefen und sich meistens auf der Strasse gegenseitig grüßten. In der Bowery und im Village war das auf eine unterschiedliche Art genau so wie auch in den meisten Häfen der Welt. Aber jetzt war ich das erste Mal in den USA „auf dem Land“.

In Outurb war alles über eine riesige geographische Fläche verteilt – die Häuser, die Versorgungsmöglichkeiten wie Post, Geschäfte, Bibliothek, Kinos, Bars, Restaurants und so weiter, und damit selbstredend auch die Leute.

Outurb gab mir das Gefühl unbegrenzter Weite, es zog sich von meinem jeweiligen Standort in undefinierte Fernen hin. Aber trotzdem war es nicht das Gefühl des Raumes, wie es sich auf hoher See einstellt, wo ich wusste, dass die Bedingungen irgendwo anders als an dem Ort, an dem ich mich gerade befand, ganz verschieden sein konnten. Es war auch nicht das gleiche Gefühl, das ich irgendwo anders auf dem Land kennen gelernt hatte, wo das Land mit dem Zentrum der Erde in Verbindung zu stehen schien. Hier in Outurb hatte ich das Gefühl, dass das Land nur ein paar Meter tief war, dass es unter dem, was die Menschen darauf gebaut hatten, fast versinken würde, denn alle Bauwerke sahen viel schwerer und massiger aus als sonst wo auf der Welt. Alles war entweder groß und bewegte sich, oder es war groß und hockte in der Landschaft. Das Land schien irgendwie *temporär* zu sein.

Anfang März war die Szenerie herrlich. Die Knospen der Bäume begannen aufzubrechen, und die Sonne schien auf die Reservoirs für die New Yorker Wasserversorgung. Als ich an ihnen vorbeifuhr, suchte ich mit den Augen am Ufer automatisch nach Bootshäfen. Hanks Gastfreundschaft war großartig, die Mahlzeiten ausgezeichnet und die Unterhaltung zivilisiert. Trotzdem wusste ich, dass ich nicht lange an einem Ort bleiben konnte, an dem ich andauernd auf ein Auto angewiesen war. Die öffentlichen Verkehrsmittel waren spärlich, und ich konnte ja nicht jedes Mal Hank oder seine Familie bitten, mich zehn Kilometer in die „Stadt" zu fahren, wenn ich Papier oder Briefmarken brauchte, einen Brief abschicken oder ein Farbband für die Schreibmaschine kaufen wollte. In Wirklichkeit fehlte mir natürlich das Großstadtleben. Beim Schreiben ist für mich der Austausch von Energie eine Voraussetzung. Auf See fließt die Energie aus mir heraus, in der Stadt fließt sie von außen in mich herein, kommt von den vielen Seelen auf engem Raum, bis sie letztendlich in mein Werk hinein fließt. Auf dem Land verspürte ich überhaupt keinen Energiefluss. Es machte mit Freude das Gras anzuschauen, die Bäume und den Himmel, aber für mich war es doch irgendwie eine sterile Umgebung. Außerdem mochte ich keine Autos. Es ist mir klar, dass sie für viele Menschen einfach notwendig sind, aber ich mag nicht, was sie den Leuten antun, die mit ihnen herumfahren, und was sie der Umwelt antun. Aber das war 1976, und wenn ich den Leuten in Outurb von meinen Gedanken erzählte – dass ich glaubte, dass die Tyrannei des Automobils in den nächsten zwei Jahrzehnten zu Ende gehen würde und dass ich dieser Zeit mit Genugtuung entgegen sah – dann lächelten sie nur über mich, dachten wahrscheinlich, dass ich „wunderlich" sei.

Ich war immer wieder davon überrascht, wie sehr sich der Charakter der Personen veränderte, sobald sie sich hinter das Lenkrad eines Autos klemmten. Wenn ich mit Hank in Outurb herum fuhr, war es für mich verblüffend, dass man sich in einem Land der unendlichen Weite um einen Parkplatz streiten kann: Aufregung, Konkurrenzneid, bis hin zur offenen Feindschaft. Ich versuchte mir vorzustellen, wie viel Energie und Erregung zu einem gegebenen Zeitpunkt in der ganzen modernen Welt damit verschwendet wurde, nur weil man sich in Blechbüchsen über Asphaltflächen fortbewegt.

Die Verschwendung – diese reine, sinnlose Verschwendung überall umher – aber dazu will ich mich nicht weiter auslassen. Andere Leute haben das schon früher bemerkt als ich und darüber geschrieben, dabei kamen sie aus Ländern, die mit Seemannsaugen gesehen selbst schon verschwendungssüchtig genug waren. Ich schätzte, dass ein Durchschnittshaushalt in Outurb in einer Woche mehr Ressourcen in Abfall verwandelte als ein Durchschnittshaushalt in vielen Teilen der Welt in einem Jahr zum Leben braucht. Ich will damit keine Kritik üben – eher das Gegenteil bewirken. Einem Seemann ohne Schiff erscheinen die Strassen der amerikanischen Städte und Vorstädte wie Flüsse aus Milch und Honig, die Landschaften barsten vor Überfluss.

Wie geistesabwesend traf ich Jim Andrews. Wir verhandelten miteinander und unterzeichneten einen Vertrag. Dann bedankte ich mich bei Hank und seiner Familie und kehrte nach Manhattan zurück.

Drei Tage später hatte ich ein voll möbliertes Zimmer – alles von der Strasse. Ich fand einen Tisch, und obwohl er nur drei Beine hatte, stand er einigermaßen stabil, wenn ich ihn am Fensterbrett festklemmte. Dann einen Lehnsessel, die Polster waren ein wenig abgewetzt, aber wer schaut schon auf die Polster, wenn er es sich darin gemütlich macht? Und dann hatte ich noch eine verrostete elektrische Kochplatte, die ich in Windeseile reparierte und auf der ich mir jeden Tag Tee und eine kleine Mahlzeit machen konnte. Dann stellte ich den Friseur- oder Zahnarztstuhl auf die Strasse, vielleicht brauchte eine andere mittellose Person so ein Möbel. Ich packte meine Schreibmaschine auf den stabilen Tisch aus dem Kesselraum und fing an zu arbeiten. Ich tat das, weswegen ich nach New York zurückgekehrt war – ich schrieb weiter an der *Unglaublichen Seereise*, um das Geld für die Befreiung *Sea Darts* zusammen zu bekommen. Jetzt war ich nicht mehr nur an Land gestrandet, jetzt war ich dort *sesshaft*.

Als ich nach New York zurückkehrte, hatte ich einen Vorschuss von dreitausend Dollar auf das Buch. Damit zahlte ich alles zurück, was ich der Reederei für *Sea Darts* Transport von Südamerika nach England schuldete sowie die Kosten für Aufbewahrung und Versicherung. Das gab eine Summe von 1323 Dollar. Aber den Einfuhrzoll bezahlte ich immer noch nicht.

Es gibt einen alten Spruch aus der Königlichen Marine: „Steht Gefahr und Not ins Haus, such den größten Kerl heraus" – in anderen Worten: Ziele auf den Kopf. Ich saß in meinem jämmerlichen Zimmer und schrieb einen Brief an Prinz Philipp. Er war der Admiral der *Royal Navy Sailing Association*, bei der ich stolzes Mitglied war – und immer noch bin.

An
Seine königliche Hoheit Prince Philipp, KG, OC, KT, OM, GBE,

Sir,
Sie erinnern sich vielleicht noch an den Brief, den ich Ihnen vom Titicacasee aus zukommen ließ ...

Als ich fertig war, brachte ich den Brief zur Post und setzte mich wieder an mein Buch.

Es war nicht so schwer zu entscheiden, was ich in das Buch schreiben, es war vielmehr eine Frage, was ich weglassen sollte. In einem Buch wie der *Unglaublichen Seereise* all das unterzubringen, was ich in den sechs Jahren gesehen und erlebt hatte, hätte sicher mehr als eine Million Worte gebraucht. So wie es war, begnügte ich mich mit einhundertzwanzigtausend und drei Entwürfen. Dazu brauchte ich neun Monate, in denen ich zwölf Stunden am Tag arbeitete – jeden Tag.

Nur am 4. Juli, dem Unabhängigkeitstag der USA, machte ich Pause. Ich ging hinunter zu den West Side Piers und schaute der Parade der Segelschiffe aus neun Nationen zu, die den Hudson River hinauf fuhren. Ich erlebte, wie die Kraft ihrer Anwesenheit sich auf die Tausende von Zuschauern aus der Stadt auswirkte. Ich beobachtete die Welle der Begeisterung, die durch die Zuschauer ging, wie ein elektrischer Schlag, als die majestätische *Eagle* als Flaggschiff die Flotte anführte. Fasziniert sah ich zu, wie sich die Gesichter beinharter Ganoven und Bullen veränderten und sanft wurden, als die Schiffe vorbeizogen; manche Leute weinten vor Freude, als sie diese herrlichen Symbole einer ehrlichen, sauberen und lautlosen Kraft sahen, die Bugwellen ausschickte, die sich unter dem rostigen und wurmstichigen Pier brachen. Ich war ein schweigender Zeuge, und doch wusste ich um die stolze Verbindung, die ich zu diesen Schiffen hatte; ich fühlte, dass auch all die anderen Zuschauer diese erhabene Verbindung fühlten, vielleicht nur unbewusster als ich. Ich fühlte, dass alle wussten, dass Segel und Seeleute am Verlauf Ihrer Vergangenheit mitgewirkt hatten, ihr Schicksal mit geformt hatten und ebenso die Geschichte ihres Landes – und das alles viel mehr als ihnen im Trubel ihres täglichen Lebens bewusst war. Ich versuchte mir vorzustellen, wie wenige von ihnen ahnten, dass die Segelschifffahrt im Begriff war, wieder zum Leben zu erwachen, dass es aktuelle Pläne gab, im Jahre 1979 drei große Frachtsegler in Dienst zu stellen und dass vielleicht am Ende des Jahrhunderts bereits Dutzende durch die Weltmeere pflügen würden. Sicher wussten das nur sehr wenige von den Zuschauern hier.

Langsam zogen die großen Segelschiffe flussaufwärts an uns vorbei. Es schien, als würden sie sich der Menge der Zuschauer huldvoll und gütig zur Schau stellen. Es schien, als würden sie sagen: „Schaut mal her, wie graziös wir sind, wie sauber und wie schön – und denkt daran Leute, woher wir kommen ... von der See. Wir kommen von der unendlich weiten See, in die ihr euer dreckiges Abwasser einleitet, von der See, die den Ängstlichen unter euch Furcht einflösst. Wir kommen von der See, die, wenn ihr euch für sie entscheidet, euch und euren Nachkommen mehr Kraft geben kann als ihr verbrauchen könnt – gratis. Kraft und Energie, die in ihren Gezeiten schlummert, in ihren Wogen, in ihrem Salz. Wenn einige von Euch die Nase rümpfen, sagen, dass wir alten Segelschiffe nicht mehr zeitgemäß wären, zu langsam, zu unwirtschaftlich, wie kommt es dann, dass wir hier sind, dieser Konvoi aus uns großen Schiffen und unsere hundert kleineren Schwestern aus allen Ecken der Welt? Alle sind wir hier, am gleichen Tag, in einem einzigen Hafen, um unsere Parade abzuhalten, zur Ehre Amerikas!“

Als die Sonne durch die Wolken brach und die Segel der mächtigen Schiffe sich strafften und glänzten, ging ein Raunen durch die Zuschauer. „Schaut her“, riefen die Schiffe, „schaut her, wie wir die Straßen der Ozeane befahren können, ohne den Dreck und Gestank, den Ihr in die Luft schleudert. Wir lassen keinen Ruß hinter uns zurück, wir brauchen weder Öl noch Kohle, und wir gefährden euch nicht mit nuklearem Abfall. Schaut her, Leute, was die See euch zu bieten hat! Seht mit eigenen Augen, für was wir einstehen! Und schaut, welche Schönheit entsteht, wenn der Mensch im Einklang mit der Natur arbeitet! Ihr wollt Nahrung und Energie? – Redet einmal mit den Bauern, erzählt Ihnen von Seegerste, die von Salzwasser leben kann, erzählt Ihnen von all den unterschiedlichen Gewächsen des Meeres!“

Die Sonne schien jetzt durch die Masten, Sparren und Segel hindurch, die als stolze Silhouetten vorbeizogen, diesmal flussabwärts. „Aber vor allem“, riefen die Schiffe, „denkt an die Leute, die unsere Schönheit und unsere Grazie geschaffen haben, die uns entworfen und gebaut haben, und an die Leute, die uns segeln, denkt an die Liebe und Loyalität, und dann wisst ihr, was euch im Leben fehlt!“

Den ganzen Sommer und Herbst arbeitete ich in meinem Zimmer. Wenn ich einmal ausging, dann alleine, ich vermied den Kontakt zu anderen Schriftstellern. Ich tat das aus einer Art Instinkt heraus, ich fühlte, sie würden meinen Blick auf die Stadt irgendwie verwässern und mich die inneren Stimmen der Stadt New York weniger klar hören lassen. Eigentlich ergab das keinen Sinn, ich war doch noch ganz nahe an der Oberfläche. New York ist so groß, so heterogen, es würde bestimmt zehn Jahre dauern, bis ich es auch nur oberflächlich kennen lernen würde – und in dieser Zeit hätte es sich bestimmt schon wieder gewaltig verändert.

Manchmal, wenn ich die Nase vom Arbeiten voll hatte, nahm ich mir eine Stunde am Nachmittag frei und ging zu „Julius's". Das war eine der Bars, ein paar Schritte die Strasse hinauf. Dort traf ich meistens meinen guten Freund Saratoga. „Julius's" war die erste Bar, die 1934 gleich nach Aufhebung der Prohibition in Manhattan eröffnet worden war, so erzählte man mir jedenfalls. Es schien, als hätte man oberhalb der Schulterhöhe seitdem nicht mehr sauber gemacht. Das Ambiente brachte mir den berühmten „Dirty Dick's Pub" in London in der Nähe der Liverpool Street Station in Erinnerung.

Der Fußboden war mit Sägemehl bestreut, und der Barmann, Mick, war freundlich und man konnte sich gut mit ihm unterhalten.

Unten am Tresen lief eine Fußleiste aus Messing entlang, die in Dackelform gestaltet war. Über die Jahre hinweg hatten viele berühmte, weniger berühmte und nach oben strebende Literatenfüße darauf herumgetrampelt.

Saratoga war ein kleiner dünner Mann mit einem durchfurchten Stadtgesicht italienischer Abstammung. Er war ungefähr sechzig, hatte lockiges Haar, braune Augen, ein ansteckendes Grinsen und nur ein Bein. Wie er mir sagte, litt er unter Diabetes. Sein Spitzname kam von einer Pferderennbahn droben im New York State. Saratoga war ein Spieler – ein Experte *par excellence* in Pferdewetten. Er trug immer ein kleines Transistorradio und einen Stapel Wettkarten bei sich.

Er erzählte mir von seiner Zeit in England während des Krieges, als er in der US Army als Corporal Dienst gemacht hatte. Wenn er erzählte, dann schien es, als wenn er dort nur eine Tour zu allen Pferderennbahnen gemacht und sich mit den Prominenten des Rennsports unterhalten hätte. Dass er alle diese Leute wirklich getroffen hatte, daran hatte ich keine Zweifel. Er beschrieb zum Beispiel Dorothy Paget, der zu dieser Zeit den

Rennstall Aintree besaß, und den Zuluhäuptling, der mit Geheimtipps zu den Epsom Downs Rennen handelte und mit dem Ausruf „Ich hab' ein Pferd für dich“ für Furore sorgte. Wenn man Saratogas Geschichten zuhörte, dann schien es, als hätte er fast alle adligen Leute in Großbritannien kennen gelernt und hätte mehrmals Gelegenheit gehabt, in ihre Kreise einzuheiraten.

Ich fragte ihn nach seinem künstlichen Bein, und wir diskutierten über andere Leute, von denen wir wussten, dass sie eine Prothese trugen. Plötzlich fing Saratoga breit zu grinsen an. Mickey musste ebenfalls grinsen. „Soll' ich ihm von Peggy erzählen?“, fragte Saratoga.

Mickey lachte und nickte.

„Ja, erzähl's ihm ruhig“, sagte Mickey.

Saratoga drehte sich nach mir um. „Da gab's diesen Kerl – Kumpel von mir – und auch von Mickey, wenn man so will – richtig, Mickey?“

Mickey nickte und grinste.

„Also sie nennen ihn alle Peggy – wegen seinem Holzbein, verstehst du, und eines Tages geht er nach Belmont – das is' 'ne Rennbahn, falls du das noch nicht wusstest, – und Peggy gewinnt fünfzig Riesen – fuffzigtausend Dollar, verstehst du, aber diese Kerle haben das mitgekriegt ... Gangster ... und sie lauern Peggy draußen auf und zerren ihn in ein Auto, verstehst du. Sie rasen in die Stadt, und sie wollen den Zaster von Peggy, und Peggy sagt ihnen, er hat keinen Zaster, verstehst du! Also sagt der Schwergewichtler, der mit Peggy hinten im Auto sitzt, zu dem Fahrer: „Er sagt, er hat kein Geld dabei, er sagt, er hat es einem Kerl auf der Rennbahn gegeben, der es ihm bringen soll!“

Saratoga bewegte seine Schultern hin und her, als würde er hinten in einem dahinrasenden Auto sitzen. „Saukerl!“, sagt der Fahrer. „Also, was soll ich jetzt mit ihm machen?“, fragt der Schwergewichtler, der mit Peggy hinten sitzt. Also der Fahrer denkt nach, verstehst du, und nach einer Weile sagt er zu dem hinteren Kerl: „Okay, nimm ihm sein verdammtes Bein ab und wirf es von der Brücke da.“

Saratoga lehnte sich vertrauensvoll herüber. „Sie fuhren gerade über die Queensborough Bridge, verstehst du? Also der Kerl hinten reißt Peggy sein Holzbein ab ... und als er es in der Hand hat, nimmt der Fahrer das Gas weg, und sie schmeißen Peggy aus dem Auto. Dann zischen sie ab, und dabei werfen sie das Holzbein aus dem Fenster in den verdammten East River. Und während das Bein durch die Luft segelt, fliegen fuffzigtausend Flöhe heraus und wirbeln im Wind umher – denn Peggy hatte seinen Zaster im Holzbein versteckt, verstehst du. Die Kerle im Auto sahen das Geld und wurden so verrückt, dass sie die Kurve nicht kriegten und an die Brückenseite knallten. Aber sie konnten trotzdem abhauen. Mein Gott, der Schlag muss dem Schwergewichtler den Arm gebrochen haben, aber sie kamen davon ..."

„Was ist mit Peggy passiert?", fragte ich Saratoga.

„Ahh ... er lag eine Stunde oder so am Straßenrand, bis ihn ein Kerl auflas und in die Stadt mitnahm ... Hey, was willst du trinken?"

Als ich einen mit Saratoga zur Brust nahm, musste ich darüber nachdenken, wie oft im Humor ein Kern von Tragik enthalten ist. Die meisten Clowns – Leute die sich gewollt lustig benehmen – sind im Innern oft todtraurig. All jene Leute, die ich traf, zu deren Leben das seriöse Abschätzen von großen Risiken gehörte, hatten meist einen ausgeprägten Sinn für Humor. Nie habe ich einen Frömmler oder Fanatiker mit Humor getroffen. Ich fragte mich, ob Tiere einen Sinn für Humor besitzen und ob das vielleicht ein weiterer Unterschied zwischen Mensch und Tier schlechthin ist. Vielleicht bestätigt Humor erst, dass ein Mensch eine Seele hat. Ich kann nicht verstehen, wie jemand längere Zeit ohne Humor aushalten kann, ich bemitleide diese armen Seelen, ihre eigene Existenz muss ihnen wie der Vorhof zur Hölle vorkommen.

Als Saratoga die neuesten Ergebnisse der Pferderennen abhörte, dachte ich darüber nach, wie irgend jemand durchs Leben gehen kann ohne die Freude, die man im Widersinn, im Trügerischen, im Unerwarteten und im Unvollkommenen (dem Erzfeind der „Künstler") findet. Wären wir nicht alle ab und zu mehr oder weniger ein wenig unvollkommen, dann würden uns Flügel wachsen. Ich würde lieber mit einem Lächeln auf den Lippen sterben als mit einer Million auf der Bank. Wäre beides vorhanden, umso besser, in diesem Fall wäre mein Lächeln sicher nicht intensiver, aber bestimmt das meiner Erben.

Ich schaute mir Saratoga an. An den scharfen Linien in seinem Gesicht konnte man erkennen, dass er einiges durchgemacht hatte, dass ihn die letzten Jahre mehr und mehr auseinandergenommen hatten. Ich fragte mich, ob Leiden einen Sinn für Humor erzeugt, aber nach dem was mir andere Leute über Saratoga erzählt hatten, wie er vor seiner Krankheit gewesen war, traf das auf ihn nicht zu. Nein, es war sein Sinn für Humor, der ihm half, das Leiden zu ertragen. Dann erinnerte ich mich daran, wie ich mich gefühlt hatte, als ich vor ein paar Monaten in die Bowery gekommen war, dass ich dachte, dass wahre Werte sich nur durch Leiden entwickeln. Jetzt sah ich den Fehler in meiner Schlussfolgerung. Es ist nicht das Leiden, das wahre Werte schafft; Schönheit und Werte entstehen trotz des Leidens und dadurch werden sie noch schöner und reichhaltiger.

Nach weiterem Nachdenken schien es mir, dass eigentlich keiner meiner Gedanken richtig oder falsch war – beide meiner Thesen waren gültige Standorte. Aber einmal aus dem Blickwinkel der Armut gesehen und einmal mit den Augen eines Menschen, dem es besser geht. Ja, beide Thesen waren korrekt, obwohl sie sich widersprachen. War das eine Wurzel für die Konflikte in der Gesellschaft? Vielleicht.

Ende Oktober hatte ich den letzten Entwurf für *Die unglaubliche Seereise* fertig, ich schickte das Manuskript zum Verleger nach Kansas City. In den folgenden vier Wochen schrieb ich sechs Artikel für das Magazin *Motor Boat and Sailing*.

Jim Andrews, der Cheflektor in Kansas, schrieb mir einen Brief; er wollte mich treffen. Wir trafen uns am 6. Dezember 1976 zum zweiten Mal. Es war ein trüber regnerischer Morgen, und ich hatte in der Zwischenzeit nichts in Klamotten investiert, hatte immer noch meine Jeans und meine gelbe Ölzeugjacke an, mit denen ich in den vergangenen achtzehn Monaten durch die Straßen getrampt war und durch die Felder, in denen ich geschlafen hatte und mit denen ich auf See unterwegs gewesen war. Riesige Lastwagen rasten mit ohrenbetäubendem Gedröhn und Gerassel durch die Schlaglöcher. Omnibusse und Personenwagen kämpften um jede freiwerdende Lücke im Verkehrsgewühl. Der Lärm und die Abgase wirbelten nach oben in die Luft. Autos zischten vorbei, die Gesichter der Fahrer waren gezeichnet von Langeweile, Frustration, Eile oder Feindschaft; die Exzesse des vergangenen Wochenendes spiegelten sich in ihren Blicken. Fußgänger hetzten vorüber. Gegen den beißenden Nordwind in dicke Sachen gehüllt, rannte jeder seinem besonderen Schicksal entgegen.

Jim zwängte seinen massigen Körper aus einem gelben Taxi, er hatte ein jungenhaftes Lächeln aufgesetzt. „Hi Tristan!“, begrüßte er mich.

„Hallo Jim, schön, dass du mich gefunden hast, wie geht's dir da draußen im weiten Land?“

Jim zog seinen blauen Regenmantel fester um sich herum. „Gehen wir da hinein?“, er zeigte mit seiner Aktentasche auf ein nahes Restaurant – „La Groceria“.

„Ja, gut."

Das Restaurant „La Groceria" war ein so authentisch neapolitanisches Café wie jeder andere Coffee Shop in Manhattan. Jim und ich bestellten Kaffee. Dann sprachen wir eine Weile über *Die unglaubliche Seereise*. Jim sagte, das Manuskript wäre „ganz gut".

„Was ist mit deinem Schiff?", fragte er mich.

„Ich mache mir große Sorgen, Jim. Der verdammte Zoll besteht immer noch darauf, dass ich fünfundzwanzig Prozent Importsteuer bezahle ... sieh' her." Ich zeigte Jim einige Schreiben, die ich aus einem immer größer werdenden Stapel aussortiert hatte.

Jims Gesicht wurde ernst.

„Was willst du machen?", fragte er.

„Ich bin entschlossen, nicht zu bezahlen, Jim. Wie du siehst, habe ich an diesen Mann hier geschrieben, er ist Mitglied im Parlament – ich denke, ein Sekretär von Prince Philip hat ihm meinen Fall übergeben – er hat ihn aufgenommen, und der verdammte Zoll hat die Steuer bereits auf die Hälfte reduziert, zwölfeinhalb Prozent des geschätzten Wertes. Aber ich werde keine Steuer zahlen für ein britisches Schiff, das nach England zurückkehrt. Das wäre ja gesetzlich genehmigte Straßenräuberei. Verdammt noch mal, Jim. Dieses Schiff ist durchs Fegefeuer gegangen. Ich habe auch nicht über diese Steuer abgestimmt ... zum Teufel mit dem Gemeinsamen Markt und all der Scheiße ... *ohne Vertretung keine Besteuerung!* Diese verfluchte EWG wird in ihrer jetzigen Form sowieso nur noch ein paar Jahre halten ... zehn, vielleicht auch fünfzehn ..."

„Was willst du machen, wenn sie das Schiff beschlagnahmen?", fragte Jim und bestellte noch einen Kaffee.

„Bevor sie das machen, werde ich hin fliegen und aus ihrem Land heraussegeln ... aus ihren Territorialgewässern heraus."

„Aber das Schiff ist nicht seeklar, oder? Ich dachte, du hättest gesagt, dass ..."

„Es ist seeklar genug, um zwölf Seemeilen hinaus zu kommen, Jim", sagte ich und schaute ihm direkt in seine blauen Augen.

„Und dann?"

„Dann stecke ich es in Brand und versenk' es!"

„Aww ... also komm' jetzt!"

„Ich mein' es ernst, Jim. Ich hab' es im Leben nie ernster gemeint. Ich werde das Schiff eher versenken, als dass ich diese verfluchte Steuer zahle.

Ich werde das Schiff vor ihren Augen versenken!"

Eine Minute lang herrschte Pause, dann sagte ich: „Wenn ich natürlich noch eine Anzahlung hätte für das Buch, dann könnte ich es nach Amerika verschiffen lassen ... Schau, hier habe ich eine Offerte von der Cunard Reederei ... es kostet zweitausend Dollar."

„Das war gerade das, über was ich mit dir reden wollte", sagte Jim. Er fischte in seiner Aktentasche und zog ein Bündel Papier hervor. Er breitete die Papiere auf dem Tisch aus. „Ich habe einen Vertrag für dich *für drei weitere Bücher*. Für das erste davon kann ich dir die Vorauszahlung gleich hier geben!"

„Gib' mir was zum Schreiben, Jim. Ich würde einen Vertrag mit dem Teufel selbst unterschreiben, wenn ich damit *Sea Dart* aus den Klauen dieser verdammten Bürokraten heraus bekäme!" Ich unterschrieb.

Es war einer der Momente, in dem zwei Menschen exakt auf der gleichen Wellenlänge liegen.

„Und ...", begann Jim.

„... wäre das nicht großartig ...", fuhr ich fort, als wir begannen, unseren Gedanken freien Lauf zu lassen.

„... wenn wir das Schiff holten ...", fuhr Jim fort.

„... und es quer durch Amerika an den Pazifik transportierten! ...", sagte ich.

„... um damit Werbung für *Die unglaubliche Seereise* zu machen", schloss Jim ab.

„Gib' mir die Hand drauf, Jim, ich bin dabei!"

Als wir uns draußen vor „La Groceria" verabschiedeten, regnete es wieder. Schwarze Wolken rollten über die Sixth Avenue hinweg, der Verkehr quietschte und röhrte, die Sirenen von Polizei- und Krankenwagen heulten, aber in meinem Kopf war nur noch das Bild der kleinen zerbrechlichen *Sea Dart*. Ich sah sie vor mir, wie sie zitternd auf dem windigen Kai von Newhaven stand, viereinhalbtausend Seemeilen weit weg, dort wo die knallharten Kanalstürme einfallen und die wilden grauen Seen sich zu ihrem Todestanz an den weißen Klippen Englands aufmachen. In meinen Ohren brauste die zweieinhalbtausend Jahre alte trotzige Hymne von Wales.

Ich ging die Fourth Street West hinunter und dachte darüber nach, dass diese Sache für mich mehr war, als nur eine notdürftig geflickte Lanze in die fest verankerten Windmühlen der Bürokratie zu werfen. *Sea Dart* war mein Schiff. Es war nicht einfach nur ein Stück Eigentum, mein Schiff war etwas anderes als ein luxuriöser Bungalow in Outurb oder ein blitzendes Automobil. Ein Seemann betrachtet sein Schiff weniger als sein Eigentum, da bin ich sicher, sondern mehr als eine Sache der Loyalität. Das gilt ganz besonders für Holzschiffe.

Ein Schiff aus Holz lebt. Ich war mir sicher, wäre *Sea Dart* aus Plastik oder Stahl gebaut, hätte ich sie lange vorher aufgegeben, vielleicht schon damals am Titicacasee. Aber sie lebte, und für ihre Loyalität zu mir in der Vergangenheit schuldete ich ihr mehr als nur Geld.

Hölzerne Schiffe bestehen aus der gleichen Materie wie wir selbst. Sie werden in den Wäldern geboren, sie bestehen aus Bäumen, aus Tannen, Pinien und Eichen, Zedern und Mahagoni. Während sie wachsen, stehen sie aufrecht wie wir, streben zum Himmel hinauf, zu den Sternen, dem Wind und dem Regen. Jeder Baum hat sein eigenes Leben, Menschen wählen Bäume aus, behauen sie und schaffen herrliche Formen aus ihnen. Jeder, der mit Holz arbeitet, um ein Schiff zu bauen, kann das nur mit Liebe und Sorgfalt tun, und diese Eigenschaften fließen in das Schiff hinein, werden ein Teil davon, genau so wie die Spanten, die Aufleger, die Decks und der Kiel. Der Bau eines Segelschiffs aus Holz kommt der Erschaffung einer neuen Lebensform am Nächsten. Genau wie wir Menschen wird es sich anstrengen, will so gut als möglich sein, aber es wird nie so gut wie wir sein können. Zwischen einem Seemann, seinem Schiff aus Holz, der See und den Sternen entwickelt sich eine einzigartige Gemeinschaft. Die meisten Holzschiffe geben dir alles, was sie haben, andere Schiffe verlangen alles von dir und hören nie auf, noch mehr zu wollen. Die meisten Holzschiffe werden mit Liebe gebaut, und das wissen sie – ihre Gegenliebe strömt aus ihnen heraus. Andere Schiffe wollten nie gebaut werden, und das lassen sie dich fühlen.

Ich verachte die anderen Schiffe nicht – diese unpersönlichen Schiffe aus Stahl oder Kunststoff. Ich weiß, dass für viele Leute ein Schiff etwas ist, an dem sie sich erfreuen, das ihnen Spaß macht, genau wie mir. Aber ich frage mich, was die Leute mit der Zeit anfangen, die sie einsparen, weil ihr Schiff weniger Pflege braucht, und ob sie diese Zeit auch kreativ nutzen – zu ihrem eigenen Vorteil und zum Vorteil der Welt.

Einige Schiffe erwarten nur, dass jemand an Bord ist, die meisten Holzschiffe erwarten Liebe, Pflege und Loyalität, genau wie Lebewesen. Im Moment konnte ich *Sea Dart* keine Pflege zuteil werden lassen, aber dafür Liebe und Loyalität im Überfluss – und das ist zwischen zwei lebenden

Wesen das Allerwichtigste im Leben. Sie hatte mir einige wichtige Lektionen erteilt, hatte allen Herausforderungen getrotzt. Nun würde ich ihr zeigen, dass ich diese Lektionen gelernt hatte!

Wenn das kein Grund zum Feiern war!

Ich nahm Kurs auf den „Lion's Pub" am Sheridan Square, außer mir war um diese Zeit keiner da.

"Auf den Zoll Ihrer Majestät", prostete ich mir selber zu, bevor ein zünftiger Schluck schottischer Ehre die Kehle hinab rann. „Mistkerle."

„Was meinst du?", fragte der Barmann. Er war sehr groß, gut genährt und sah sehr irisch aus.

„God save the Queen – und scheiß auf den Zoll."

„Darauf können wir anstoßen!", sagte er. Wir grinsten beide. „So lange es dir hilft."

Ich verließ die Bar und ging zur Bank. Ich reichte den Scheck ein und schickte zweitausend Dollar an die Cunard Reederei. Dann schaute ich mich um. Es war an der Zeit, ein paar andere Leute zu treffen.

Wenn man schießt und nicht trifft, dann ist das kein Fehler, wohl aber, wenn man zu niedrig zielt.

Dream not then
Of named lands, and abodes of men!
Alas, alas the lonliest
Of all such were a land of rest
When set against the land where I
Unhelped must note the hours go by! ...

My feet, my love, shall wander soon
East of the Sun, West of the Moon!
Tell not old tales of love so strong,
That all the world with all its wrong
And heedlessness was weak to part
The loving heart from loving heart?

(Träume nicht
Von bekannten Ländern, dem Wohnsitz der Menschen!
Leider, leider, das einsamste
Von all diesen war ein Land der Ruhe
Gemessen an dem Land, wo ich
hilflos die Stunden vorübergehen seh! ...

Meine Füße, meine Liebe, werden wandern bald
Östlich der Sonne, westlich des Monds!
Sprich nicht von Liebe, so stark,
Dass die ganze Welt mit ihren Fehlern
Und ihrer Rücksichtslosigkeit zu schwach war, zu trennen
Das liebende Herz vom liebenden Herzen?)

Aus *The Earthly Paradise* (September), William Morris, ein Waliser-Amerikaner.

19 Östlich der Sonne, westlich des Monds

Wenn man in New York im Winter einen Platz zum Leben hat, auch wenn die Heizung ab und zu für ein paar Tage ausfällt, wenn man also eine Unterkunft hat, dann ist der erste Schneefall in der Stadt wie ein Wunder. Nach einer weiteren Langstrecke im Schreiben war ich ausgelaugt gewesen und spät ins Bett gegangen. Am nächsten Morgen erwachte ich durch die herrschende Stille. Es war, als wenn alle Welt schliefe. Ich schaute aus dem Fenster auf eine märchenhaft verwunschene Strasse. Es fuhren keine schweren Lastwagen vorbei, nur ein paar Autos. All der Dreck und Unrat auf der Straße war mit dreißig Zentimeter dickem weißem Frieden überzogen, der so zuverlässig aussah, als würde er wünschenswerter weise ewig liegen bleiben.

Aber für die Stadtverwaltung war der weiße Segen, der alle Sünden von New York zu verdecken schien, ein Problem. Sie fing an, mit aller Gewalt die fremdartige Schönheit auf den Straßen zu attackieren. Bald erschienen die Henkersknechte mit unglaublich brutalen Abgas spuckenden Müllwagen, an die Schneepflüge montiert waren, und die stellten schnell den „gewohnten" Zustand wieder her. Da ich jetzt nicht mehr durch die ungewohnte Stille gestört wurde, machte ich mich wieder an die Arbeit.

Manchmal, aber eher selten, ging ich hinunter zum Kai und schaute den Dampfern nach und den Eisschollen, die in Richtung Ozean trieben. Ich betrachtete den niedrig hängenden Winternebel über der Freiheitsstatue und dem gewaltigen World Trade Center. Es gab mir eine gewisse Erleichterung in meiner Einsamkeit und meinem Gefühl der Winzigkeit in der großen Stadt; immerhin war ich weiter draußen gewesen als die Freiheitsstatue, und ich hatte auf höheren Gewässern gesegelt als die Türme des Trade Centers.

Manchmal bei besonderen Gelegenheiten, wenn ich ein besonders schwieriges Kapitel des Buches fertig bekommen hatte, schlenderte ich in die Innenstadt zum South Street Seaport Museum. Es war in einem traurigen Zustand. Der alte Kap Hoorner *Peking*, ein Dreimaster, lag da unten. Er sah müde aus, ein wenig vergammelt und verlassen. Von ein paar unvermeidlichen Touristen auf nostalgischer Besichtigungstour abgesehen schien niemand an dem Schiff interessiert zu sein. Die Autos und Lastwagen donnerten unberührt oben auf dem East Side Expressway vorüber. Der riesige Gebäudekomplex des Wall Street Finance District hing mit seinen Glasfassaden erdrückend über der Szene, wie Claudius Caesar, der seinen Fuß auf dem Kopf des besiegten Caratacus ausruht.

An einem schönen Tag im März lungerte ich auf dem South Street Pier herum und beobachtete den Schiffsverkehr auf dem East River und den Autoverkehr, der sich über die Brooklyn Bridge schob. Ich fragte mich, ob die Gedanken, die mir im Winter durch den Kopf gegangen waren, richtig oder falsch waren – dass ich nach Amerika gekommen war, um die Wiedergeburt der kommerziellen Segelschifffahrt mitzuerleben, und dass ich vielleicht – auf meine eigene Art – etwas dazu beitragen könnte. Oder erlebte ich gerade die Wiedergeburt von etwas ganz anderem? Vielleicht von etwas noch Größerem?

Von meinen Unterhaltungen mit den verschiedensten Landmenschen schien es mir, dass ihre Einstellung gegenüber dem Ozean ganz anders war als bei Seeleuten. Sie schienen die See entweder als eine leere Wildnis oder als eine vielversprechende Prärielandschaft zu betrachten. Sie schienen zu denken, wenn man schon etwas nicht kontrollieren könnte, sollte man es wenigstens ausbeuten. Meist fassten sie die Ressourcen der Weltmeere als eine Art offenkundigen Reichtum auf, sie begriffen nicht, dass der Reichtum aus dem besteht, was man in etwas hineingibt, investiert, und nicht aus den materiellen Dingen, die man unwiderruflich herausholt. Ich saß auf einem Poller und wartete darauf, dass ich wieder mit *Sea Dart* vereinigt sein würde. Ich dachte weiter über die verschiedenen Einstellungen von Landmenschen und Seeleuten nach. Diese Verschiedenheit, so schien es mir, war eine Wurzel des Übels im Verhalten der modernen Menschen – all ihren Bedürfnissen und Ambitionen – sie hatten das Kavalierverhalten gegenüber ihrer Umwelt, dem Land, der Luft und der See abgelegt.

Das Leben der Landmenschen ist nicht das Gleiche wie das Leben der Seeleute. Ein Landmensch ist im Herzen ein Landwirt. Ein Landwirt arbeitet meist im Rhythmus relativ stetiger Wetterzyklen, er verbessert das Land, er versucht Dinge wachsen zu lassen, die an einem bestimmten Ort vorher nicht gewachsen waren. Wenn er das Land erst einmal kultiviert hat, kann er bei entsprechender Pflege mehr oder weniger erwarten, dass es ihm Jahr für Jahr, Generation für Generation, eine Ernte einbringt.

Erfolgreiche Landwirtschaft schafft Wohlstand für viele und erlaubt in guten Jahren, Kapital zu speichern – zum Beispiel in Form von Getreide – um damit schlechte Jahre zu überbrücken. Auf See kann man keine Rücklagen bilden, auch für die Zukunft nicht. Die Speicherung des Reichtums an Land bildete die Grundlage für die Entstehung dieser Riesenpaläste des Kapitals an der Wall Street, die jetzt auf die arme alte *Peking* herunter blickten. Die Getreidevorräte der Landwirte waren die Basis aller Kulturen an Land, der Klassensysteme in der Gesellschaft bis hin zur militärischen Stärke, für Kunstwerke ebenso wie für religiöse Hierarchien, um das System zu sanktionieren. Damit entstand die Tendenz, das System zu stabilisieren, es zu schützen und es unter eine „zentrale" Kontrolle zu stellen. Auf See besteht die Kontrolle gezwungenermaßen aus Fragmenten, aus einzelnen Bruchstücken, die auf das Überleben ausgerichtet sind. Die schleichende Ausbreitung der zentralisierten Staatsgewalt an Land zieht sich durch die gesamte Geschichte der Landmenschen hindurch. Als die Bevölkerung und die Güterproduktion anstiegen, wurde auch die zentrale Kontrolle immer stärker. Die zentrale Kontrollgewalt kümmerte sich üblicherweise weniger um die persönliche Sicherheit der Bevölkerung, sondern konzentrierte sich bevorzugt auf Erfinder oder Gegner, welche die Bewässerungssysteme oder die Ernteaktivitäten beeinflussen konnten.

Für den Seemann – sei er nun Frachtschiffer oder Fischer – waren solche Aktivitäten Unsinn, denn sie hatten nicht direkt mit dem Überleben zu tun. Durch die Jahrhunderte hindurch waren die Seeleute, waren sie erst einmal vom Land entfernt, außerhalb der Kontrolle der Landmenschen. Der Kapitän und Handelsmann auf See war, unabhängig davon, welcher Kultur er angehörte, immer notwendigerweise ein Kosmopolit. Wenn er mit Menschen aus verschiedenen Kulturen Handel treiben wollte, dann musste er sich gegenüber fremden Kulturen tolerant verhalten.

Camus schreibt, dass wir Menschen die Wahrheit in der Nacht anders sehen als im Licht des Nachmittags. Wie viel weniger Wahrheit über die Ozeane sehen dann die Landbewohner von ihrer Küste aus im Vergleich zu den Seeleuten auf dem offenen Meer. Sicherlich, welcher Blickwinkel uns auch immer die wahren Werte des Lebens in unserem Umfeld erkennen lässt, für jeden einzelnen, so verschieden wie sein Umfeld, alles bringt uns der Wahrheit näher als das, was uns den Blick auf die Dinge des Lebens verdeckt.

Selbst der Begriff der Wahrheit hat für einen Seemann eine andere Bedeutung als für einen Landmenschen. Ein Seemann beurteilt seine Empfindung der „Wahrheit" danach, ob sie auf See funktioniert oder nicht. „Hilft mir das beim Überleben?", ist alles, was für ihn wichtig ist.

Ein Erfinder auf See, einer der vom ausgetretenen Pfad im Leben abweicht und dessen „Erfindung" sich als unpraktisch herausstellt, wird von den Seeleuten eher als Spinner denn als Sünder angesehen, an Land wäre das wahrscheinlich ganz anders.

Die Welt des Seemanns ist instabil, und natürliche Einflüsse machen sie konfus. Der Seemann ist Stürmen ausgesetzt, die urplötzlich aus dem Nichts heraus aufkommen. Ohne jede Erklärung verschwinden die Fische plötzlich aus den Fanggebieten. Aus diesen Gründen versucht ein Seemann erst gar nicht, genaue Vorhersagen über seine Umgebung zu machen. Er bewegt sich durch seine Welt, indem er sich auf seine Kenntnisse der Seefahrt verlässt, bereit ist zum Improvisieren, um damit zu überleben. Einem Seemann scheinen die Lebensbedingungen an Land unendlich stabil und vorhersagbar, für ihn gibt es auf See nichts Vergleichbares. Er könnte sein Fahrzeug versichern, aber die Versicherung würde an Land sein, und seine Prämien würden die Landmenschen kassieren, nicht andere Seeleute. Zusammengefasst: Das Überleben eines Seemanns hängt von seinen eigenen Fähigkeiten ab, nicht von einer zentralen Regierungsgewalt.

Die Illusion, dass jeder Erfolg haben kann, solange er nach der Regel der Landwirte nur genug Getreide sammelt, ist im Bewusstsein der Landmenschen tief verwurzelt. Das heißt, er muss nur die alten Regeln einhalten und genug Ressourcen aufbauen. Die Gesellschaften der Landmenschen tendieren in Richtung einer zentralistischen Kontrolle, zum Opportunismus (nicht unbedingt ein Nachteil); sie versuchen, die Landnutzung zu manipulieren und streben eine gleichgeschaltete systematische Vorgehensweise an, manchmal auch „wissenschaftliche Methode" genannt. Es war natürlich zu erwarten, dass die Landmenschen in den höher entwickelten Kulturen und auch in einigen unterentwickelten Ländern das Land ausbeuten würden und dazu die Luft und die Binnen- und Küstengewässer. Danach würden sie sich den Ozeanen zuwenden, mit der gleichen Einstellung, den gleichen Methoden, die bereits an Land verheerenden Schaden angerichtet hatten. Dieser Prozess war bereits im Gange, eine immer größere Anzahl von Menschen wurde organisiert und bildete die Marine; große, klotzige, gefährliche Öltanker fuhren auf den Meeren herum, als wären sie an Land. Natürlich gab es am Anfang noch ein paar ältere Seeleute auf diesen Schiffen, die noch wussten, wie man einen Palstek macht oder wie man von einem schlingernden, bockenden, salzüberkrusteten Deck aus die astronomische Position des Schiffen bestimmt, aber es waren nur wenige, und heute sind sie fast alle pensioniert oder gestorben. Und mit ihnen geht der Ozean dahin – unser aller Ozean, dein Ozean – er ist in großer Gefahr, zu sterben.

Man sollte glauben, dass man nach dem Chaos, das die Menschen aus ihrer Umwelt angerichtet haben, zu Sinnen kommen würde, dass sie etwas von der Mentalität der Seeleute annehmen würden, etwas von der Philosophie des Überlebens. Aber nein – sie richten ihre Augen mit gierigem Blick auf die See und schicken ihre röhrenden Müllwagen aus, um den wenigen reinen sauberen Schneefall, den es noch gibt, „zu entsorgen".

Jetzt greifen die Landbewohner mit ihrem Kapital und ihrer „Hoch"-Technologie die Weltmeere an. Moderne Materialien, Plastik und andere Produkte auf Erdölbasis, monströse Schiffsungeheuer, elektronische Navigation und automatische Steuerungssysteme erlauben Knopfdrückerkapitänen, diese Supertanker-Zeitbomben mühelos durch die blaue See zu dirigieren. Dazu kommen noch Management-Organisationen, die genau nach dem Muster der Landbewohner aufgebaut sind, ausgerichtet – nicht auf die Nutzung der See, sondern auf deren Ausbeutung. Diese Ausbeutung geschieht mit solcher Effizienz, mit der Mentalität eines Bauern mit Schrotflinte, dass ihnen die natürlichen Grenzen der Ressourcen erst dann zu Bewusstsein kommen werden, wenn die Fischgründe verschwunden und alle Wale ausgerottet sind. Natürlich muss es zu Zusammenstössen zwischen den Fischern und den Landausbeutern kommen, die eine Gruppe ist frustriert und verbittert, sieht ihren über Generationen vorhandenen Lebensunterhalt bedroht, die andere Gruppe schielt voller Geilheit auf die Erzvorkommen auf dem Meeresgrund. Früher gab es Millionen, ja – Millionen von Seefahrern, die meisten von ihnen waren arm und besaßen keine Stimme. Wenn die Ausbeutung der See nicht gestoppt wird, dann sind in zwei Generationen keine Seeleute mehr übrig.

Draußen in den Küstengewässern vieler Länder rammen die Landmenschen mit ihrer Ausbeutungsmentalität Ölbohrplattformen in den Meeresgrund. Nicht nur, dass diese Monster gefährliche Navigationshindernisse darstellen, sie rotten auch alles ozeanische Leben in einem Umkreis von hundert Seemeilen rundum völlig aus.

Unterhalb der Meeresoberfläche schicken die mächtigeren Gesellschaften unter den Landbewohnern so etwas wie zweihundert nuklear angetriebene U-Boote herum, wahre Monster, Druckknopf-gesteuert, unter Kommando der Zentralgewalten an Land. Sie sind vollgestopft mit todbringenden Raketen, die in den Tiefen der Laderäume glitzern wie Henkersknechte der Mafia, allzeit bereit zum Töten.

Die Chancen für das Überleben der Ozeane, dachte ich, als ich so auf dem Poller des Landungsstegs saß und auf die alte, sturmerprobte *Peking* schaute, waren, wie die Kellnerin im „St. Marks Coffee Shop" sagen würde, ziemlich im Eimer.

Aber es gab da einen hellen Fleck, ein schwaches lila Glühen über dem schwarzen Horizont des Ozeans in der Düsternis. Die Ölvorräte würden bald zur Neige gehen. In meiner Vorstellung ist der Ozean viel gewaltiger als alles, was die Landbewohner mit ihren restlichen Ölbeständen ihm je entgegenzusetzen haben. Der Mensch würde gezwungen werden, sich mit den Meeren zu arrangieren, einfach gezwungen sein, sich mit dem zu begnügen, mit dem die Seefahrer in den Jahrtausenden vor der industriellen Revolution hatten auskommen müssen. Mit den Ressourcen, die bereits existierten, als der erste Mensch, auf einem Baumstamm sitzend, vom Ufer abstieß und versuchte, sich durch Hochhalten eines Zweiges mit Blättern im Wind vorwärts zu bewegen, um seinen Verfolgern zu entkommen. Der Mensch würde sich wieder auf die Kraft der Sonne besinnen, und die Abkömmlinge der Sonne, die Winde, würden wieder seine Kumpels werden. Und das bedeutete Segeln! Es würde vielleicht nicht so sein wie zu den Zeiten der Teeklipper mit ihrem Himmel aus Segeltuch, die auf den Handelsrouten von und nach China die See mit unvergleichlicher Grazie durchpflügten, aber es würde irgendwie Segeln sein. Es würde eine saubere Sache sein, im Einklang mit der Natur, und es würde wieder Männer geben, die ihr Schiff liebten und die Schönheit einer Seereise zu würdigen wussten.

Ich hatte das alles seit zwei Jahrzehnten schon immer und immer wieder gesagt. Ich hatte jahrelang darüber Artikel geschrieben, und jahrelang hatte man mich deshalb als „Exzentriker" belächelt. Über Jahre, wenn ich einen Segelclub in Kapstadt, Gibraltar oder Panama betrat, rückten die Leute von mir ab. Sie schielten mich von der Seite an, wenn ich ihnen immer und immer wieder sagte, dass wir unsere Vorstellungen und unser Verhalten ändern müssten, um uns wieder hinzuwenden zu der Energie von Sonne und Wind. Selbst jetzt, 1976, hier in New York, versuchten mich viele Leute in die Schublade einzuordnen, die sie für „altmodische Seeleute" reserviert hatten. Selbst jetzt sagten sie mir, ich würde jammern und übertreiben. Ich möchte sie einmal jammern hören, wenn man ihre Hügel und Gärten Zug um Zug ruinieren würde. Aber eines war sicher: eine einzelne schwache Stimme würde die Masse der Landbewohner nicht zum Zuhören bewegen. Die See verlangt Arbeit, Arbeit und nochmals Arbeit, an Arbeiten war ich gewöhnt. Ich nahm mir vor, fünf Jahre an Land zu arbeiten und sieben Bücher zu schreiben.

Ich schaute wieder auf die alte *Peking*. Dann schweiften meine Augen hinüber, wo die gewaltigen Festungen der Finanzwelt in den Himmel ragten und dann hinüber zum Highway, zu den entlang donnernden Trucks und den darüber fliegenden Jets. Ich sah alles mit den Augen eines Seemanns, der gerade bei Sturm in einen neuen Hafen eingelaufen ist. Und ich erinnerte mich an den alten Seemannsspruch: „So groß, so gewaltig, ... und so nutzlos!" Ich stellte mir vor, wie die alte Witwe *Peking* an der Seite eines modernen Öltankers aussehen würde, längsseits an so einem hässlichen, brutalen, blinden, klotzigen Monstrum. Sie erschiene dann nur noch so groß wie ein Beiboot, aber unter Segel wäre sie wie ein Schmetterling, der an einem Dinosaurier entlang flattert.

Ich stellte mir ein Schiff vor wie die *Peking*, oder doch nicht ganz so wie sie. Mit graziösen Linien, mit modernen Technologien aus speziellen Holzwerkstoffen gebaut, mit moderner Elektronik ausgerüstet, damit sie Stürme ertragen und Leeküsten vermeiden konnte, vielleicht fünfzig, sechzig Meter lang, mit einer Mannschaft, die auf der See zuhause war, über die See fuhr und sich dort wohl fühlte. Ich stellte mir die Frachten vor, die diese Segler des nächsten Jahrtausends transportieren würden, ich sah große Aquarien zum Transport lebender Fische hin zu den großen Ballungsgebieten an Land, um die herum die See tot war. Ich sah lebende Tiere und Pflanzen an Bord und ihre Aufzucht in speziellen Solar-Gewächshäusern. Ich sah Schiffe ankern, vor unterentwickelten Gebieten und vor Armutszonen, die Hilfe brachten und Hoffnung an Land schickten. Ich sah Kinder aufwachsen auf diesen Schiffen, mit aufmerksamen, lernbegierigen Augen, deren Schädel nicht länger mit unsinnigen Banalitäten vollgestopft wurden, sie kamen als Lehrlinge an Bord, und als Studenten. Und ich sah sie nach Ende der Reise die Gangway heruntereilen, mit sicheren Schritten, mit sinnvollen Absichten und dem festen Glauben daran, dass sie Teil von etwas waren, so groß, so herrlich und so wunderschön, dass sie selbst Mühe hatten, es zu verstehen.

Als ich durch das Tor des Landungsstegs zurück ging, stellte ich mir vor, dass viele Landbewohner meine Vorstellungen einfach als eine Vision abtun würden, einen Traum außerhalb jeder Vernunft. Aber Vernunft ist nicht alles. Manchmal kann die reine Vernunft täuschen. Wenn du die Vernunft zum Träumen hast, dann musst du im Traum von der Vernunft abweichen dürfen. Aber wenn die Natur Verwendung hat für deinen Traum, deine Vision, dann wirst du das selbst merken, und dann hat die Vernunft in deinem Traum wieder Einzug gehalten.

Die Vernunft wird zu dir kommen, deinen Traum in die Hand nehmen, und ihn wahr werden lassen. Manchmal nennt man das „Zufall", manchmal umschreibt man es auch als das Ergreifen einer Gelegenheit. Für mich scheint es eher so zu sein, dass die Vernunft eine Lücke füllt, die durch einen Traum entstanden ist.

Mein Traum, so hatte ich gedacht, war, hier in Amerika etwas zu finden. Ich hatte mich geirrt. Irgendetwas hatte mich hierher verschlagen, nicht um etwas zu bekommen, sondern um etwas zu geben, und wenn es auch nur die Weitergabe eines Traums war.

In andere Länder zu gehen, die sich an der sinnlosen Ausbeutung der Ozeane beteiligten, in die UdSSR zum Beispiel oder nach Japan, würde keinen Zweck erfüllen – ich könnte ebenso gut wie ein Wolf den Mond anheulen. Aber Amerika ist offen für Ideen, selbst wenn sie im Augenblick nicht im Interesse des Landes zu liegen scheinen, sondern scheinbar im Gegensatz dazu stehen. Die Amerikaner würden mir zunächst nicht sehr interessiert zuhören, aber selbst wenn sie dachten, ich wäre ein armer Irrer, würden sie mich weder einlochen noch hinauswerfen. Und wenn meine Befürchtungen und Ängste um die Zukunft der Weltmeere sich mehr und mehr bewahrheiten sollten, dann würden die Amerikaner nicht nur besser zuhören, sondern bald würden auch viele die Konsequenzen selbst erkennen und eine Änderung verlangen. Natürlich hört es niemand gerne, wenn man ihm sagt, dass der Kurs, den er steuert, falsch ist. Aber ich kannte auch genug amerikanische Seeleute und wusste, dass ihnen eine Einhundertachtzig-Grad-Wende genau so vertraut war wie mir selbst. Viele von Ihnen wussten, dass ich nicht aus England kam, nicht aus Wales, sondern direkt von der See, die nur einen gültigen Pass ausstellt – hart erarbeitete Erfahrung. Und in dem Pass der See gibt es nur drei Stempel: Liebe und Respekt für sie und den Willen, alles auf sich zu nehmen, um ihre Werte zu erhalten. Die See liebt keine vollen Brieftaschen, sondern volle Herzen. Sie schert sich nicht einen Deut um das Selbstmitleid eines Menschen, aber sie schätzt es, wenn jemand um sie besorgt ist, um ihre bedrohte Schönheit.

Je mehr ich über die Einhundertachtzig-Grad-Wende nachdachte, die wegführen müsste von den Nachwirkungen der Industriellen Revolution, umso mehr fragte ich mich, ob es nicht vielleicht eine absolute Notwendigkeit war, die starren Formen, in die wir hineingeboren worden waren, endlich aufzubrechen, um zu einer besseren, helleren Welt zu gelangen, die für uns in der Zukunft bereit liegt, wenn wir die richtigen Schritte ergreifen. Es schien mir, dass das Leben an Land sich immer noch in den Maßstäben des neunzehnten Jahrhunderts abspielte. Soziale Strukturen, restriktive Familienerziehung, uralte Gesetze, politische Zuordnung in „rechts“ und „links“, all das sollte am besten – und so schnell wie möglich – den Dinosauriern folgen, zusammen mit den die Umwelt verpestenden Autos und dreckspuckenden Öltankern.

Ich verließ den Landungssteg und ging zurück in die schmutzigen Strassen der Stadt. Ich wusste, dass mich die meisten Landratten als einen Spinner bezeichnen würden, einen Idealisten. Das war ihr gutes Recht. Aber es war auch mein Recht, meine Ideale zu Gehör zu bringen und zu versuchen, meinem Traum ein wenig Realität zu verleihen. Und das war der Grund, warum *Sea Dart* hierher kam. Nun musste ich einen Weg finden, meine Ideen und meine Träume dort vorzutragen, wo es etwas bewirken würde – ich musste sie in die Arterien der Kultur der modernen Landbewohner injizieren – in das Geschäftsleben, die Landwirtschaft, die Medien und in die Organe der Regierung – mitten ins Herz des Kontrollsystems.

Dass es bereits Organisationen gab, die gegen die unsinnige Ausbeutung der Ozeane protestierten, wusste ich. Aber wegen meiner ureigenen Natur wollte ich ihnen nicht beitreten, außerdem ließ das meine derzeitige Arbeitsbelastung nicht zu. Ich war schon immer ein Einzelgänger gewesen, also würde ich das, was ich zu sagen hatte, auch alleine sagen, zusammen mit *Sea Dart*. Es wäre vollkommen sinnlos, den Sermon zu wiederholen, den die Umweltschützer predigten. So wie ich es sah, war es meine Aufgabe zu versuchen, über die Leute der See nachzudenken – über die Seeleute – und über das Segeln schlechthin. Es war meine Aufgabe, auf dem Festland eine Verwunderung zu erzeugen: Wie kann ein einzelner Mann so etwas fertig bringen, ohne dass er dazu die Ressourcen der Erde in Mitleidenschaft zieht? Warum können wir das nicht alle so machen? Wenn ein einzelner Mann, der noch nicht einmal einen offiziellen Schulabschluss hat, solche Hindernisse und Gefahren überwinden kann, warum können wir nicht mit unseren Supergehirnen, alle zusammen, eine Änderung herbeiführen?

Gleichzeitig war mir klar, dass ich leiden musste, und das sehr oft. Die Einstellung der Landbewohner würde mir zu schaffen machen, speziell mir altem Seemann, der auf kleinen Schiffen segelte. Für sie wäre ich ein entweder ein „Faktotum", ein „alter Salzbuckel" – oder ein Halbverrückter. An Land denkt man simpel, je kleiner das Schiff, umso kleiner das Gehirn des Skippers – aber der Ozean weiß es besser. Ich würde einige Jahre brauchen, einige Bücher schreiben und meinen Lesern sogar vorgaukeln müssen, ich wäre in ihr Lager übergelaufen, bevor ich hoffen konnte, auch nur das leiseste Gehör zu finden. Ich musste darauf hoffen, dass die Menschen, die meine Bücher lasen, sich nicht nur an den Geschichten und dem Humor erfreuten, sondern auch die Anstrengung zur Kenntnis nehmen würden, nicht nur die physische und mentale Anstrengung auf See, sondern auch das Leiden bei dem Gedanken, was mit unserer Welt passiert und besonders mit den Ozeanen.

Ich ging über den Fischmarkt auf der Fulton Street und versuchte, mir den Ozean vorzustellen, den ich mit *Sea Dart* überqueren wollte, einen Ozean aus scheinbarer Taubheit und Desinteresse für die Belange der Meere. Ich konnte die Sache nicht in Angriff nehmen wie Cousteau – ich hatte weder eine wissenschaftliche Ausbildung noch hatte ich staatliche Fördermittel im Rücken. Ich hatte auch keine Sponsoren aus dem Industrie- oder Medienbereich wie Heyerdahl, Chichester oder andere bekannte Ozeansegler. Alles was ich hatte, war eine Schreibmaschine, ein notdürftig möbliertes Zimmer und ein neunzehn Fuß langes Schiffchen, das über alle Maßen mitgenommen aussah und gerade aus den schwarzen Wolken unbezahlbarer Schulden hervorkam. Es war immer noch viereinhalbtausend Meilen weit weg, unbekannt, ohne Ehren, wie ein Stückchen Treibholz am Strand.

Ich wusste, dass ich meine Rolle zu spielen hatte. Das würde ein wenig Überwindung brauchen – ich wäre nicht in der Lage, etwas anderes darzustellen als das, was ich war. Ich musste der „alte Salzbuckel" sein. Aber um die Ohren der Menschen zu erreichen und um zu ihnen über die Zerstörung der Meere sprechen zu können, der letzten unverdorbenen Ressource dieser Welt, würde ich auch in einem Clownskostüm auf den Händen und Knien durch Glasscherben laufen – wenn es sein musste, mit einer knallroten Nase, nach San Francisco und zurück.

Ich erwartete, dass man mir nach dem Erwachen eines gewissen Interesses zur Reinhaltung der Ozeane vorwerfen würde, ich hätte maßlos übertrieben, litte an Größenwahn, würde mein Steckenpferd reiten – aber das würde an mir ablaufen wie Wasser vom Rücken einer Ente. Ich würde anecken bei Leuten, die die Seefahrt nur als Statussymbol werten, aber das wäre mir ziemlich egal. In dieser Hinsicht gab es eh' nichts zu verlieren, und das ist es, was zählt.

Ich gab mir fünf Jahre an Land, um an dieser Sache zu arbeiten. Ein Jahr hatte ich bereits für die Vorbereitungen gebraucht, um überhaupt erst eine Basis zu schaffen, und um mein Schiff aus dem Strudel heraus zu bekommen, in das ich es selbst hineinmanövriert hatte.

Die Teile des Puzzles, das mein Schicksal war, und über dem ich mein Hirn zermartert hatte, um darin einen Rhythmus und Sinn zu finden, fingen an, sich zu ordnen, ein Teil nach dem anderen. Ich konnte die Teile geradezu in ihren passenden Ausschnitt schnappen hören. Jetzt sah ich das Ganze ziemlich klar vor mir – warum mich das Schicksal im vergangenen Jahr nach New York geführt hatte, warum ich die Reise mit *Star Rider* hatte machen müssen, warum es mich nach New York zurück verschlagen hatte, wie von einer unsichtbaren Hand geführt, und warum der Verleger meines kommenden Buches ausgerechnet in Kansas City ansässig war, mitten im Herzen dieser mächtigen Nation. Aber trotzdem fehlte noch etwas.

Ich setzte mich und dachte nach, eine Stunde lang vielleicht. Dann fühlte ich einen unwiderstehlichen Drang in mir. Ich machte mich auf den Weg zur U-Bahn. Jetzt wusste ich genau, wohin ich wollte.

An der Sixty-eighth Street stieg ich aus, und bald drückte ich auf die Klingel des vornehmen Explorers Club. Ich hatte einige Zeit lang mit dem Club korrespondiert. Innen in der Eingangshalle hingen Bilder von berühmten Personen der Vergangenheit und der Gegenwart – Teddy Roosevelt, Admiral Byrd, Thor Heyerdahl, Jaques Cousteau. Es herrschte eine fürstliche Stille in dieser Halle, als ich darauf wartete, dass mich jemand empfangen würde. Ich setzte mich auf ein schweres Ledersofa. Bald darauf kam ein großer schlanker Mann auf mich zu; er war etwa in meinem Alter. Er lächelte mich an und reichte mir die Hand.

„Hi, Tristan Jones? Willkommen im Explorers Club und willkommen in New York. Ich bin Russ Gurney, ich bin Speläologist."

„Was?"

„Höhlenforscher."

„Guten Tag", sagte ich.

„Es scheint, du hast einen guten Tage erwischt, normalerweise sind am Wochenende keine Mitglieder hier. Ich habe jahrelang darauf gewartet, dass du endlich einmal hier auftauchst. Andere Mitglieder haben erzählt, dass du auf den Virgin Islands bist. Wo hast du gesteckt? Kommst du von einer anderen verrückten Reise zurück?"

„So ungefähr ... Ich bin schon ein paar Monate hier, bringe im Juni ein Buch heraus ... schreibe an drei weiteren", erklärte ich.

„Wo ist dein Schiff? ... *Sea Dart*, nicht wahr?"

Ich erzählte ihm, was mit *Sea Dart* passiert war und dass sie im April nach New York verschifft würde.

„Und was wirst du dann machen?"

„Ich werde sie im South Street Seeport lassen – Frank Braynard hat mir einen kostenlosen Liegeplatz angeboten, bis ich wieder reisefertig bin."

„Und wo willst du dann hin?"

„Ich weiß noch nicht – es gibt Dinge, die ich vor einer nächsten Reise erledigen möchte."

Russel schaute mich eine Weile lang an. Ich hatte meine Jeans mit den Farbspritzern an und meine gelbe Ölzeugjacke dabei. Plötzlich fing sein Gesicht an zu strahlen.

„Ich habe plötzlich eine ganz verrückte Idee!", sagte er.

„Und die wäre, Mr. Gurney?"

„Ach, nenn' mich doch Russ. Schau mal, unser jährliches Klubessen ist für Mitte April angesetzt. Wann kommt dein Schiff hier an?"

„Am neunten April."

„Unser Clubessen ist am fünfzehnten April – hast du nicht gesagt, das Schiff wäre sehr klein?"

„Neunzehn Fuß, wenn man das Bugspriet abmontiert."

„Wäre das nicht toll, wenn man sie in den Festsaal schaffen könnte ... es gibt da eine Bühne ... wir könnten sie dort aufstellen ... toll nicht? Es kommen so etwa fünfzehnhundert prominente Leute aus ganz Amerika ...

Mr. Rockwell, der Elektronik-Industrielle, Lowell Thomas, Jimmy Doolittle, Lovell, der Astronaut ..."

Ich unterbrach Russel: „Wo?"

„Du musst natürlich heraus finden, ob du das Schiff da hinauf schaffen kannst. Es ist im vierten Stock und mitten im Gebäude, also nicht direkt bei den Fahrstühlen ..."

„Wo?", fragte ich aufgeregt.

„Im Hotel Waldorf Astoria."

Russell schaute mich an, während ich die Chancen abwog. Die Idee, ein komplettes seetüchtiges Schiff durch die Eingeweide eines der berühmtesten Hotels der Welt zu schaffen, war atemberaubend, aber das war die Aufgabe, die ich mir selbst gestellt hatte, die Sache der Ozeane an die Öffentlichkeit zu bringen, auch. Wenn ich versagen würde, dann würden mich die Landmenschen als Missetäter ansehen, und die Seeleute, die ich nicht überzeugen musste, würden mich für einen Narren halten. Zwischen beiden – dem Sünder und dem Narren – gibt es für einen Seemann so gut wie keinen Unterschied. Sollte ich versagen, dann würde die Zeit die Fehler der Landbewohner verschlimmern, und für die wirklichen Seeleute ... aber wer kann schon ein echter Seemann sein oder ein echter Entdecker, wenn er niemals im Leben ein Narr war? Und wenn ich Erfolg hätte, dann würde man mir später vorwerfen, ich sei ein Egoist, besessen von meinen eigenen Ideen – was würde ich Ihnen entgegen halten? – „Vielleicht bin ich das, aber ich habe die Schwierigkeiten überwunden, und wenn ich es kann, dann könnt ihr es auch!" Sie würden fragen, wieso ich mich zum Fürsprecher der Ozeane erkoren fühlte, mit welchem Recht? Ich würde die wissenschaftlichen Zusammenhänge im Ozean noch nicht einmal kennen. Aber ich kann nur versuchen, die Schönheit der Meere zu beschreiben, ihren betörenden Charme, ihre herrliche Erhabenheit – aber auch ihren angsteinflössenden Terror, ihre Wut, ihre haarsträubende Grausamkeit. Wie konnte ich in Anspruch nehmen, etwas von dem zu wissen, was der blutigste Anfängerstudent in Marinebiologie bereits lernt? Nein – ich konnte nur ein Fürsprecher für mich selbst sein und für einige der Seeleute, die ich kannte und für die immer wieder anders erscheinenden Schimmer aus blauem, grauen und grünem Wunder die seit langem meine geliebte Heimat waren. Vielleicht könnte ich nebenbei irgendwie hinweisen auf die Disziplin, das Können und den Willen, der jedem von uns Seeleuten abverlangt wird. Und ich könnte versuchen, das Gesetz der See in die

Sprache der Landmenschen zu übersetzen, aber selbst wenn mir das gelänge, würden sie sagen: „Das ist eine Stimme aus der Vergangenheit", genau so wie die anderen, Melville, London, Slocum und Conrad. Nur die Seeleute werden wissen, dass es eine Stimme aus der Vergangenheit und der Gegenwart ist – dass das, was sie sagt, für heute gilt. Aber die Seeleute wissen selbst, was mit den Ozeanen passiert, was ihnen droht, und sie wissen auch, dass die Stimme für die Zukunft der Menschheit spricht, denn der Ozean selbst kennt keine Zeit. Für ihn ist die Ewigkeit nur ein Moment, und jeder Moment dauert eine Ewigkeit – für den Ozean gibt es kein „später", für ihn gab und gibt es immer nur das „jetzt". Für ihn gibt es auch kein „du" und „ich", sondern immer nur „wir".

„Aber", würden meine Freunde sagen, „du erzählst ihnen Dinge, die sie gar nicht hören wollen! Sie erwarten nur etwas Romantik von der See." Und ich würde antworten: „Aber seht ihr das nicht? Könnt ihr das nicht verstehen? Das ist ihre Romantik! Rettet sie! Sagt den anderen, sie sollen sie respektieren, sie schützen, sie lieben – sie sollen aufhören, die See zu vergewaltigen! Dann gibt ihnen die See alles tausendfach zurück!"

Und wohin sollte ich meine kleine Heldin, die auf dem Weg nach New York war, ausführen: natürlich ins beste Hotel der Stadt!

Endlich konnte ich wieder Worte fassen. „Kannst du mir die Adresse geben ... ich werde hinfahren und mich dort einmal umschauen?"

Russell lachte. „Nein, nicht so hastig, erst müssen wir einen Termin abmachen mit den Leuten vom Hotel ..."

Die ganze Zeit über wusste ich, dass jetzt das letzte Teil meines Puzzles an den richtigen Platz gefallen war. Ich sagte: „Ich schaff' sie da hinauf, Russell, und wenn es mich umbringt."

Nachdem ich den Explorers Club verlassen hatte, rief ich ein paar gute Freunde an, die ich von der Karibik her kannte. Sie lebten an der Sixty-ninth Street in einem Appartement, das ich ungeheuer groß und luxuriös fand.

„Wo hast du gesteckt?", fragten sie.

„Ach, mal hier, mal da ... Herumstochern und Schreiben", sagte ich.

„Warum hast du uns denn nicht schon früher besucht?", fragten sie.

Ich murmelte einige Entschuldigungen, „zu beschäftigt" und so. Wie hätte ich ihre Gastfreundschaft missbrauchen können, als ich im Begriff war, mich von dem Riff herunterzuschaffen. Ich denke, sie merkten trotzdem, was ich hinter mir hatte, und sie waren noch hilfreicher und nachsichtiger, als ich es erwartet hatte. Ihre beiden Kinder hatten Spaß an mir, sie wunderten sich über diese piratengleiche Figur, die da plötzlich aus dem Nichts aufgetaucht war und ihre Späße mitmachte, auch wenn sie ein wenig rauer wurden, und die statt leiser Ermahnungen einfach rief: „Hier festmachen!"

In der folgenden Woche ging ich zum Waldorf Astoria. Die genauen Maße von *Sea Dart* hatte ich nicht, nur ihre Länge; der Messbrief lag immer noch im Schiff, und an das konnte man wegen des Zollverschlusses nicht heran. Der würde erst außerhalb von England aufgehoben, im Moment durfte keiner an Bord. Aber ich hatte eine gute Vorstellung von der Höhe und Breite, also ging ich mit einem Sicherheitsmann des Hotels die Route ab, die sie zwischen dem Lastenaufzug (ich war nicht sicher, ob sie da hinein passen würde, vielleicht schräg) und dem Ballsaal zurückzulegen hatte. Die Route führte durch die Küchen (das würde sie schaffen, wenn sie nur 10 Zentimeter schlanker wäre) und durch die sehr eleganten Vorräume und Tanzsäle (sie würde ganz knapp durch die Flure passen, wenn sie 20 Zentimeter niedriger wäre). Ich rief Russell an. „Sie wird es schaffen, Russ", sagte ich.

Als ich nach Hause kam, fand ich gute Nachrichten vor. Das *Quest Magazin* hatte Auszüge aus meiner *Unglaublichen Seereise* abgedruckt, und die Herausgeber boten gemäß meiner Frage an, für *Sea Darts* Transport von den Docks in New Jersey bis zum Waldorf Astoria aufzukommen, wenn ich bereit wäre, ihre Werbung im Rigg anzubringen. Werbung? – was soll's, um den Ozeanen zu helfen, würde ich auch einen Mann im Rigg aufhängen.

Es gab auch eine schlechte Nachricht: Das Schiff mit *Sea Dart* an Bord hatte Verspätung. Es würde erst am vierzehnten April ankommen – der Ball war am fünfzehnten. Das gab mir nur einen einzigen Tag, um *Sea Darts* drei Tonnen vom Hafen Bayonne ins Waldorf zu schaffen. „Okay ...", dachte ich, und fügte nach Art der Seeleute hinzu: „... wenn alles klappt." Dann redete ich mir ein, dass die Götter der See das schon bewerkstelligen würden.

Am vierzehnten April wartete ich zusammen mit Don Holway, einem Fotografen des *Quest Magazins*, am Dock in Bayonne, New Jersey, auf den Frachter *Atlantic Champagne* der Cunard Reederei. In der Morgensonne schaute ich hinüber auf den Dunst, der über Manhattan und der Freiheitsstatue aufstieg. Ich dachte an das andere Bayonne, in Frankreich, so weit weg und so grundverschieden.

Don und ich waren früh gekommen; gerade war Schichtwechsel an den Docks, und die Tagescrew kam durch das Tor. Wir schauten herum und warteten. Endlich sahen wir das Schiff im Nebel über dem Hudson auftauchen und dem Landedock zustreben.

„Auf was wartet ihr Typen eigentlich?“ Ein kleiner runder Mann von etwa Vierzig sprach uns an. Er hatte rabenschwarzes Haar und einen buschigen Schnauzbart. Er hatte die üblichen Klamotten der Dockarbeiter an, und auf dem Kopf trug er den obligatorischen Schutzhelm, genau wie wir – Vorschrift.

„Wir warten auf die *Atlantic Champagne*, bis sie entladen wird“, sagte Don.

„Habt ihr da Material an Bord, auf dem Schiff?“

„Ich warte auf mein Boot“, antwortete ich, „es muss sofort an Land, noch heut' morgen.“ Ich hatte nur noch sechsunddreißig Stunden bis zum Ball.

„Wo soll's denn hin?“ fragte er und nickte. „Ich heiße Eddy ... bin der Vorarbeiter hier.“

„Manhattan“, das Waldorf Astoria war etwa dreißig Kilometer weit weg.

„Da habt ihr kein Glück, Kumpels ... die Schauerleute sind gerade in Streik getreten ... ich bin der Vorarbeiter hier ... sie erlauben, dass man das Schiff entlädt, das ganze Zeugs an Land schafft ... aber danach geht nix mehr. Kommt das Boot ins Wasser oder was?“

„Nein, auf den Lastwagen da, oben auf die Pritsche“, sagte ich und zeigte auf den riesigen Bootstransporter, den mein Verleger organisiert hatte.

„Pech für euch, Kumpels“, sagte Eddie, „die Kranführer werden das nicht machen ... gegen die Vorschriften der Gewerkschaft“, stellte Eddy fest.

„Was denkst du, wie lange wird der Streik anhalten?“, fragte Don.

„Oh ... vielleicht eine Woche, vielleicht zehn Tage ... wie zum Teufel soll ich das wissen?“

„Aber das Boot muss morgen Mittag im Waldorf sein!“, sagte ich und fühlte mich idiotisch dabei.

Zu Dritt standen wir da und schauten zu, wie sich die Bugklappe des Frachters langsam öffnete. Ungeduldig wartete ich auf den Augenblick, in dem ich *Sea Dart* sehen würde. Es war eine lange Zeit vergangen seit unserer Trennung an diesem bitteren Tag in Newport vor zwanzig Monaten. Zwanzig Monate ... und eine Ewigkeit.

„Scheiße“, sagte Eddie, „aber gegen die Gewerkschaft kann'ste nix machen.“

There is no frigate like a book,
To take us lands away,
Nor any coursers like a page
Of prancing poetry.

This traverse may be the poorest take
Without oppress or toll;
How frugal is the chariot
That bears the human soul!

(Keine Fregatte ist so mächtig wie ein Buch,
Um uns von Land zu Land zu tragen,
Und keine Rösser schneller als eine Seite
Voll tänzelnder Poesie.

Diesen Weg mögen die Ärmsten nehmen,
Ganz ohne Druck und Zoll;
Wie schlicht ist das Gefährt,
Das eine menschliche Seele beflügelt!)

Emily Dickinson

20 Mitten durch

Der raue Wind aus Norden auf dem Dock von Bayonne in New Jersey stach wie mit eisigen Messern auf uns ein.

Ich zitterte, und das nicht nur, weil ich fror. Eddie sah mich von der Seite an.

„Bist du aus der Gegend hier, Kumpel?“, fragte er mich neugierig.

„Nein, bin von Manhattan herüber gekommen“, antwortete ich und wusste nicht, ob ich darauf eingebildet sein sollte oder nicht. Es war mein erster Besuch in New Jersey.

„Nee... ich meine, du bist so'n Tommy, richtig?“

„So ungefähr ... ich komme aus Wales.“

„Ist das irgendwo in Italien?“

„Italien? ... also ziemlich in der Nähe ... sagen wir etwa so weit weg wie Florida von New Jersey ...“

„Meine Familie stammt da her“, sagte Eddie. „Wie gefällt dir New Jersey?“

Es war zwar mein erster Besuch, aber ich sagte „Prima!“ Es war mir ziemlich egal, wo das Wiedersehen mit meiner geliebten *Sea Dart* erfolgen würde.

„Wir kriegen die Dinge geregelt, hier in Jersey ...“, sagte Eddie. Don grinste mich an, und ich versuchte, eine ruhigen Gesichtsausdruck zu bewahren. Ich entschied mich dafür, Eddie ein wenig Nachhilfe zu geben.

„Weißt du, dass New Jersey nach einem Italiener benannt ist?“, fragte ich ihn.

„Wieso das denn?“, fragte Eddie, während wir zusahen, wie die Entlademannschaft auf das Schiff ging, „ist es nicht nach einer Tommy-Insel benannt? Das haben sie mir jedenfalls als Kind beigebracht.“

„Also, das ist schon richtig, Eddie, aber die Tommy-Insel war vorher schon nach einem Italiener benannt.“

„Wieso das denn?“

„Also, die Römer eroberten Großbritannien und die Inseln drum herum, und sie benannten eine Insel nach Julius Caesar – Caesaria – aber die einheimischen Kelten konnten das Wort nicht richtig aussprechen und nach einer gewissen Zeit wurde daraus 'Jersey' ...“

„Was du nicht sagst!“, sagte Eddie. Don hatte die Augenbrauen hochgezogen und starrte mich an.

„So wahr ich hier stehe, Eddie!“

Eddie verstummte eine Zeitlang. Dann grinste er mich an und sagte: „Hab immer gewusst, dass die Tommys ganz schön doof sind.“

Ich hätte ihm noch erzählen können, dass wir schon ganz schön doof sein mussten, um die Hälfte der Spaghetti, die dort verzehrt wurden, nach Italien zu exportieren, aber dann hielt ich es für besser, die Klappe zu halten.

Schweigend standen wir da und warteten. Ein Dutzend Autos kam aus der offenen Bugklappe des Frachters *Atlantic Champagne* heraus, es folgten einige Rennyachten, alle aus Fiberglas, und alle sahen nagelneu aus. Sie gehörten dem Cruising Club of America und kamen von einer Reise durch die europäischen Gewässer nach Hause. Sie sahen schlank und schön aus, sie waren vollgestopft mit teurer Ausrüstung. Don und Eddie waren beeindruckt.

„Was glaubst du, was so eine kostet?“, fragte Eddie, als eine knallrote Rennziege an uns vorbeizog. Ihre Beschläge aus rostfreiem Stahl blitzten in der Morgensonne.

Ich schätzte: „Ich denke, so um die achtzigtausend Dollar ... vielleicht auch hunderttausend?“

„Heiliger Strohsack!“, wisperte Eddie. Er ging hinüber und beäugte den Rumpf, der auf seinen Weitertransport wartete. Er klopfte mit dem Finger an die Schale. Mir erschien die Yacht riesig, ich schätzte sie auf fünfzig Fuß. „Die Leute gehen mit so etwas auf See?“

„Aber ja, das ist ein seetüchtiges Schiff!“

„Amerikanisch?“

„Richtig!“

„Ich denke, es gibt auch ein paar doofe Amerikaner!“

Ein halbes Dutzend weiterer Seefahrzeuge wurde auf ihren Trailern ausgeladen. Dann sah ich *Sea Dart*, ein winziger, kläglicher, aber unverwechselbarer Schatten im Halbdunkel des Laderaums. Ich wollte hin zu ihr, auf das Schiff, aber das war nicht erlaubt. Weitere zehn Minuten lang stand ich schweigend da und beobachtete den Schatten. Meine beiden Begleiter schienen zu wissen, dass das für mich ein heiliger Moment war, keiner von Ihnen sagte auch nur ein Wort. Dann war sie an der Reihe, ein schwerer Traktor wurde an ihrem Lagerbock festgemacht und zog sie so schnell an Land, dass sie auf ihrem Bock hin und her sprang, als der Traktor über die Rampe donnerte. Bald danach war *Sea Dart* neben den Schiffen des Cruising Clubs abgestellt. Sie sah aus wie ein altes blindes Grubenpony, das sich beim königlichen Rennen in Ascot unter die Klassepferde gemischt hatte.

Sie war unglaublich verdreckt, und ihre Planenpersenning hing in Fetzen herunter. Ihre Seiten zeigten immer noch die Schrammen, die sie sich damals beim Sturm im Delta des Rio de la Plata zugezogen hatte, die großen Kerben in der Scheuerleiste, die Wunden, die ihr der wilde Paraná geschlagen hatte, waren jetzt wettergegerbt und das gesplitterte Holz an Deck sah aus wie ein Siegerkranz aus Eichenlaub. Am Heck flatterte ein kleiner Überrest ihrer britischen Nationale wie ein Salut an Amerika.

Don und Eddie mussten irgendwie fühlen, was in mir vorging, sie folgten mir nicht nach, als ich zu ihr hinüber ging. Da saß sie also auf ihren drei Kielen – und sie grinste! Ich ging ganz nah an sie heran, legte meine Hand auf ihren geflickten Spiegel, den ich in Montevideo notdürftig repariert hatte. Ich ließ meine Finger über die rauen Stellen gleiten, dann knallte ich ihr die Hand auf den Hintern und sagte leise, dass nur sie es hören konnte: „Du verdammtes kleines Biest ... du hast es geschafft!“ Mir schien, als würde sie leise zittern, aber für die anderen waren es nur die Erschütterungen des Bodens, weil wieder ein Trailer vorbei rumpelte. Ich schaute mich nach meinen beiden neuen Freunden um, aber ich sah sie wie durch einen Nebel hindurch. Ich schaute wieder meine *Sea Dart* an und fuhr mit der Hand über ihre Planken, um mich zu vergewissern, dass sie endlich bei mir war, in Sicherheit.

Don wanderte herum und schoss einige Fotos. Eddie stand einfach nur so da und schaute zwischen *Sea Dart* und mir hin und her – er sah skeptisch drein.

„Alles in Ordnung, Tristan?“, rief Don.

Ich musste schlucken, bevor ich antworten konnte. „An Deck sieht alles gut aus, Don, aber so ein Sauhund hat die Winschen geklaut, muss wohl bei der Zwischenlagerung im Dock in Southampton passiert sein – sonst war sie immer unter Zollverschluss. War sicher so eine verfluchte Dockratte in Southampton – schau, sie haben die Winschen einfach herausgerissen ... müssen es eilig gehabt haben ..."

„Verdammte Schweine!", sagte Eddie.

„Kannst du laut sagen, Eddie. Ich hoffe der Scheißkerl, der meine Winschen geklaut hat, bleibt mit den Eiern in der Fockschot hängen."

Eddie schüttelte den Kopf. „Nee...", sagte er, „... ich meine ... dieses verdammte Schiff willst du ins Waldorf bringen?"

„Ja, genau wie ich gesagt habe, sie hat eine Einladung für den Empfang morgen Abend."

„Und mit diesem verdammten Ding willst du auf See?"

„Sie ist ein ganz seetüchtiges Schiff, Eddie, sie hat alles was notwendig ist ... eine Küche ..."

„Ein Bett auch?"

„Sicher, drei Stück sogar."

„Verdammt ...", Eddie nahm seinen Helm ab und kratzte sich am Kopf. „... Was fängst du den ganzen Tag mit dir an, auf See?"

„Oh, ich arbeite, repariere die Segel ... lese", sagte ich.

„Du meinst, es gibt auch eine Bibliothek?"

„Also, ein kleines Bücherschapp."

„Wie viele Bücher hast du?"

„Oh, vielleicht dreißig, vierzig, ungefähr so viele, aber jetzt sind sie wahrscheinlich alle verschimmelt."

Eddie schüttelte den Kopf. Er drehte sich schweigend um und schlenderte zu der Gruppe von streikenden Schauermännern hinüber, die am Eingang zum Büro herumstanden. „Hallo, Männer!", bellte er. Die Herumstehenden schauten ihn abgeschlafft an. „Kommt mal hier rüber – das müsst ihr sehen, verdammt noch mal!" Die Gruppe der Schauerleute, alle mit Helm, schlenderte herüber.

„Schaut euch das an, Kumpels", sagte Eddie, „das werdet ihr im Leben nie wieder sehen, verdammt ... dieser Kerl geht mit diesem winzigen Eimerchen da auf See ... und ich scheiß mir schon in die Hosen, wenn ich zum Fischen mit Bozos Fünfzigfüßer vor die New Jersey Küste fahre." Joe, einer aus der Gruppe, drehte sich zu mir um. „Hör' zu ...", flüsterte er heiser, „wir Kerle ... wir dürften das eigentlich nicht machen ... aber wir holen dich aus der Klemme, Kumpel!"

Eddie wandte sich wieder an seine Kohorten. „Charlie, schaff' das verdammte Schiff hier raus, runter auf den Parkplatz. Jimmy, du fährst den

Kran aus dem Tor raus und folgst ihnen, und dann hebst du es drunten auf den Laster!“ Er drehte sich zu mir um. „Ihr müsst blitzschnell weg, denn wenn uns jemand beobachtet ... aber zuerst kommst du und dein Kumpel mit mir und trinkt eine Tasse Kaffee mit mir, im Büro, ich hab' was für dich ... aus meiner früheren Heimat!“

In Minutenschnelle hatten sie das Schiff die Straße hinunter geschafft und auf die Pritsche des Lastwagens gehievt. Don und ich gingen mit dem Vorarbeiter ins Büro. Eddie schenkte uns Kaffee ein, dann verschwand er in den Tiefen des Büros. Schweigend schauten wir durch das Fenster hinaus, einen Augenblick lang hob sich der Dunst über dem Fluss und man konnte eine graue Silhouette erkennen. „Schiff?“, fragte Don lakonisch.

„Freiheitsstatue“, sagte ich.

„Oh, ja, richtig, wir sind ja fast genau unter ihr“, stellte er fest.

„Praktisch ja“, bemerkte ich.

Da war etwas da draußen vor dem Fenster, etwas, das mich zu rufen schien, etwas das mir fühlbare Kraft gab, dessen Rufen ich am ganzen Körper fühlen konnte, ein Schlüsselwort. Stolz? Hoffnung? Erbarmen? Ein Gefühl des Verlangens ging durch mich hindurch, ein Wollen, etwas Gutes zu tun, etwas Richtiges zu tun. Es war, als wenn ich durch den nebligen Dunst hindurch reichen könnte, über das Wasser hinweg, um die Freiheitsstatue herum, hinaus in den weiten rollenden Atlantik, ich fühlte sein Herz pochen, er entfachte in mir eine unglaubliche Sehnsucht, ein unendliches Verlangen, eine fast hoffnungslose Leidenschaft.

Minuten später kam Eddie zurück. „Also hier, Kumpels ... aus meiner alten Heimat ... für dein Bücherbrett.“ Eddie grinste scheu und gab mir einen großen braunen Umschlag. Dann sagte er zu Don und mir, „Wahnsinn ... ein paar Kerle da drin, die haben Prügel wie Esel, da drin, und die Möpse ... und ein paar von den Weibern da drin ...“ Er hielt sich die Hände schalenförmig vor die Brust, dann spreizte er die Arme und wedelte hin und her. „Ein paar von den Schwestern ...“, er schüttelte mit dem Kopf, „ ... die müssen schöne Orgien gefeiert haben, in dem alten Land.“

Ich öffnete den Umschlag, es war ein großes Buch drin. Ich las den Titel: *Erotische Kunst im alten Pompeji.*

Dieses Buch gehört immer noch zu meinen wenigen Habseligkeiten. Eines Tages werde ich es mitnehmen nach Pompeji, wenn ich die „Kerle“ da besuche und die „Schwestern“ des zwanzigsten Jahrhunderts, um ihnen Grüße von Eddie zu überbringen – ich denke, sie werden ihn bereits kennen.

Wie sie damals in Pompeji sagten: *tempus fugit* – die Zeit fliegt, und bei uns flog sie auch, als wir durch Jersey City zischten über die George Washington Bridge, zu der Werft in der Bronx. Ich will die Fahrt gar nicht erst beschreiben, es gibt bereits genug Reiseführer und Filme darüber. Und die New Yorker kennen die Strecke, und die, die noch nie in Babylon-on-Hudson waren, werden sie sich bildlich vorstellen können. Doch *Sea Dart* war gut auf dem Laster festgezurrt, abgefedert und gepolstert, wie es sich für eine Geliebte gehört.

In der Werft ließen wir *Sea Dart* über Nacht auf der Pritsche gut bewacht zurück. Ich gab ihr einen Gute-Nacht-Klaps und machte mich mit Don auf den Weg nach Manhattan.

Am nächsten Tag, dem fünfzehnten April, holte mich Don mit einem Fahrer ab, damit er selbst Bilder machen konnte. Der Lastwagen mit *Sea Dart* fuhr durch die mit Unrat übersäten Straßen und die Schlaglöcher in Richtung Manhattan. Gegen drei Uhr nachmittags hatte der Fahrer sein Ungetüm gekonnt in die Ladebucht des Waldorf Astoria hinein manövriert. Gegen vier Uhr hob ein schwerer Gabelstapler *Sea Dart* vom Wagen auf den Bürgersteig mitsamt ihrem Lagerbock. Don schoss Bilder und half, wo er konnte. Der Laster röhrte von dannen, sein Job (und ein guter Job) war erledigt. Der Gabelstapler verschwand wie weggezaubert, und ich stand mit Don neben dem Schiff auf dem Bürgersteig.

„Und was machen wir jetzt, Tristan?", fragte Don.

„Wir schaffen sie in den Lastenaufzug", sagte ich und hängte mein ganzes Gewicht ans Heck. „Mir bleiben nur noch drei Stunden, um sie in den Ballsaal zu schaffen". Ein paar Leute, die vorbeigingen, schauten uns fasziniert an, der Anblick war selbst für Manhattan etwas ungewöhnlich.

„Wir brauchen Hilfe", bemerkte Don.

„Erst wollen wir sie in den Aufzug schaffen, Don, also los, hilf mir", schnaufte ich. Don schaute mich einen Moment lang fassungslos an.

„Das alte *fait accompli*", erklärte ich.

„Das was?" Don grinste, er kannte mich inzwischen ganz gut.

„Das ist französisch und heißt: 'Hier ist es – und hier bleibt es'. Ich setzte einen Balken als Hebel an.

Don und ich brauchten eineinhalb Stunden, um den Lagerbock in den Vorraum des Aufzugs zu hebeln. Ich konzentrierte jetzt meine ganze Energie, körperliche und geistige, darauf, *Sea Dart* ihrem Ziel näher zu bringen. Jemand klopfte mir auf die Schulter. „Was zum Teufel geht hier vor?“, wollte eine barsche Stimme wissen.

Ohne mich nach meinem Inquisitor umzudrehen, grunzte ich: „Das ist ein Schiff ... es muss ... hinauf ... in den Ballsaal.“

„Ein was ... und wo soll es hin? ... ich gehöre zum Hotelschutz.“

Ich ließ den Hebebalken fallen und drehte mich schnaufend um.

Ich erblickte einen schwer gebauten Mann, ungefähr in meinem Alter; er hatte silbergraues Haar und trug einen grauen Geschäftsanzug. „Ich gehöre zum Hotelschutz“, sagte er noch einmal. Er hielt mir einen Ausweis vor die Nase. „Und dieses Ding kommt sicher nicht ins Hotel!“

„Aber sie ist für den Ball vom Explorers Club bestimmt!“, schrie ich heraus.

„Das ist mir ganz egal!“, sagte der Sicherheitsmensch. „Erstens kommt es mir nicht ins Hotel ...“, er ging einen Schritt rückwärts und schaute das Schiff an, „... und zweitens ist es zu groß für den Aufzug, und sowieso ist es eine Gefahr, und außerdem wird es Schäden anrichten, wenn ihr es hineinbekommt ...“

Ich wurde jetzt langsam ärgerlich. „Kennst du den Chefingenieur hier?“, fragte ich ihn.

„Wieso, sicher ... aber ...“

„Kannst du ihn herholen?“

„Warum, er hat sowieso keine Leute frei zum Helfen ...“

„Ich will auch keine Hilfe ...“

„Was willst du dann ...“

„Ich will zwei Elektrosägen ...“

„Sägen?“

„Ja, denn dieses Schiff hat über viertausend Seemeilen überwunden, um an dem Ball teilzunehmen, und es wird hineinkommen, selbst wenn ich es in Stücke sägen und es oben wieder zusammenkleben muss.“

Der Sicherheitsmann musterte mich von Kopf bis Fuß. Ich hatte einen Fuß vorgesetzt und hielt mich mit der Hand an der Deckkante von *Sea Dart* fest. Er schwieg einen Moment lang, dann sagte er leise: „Du bist schon ein verrückter Kerl, weißt du? Wart' einen Moment hier ...“ Er verschwand in einem Büro und ging ans Telefon.

Während der Sicherheitsmann telefonierte, tauchte Russell Gurney auf. Ein paar Sekunden später hatte er seinen Mantel abgelegt und wuchtete ebenfalls mit einem Hebebalken (Amerika, Amerika!). Jetzt waren wir zu

Dritt. Minuten später kam der Sicherheitsmann mit zwei Hotelangestellten. Ohne ein Wort zu sprechen, rollten sie die Hemdsärmel hoch und schoben und grunzten mit uns zusammen.

Ich spürte Govannons Kraft in mir. Mit bloßen Händen packte ich die Relingstützen aus solidem Gussstahl und bog sie wie Wachs zur Seite, weil sie zu hoch und im Wege waren. Dabei verrenkte ich mir die Bauchmuskeln, doch ich tröstete mich mit dem Spruch, dass das, was man krumm biegen, auch wieder grade gebogen werden kann. (Die Relingstützen brauchten 2 Wochen – meine Muskeln 2 Jahre).

Inzwischen waren wir acht Mann, auch die Leute hinter der Rezeption waren von *Sea Dart* in ihren Bann gezogen worden. Wie wir es schafften, sie in den Aufzug zu bringen, ist mir bis heute ein Rätsel, aber als wir fertig waren, stand sie diagonal schräg nach oben in der Kabine. Als die Türen sich schlossen, passte hinten und vorn kaum noch eine Zeitung dazwischen. Zwischen der Oberkante des Aufbaus und dem Sicherheitsnetz an der Decke passte nicht einmal ein Zigarettenpapier. Als wir uns noch dazu in die Kabine hineinschaffen wollten, gab es eine Überraschung, es passte nur noch eine einzige Person hinein.

„Job für den Skipper“, schnaufte Russell.

„Komme schon!“, sagte ich, und schob mich im Dunkeln auf das Vordeck hinauf, wo ich eingeklemmt verharrte.

Als der Fahrstuhl anhielt und die Türen sich öffneten, kletterte ich aus meinem Verließ nach unten und reckte meine Glieder. Dann ging ich um eine scharfe Ecke herum und erkundete den weiteren Weg durch die Küchen. Ich machte das so schnell als möglich, aber ich war nicht schnell genug. Als ich mich überzeugt hatte, dass der Weg zwischen dem Cavendish-Saal und den Küchen frei war und zurück kam, erwartete mich ein wirklich bemerkenswerter Anblick.

Um mich herum standen dampfende Kessel und blitzende Öfen aus rostfreiem Stahl, die Luft war warm, aber es war nicht heiß. Es duftete nach den unterschiedlichsten köstlichen Speisen. Küchenangestellte huschten hin und her, und überall klapperten Küchenutensilien. Köche und Helfer mit hohen weißen Hüten rührten in ihren Gerichten und geheimnisvollen Kompositionen und schauten erstaunt auf das seetüchtige Segelschiff, das sich langsam aber sicher durch ihre heiligen Hallen schob, an jeder Seite nur eine Handbreit Raum. Es war eine surrealistische Szene. Verblüfft zögerte ich einen Moment lang, ich wollte den Anblick in meiner Erinnerung festhalten. *Sea Dart* gefiel die ganze Aufmerksamkeit und das Gehätschel, das ihr alleine galt. Sie fühlte sich wie eine alte Königin im Rollstuhl, die durch die Küche ihres Schlosses geschoben wird, um die Ausgaben zu kontrollieren. Ich grinste sie an und schnappte das Tau am vorderen Ende des Lagerbocks. Dann zog ich mit aller Kraft.

Sie passte haarscharf durch die Tür zwischen den Küchen und dem inneren Korridor, es hätte kein Bleistift zwischen ihren Rumpf und den Rahmen mehr gepasst, und es gelang nur, weil wir die Türscharniere abmontierten. Über ihr, zwischen dem Kabinendach und dem Türrahmen, war nur noch ein halber Zentimeter Platz. Als sie in der Mitte stand, konnte man seitwärts nicht mehr hindurch sehen. Aber Taran und Govannon waren immer mit uns, und Dagdas Caldron war zum Greifen nahe. Mir schien, als ob ein Unsichtbarer die Türpfosten zur Seite schob und den oberen Trägerbalken hochhob, damit mein Schiff hindurch passte.

Schieben, Heben, Stoßen, etwa ein Dutzend Leute arbeiteten mit Begeisterung, schnauften und grunzten und riefen einander in Englisch, Spanisch und Französisch Worte zu. Unter ihnen waren auch vier Köche, die gerade ihre Schicht beendet hatten und die das Schiff in seinen Bann gezogen hatte. Alle gemeinsam halfen sie, *Sea Dart* zu ihrem Ziel zu bringen.

Um sechs Uhr war sie im Cavendish-Saal, und die Szenerie war wiederum fast unbeschreiblich. Der Saal war riesig, halb so groß wie ein Fußballfeld, ganz mit Teppich ausgelegt und mit gewirkten Tapeten an den Wänden. Im Zentrum der hohen gewölbten Decke hing ein Kronleuchter mit Hunderten von Lampen, und darunter stand ein Dutzend Männer, die fasziniert auf ein unglaublich strapaziertes Segelschiff von neunzehn Fuß Länge blickten. Und sie liebte es, sie genoss es.

Russell nahm Maß an dem letzten verbleibenden Türrahmen zwischen dem Schiff und dem Ballsaal. Dort hatte vorher eine Veranstaltung stattgefunden, und wir hatten deshalb nicht hinein gekonnt. Er kam mit sehr ernster Miene zurück. Hinter uns waren die Türen nicht mehr zugänglich, die Scharniere waren wieder montiert, und in der Küche erreichte wegen des Anstehenden die Hektik ihren Höhepunkt. Russel benutzte einen blumigen Ausdruck: „Wir haben sie auf Schiet gesetzt, Tristan. Sie ist zu hoch für die Tür zum Ballsaal. Und vom Lagerbock kriegen wir sie nicht runter."

„Zu hoch?"

„Ja, fünf Zentimeter." Es war halb sieben, wir hatten nur noch eine halbe Stunde Zeit. „Sieht nicht so aus, als würden wir es schaffen, ohne Hebezeug bringen wir sie nicht auf den Boden, und einen Wagenheber hält der Fußboden nicht aus ... Ich denke, sie muss hier draußen bleiben.“ Sein Gesicht war düster. „Ich denke, die Gäste müssen hier heraus kommen, wenn sie das Schiff sehen wollen.“ Außer dem Scharren einiger enttäuschter Füße herrschte betretene Stille.

Seeleute sehen die Dinge anders als Landbewohner. Für sie ist ein Schiff kein Ding ... es ist die Summe all ihrer Reisen, in der Vergangenheit, der Gegenwart und der Zukunft, und sie sind bereit, ihrem Schiff alle ihre Gefühle zuteil werden zu lassen ... Liebe, Kraft, Sorgfalt ... Willen.

Ich schaute den Sicherheitsmann an, seine Schultern hingen leicht herunter. Ich drehte mich zu Don hin, er beobachtete mich, wartete. Ich schaute auf die anderen, die ihre Freizeit geopfert hatten, um *Sea Dart* zu helfen. Alle versuchten sie, meine Gedanken zu lesen.

„Ich hab' ihr versprochen, dass sie auf die Bühne kommt, Russ“, sagte ich endlich, „kannst du mir eine Säge organisieren?“

„Was willst du machen? Sie zerlegen?“, explodierte Russ.

„Bitte sag' jetzt nichts, bring' mir nur eine Säge!“

Während Russ zu seinem Auto eilte, herrschte betretene Stille unter dem Rest der Crew. Dann kletterte einer der französischen Sous-Chefs vom Cockpit herunter, von wo aus er die Kabine inspiziert hatte. Er hatte immer noch seine weiße Küchenuniform an und murmelte: „Wundervoll –wundervoll – diese Handwerksarbeit.“

Er war so um die Zwanzig. „Treestan“, sagte er, „ich bitte dich, du kannst doch nicht zersägen diese wunderschöne Holz da drin ... die Handwerksarbeit ...“ Er weinte fast. „Wie kannst du so eine wunderschöne Schiff zersägen, auch wenn es dir gehört?“

„Ich weiß, es ist wie das eigene Herz – aber es ist ihre Bestimmung, und es ist doch nur ihr Kabinendach. Das Kabinendach kann man reparieren, aber die Bestimmung muss man respektieren.“

Diese Logik leuchtete dem Franzosen einigermaßen ein. Er ging einen Schritt zurück, aber er schüttelte immer noch seinen Kopf und murmelte: „*Putain!...foutre le camp!*“

Um Viertel vor sieben war das Kabinendach bis aufs Deck abgesägt, um sieben stand *Sea Dart* auf der eineinhalb Meter hohen Bühne hinter dem Vorhang, um halb acht hatte ich die Segel gesetzt, um siebenuhrvierzig hatte ich geduscht und hatte einen Frack aus der Requisitenkammer an, und um acht Uhr begann der Festakt.

Es gab ein riesiges Vorspeisenbüffet mit Löwenlende aus Uganda, Nilpferdhäppchen, Büffelwurst, Wildschweinpastete, Hirschbraten, Reh, Wildgans, Hinterteil eines Lamas vom Titicacasee, Moschusochsenfleich, Bärenklößchen, Elch, Karibu, Walross, Gazelle, Steinbock, Lachs aus Alaska, Elefanten- und Antilopenfleisch. Die ganze Herrlichkeit war auf langen Tischen aufgebaut. Ich genehmigte mir Lachs, ich habe eher eine Beziehung zu Dingen, die aus dem Wasser kommen, und wenn man einen Frack anhat, kann man es sich leisten, pingelig zu sein.

Die Gäste und Ehrengäste bildeten eine Galaxie amerikanischen Fortschritts, der Macht, des Einflusses, und natürlich auch des guten alten Geldes. Fünfzehnhundert Stars, und ich saß am Tisch mit Fischsuppe und Wildschweinbraten, Pralinen-Soufflé und flambiertem Pfirsich. Es war das beste Essen, das ich seit langem genossen hatte, und der Wein war sehr viel besser als Irish Rose, fand ich. Die Ehrengäste saßen an einem etwas erhöht aufgebauten Tisch, alle dreiundzwanzig, einschließlich meiner Wenigkeit. Unten im Saal erblickte ich meine Verleger. Sie blinzelten mir zu. Die Damen waren prächtig rausgeputzt in ihren Abendkleidern, die Juwelen blitzten im hellen Licht. Ihre Begleiter jeglichen Alters zwischen neunzehn und neunzig waren ebenfalls mächtig heraus staffiert, natürlich alle in formeller Abendgarderobe. Aber es herrschte eine viel weniger steife und verstaubte Atmosphäre, als das bei einem ähnlichen Anlass in England der Fall gewesen wäre.

Abgesehen von Russell Gurney und ein paar anderen wusste keiner der Gäste, dass *Sea Dart* in der Nähe war – sie wussten ja noch nicht einmal, wer oder was *Sea Dart* war.

Das Thema des Abends war „Entdeckungen" – von den Tagen der alten Segelschiffe bis zum Space Shuttle.

Weil *Sea Darts* magischer Einfluss so nahe war, spielten sogar die Mikrophone mit, sie funktionierten einwandfrei, schon beim Eröffnungsmarsch *Stars and Stripes*. Danach fingen die Reden an. Den Ansager gab James Lovell, der, wie ich meinte, einen Superjob hinlegte.

„Die letzten beiden Jahrhunderte waren eine Zeit, in der die geographischen Entdeckungen explosionsartig zunahmen. Man hat die riesigen unerforschten Kontinente durchquert, die Polarregionen erforscht, die Meere überquert und die höchsten Berge erklommen. Heute ist die Reise ins All eine Realität, und ein Mensch hat seinen Fuß auf den Mond gesetzt. Heute Abend wollen wir eine kleine Pause einlegen und zurückschauen auf einige der großen Leistungen dieses Jahrhunderts, und zwar mit den Augen der

Männer, die zu diesen Entdeckungen beigetragen haben. Ihr Ehrgeiz, ihre Begeisterung und ihr Mut sind beispielhaft für die geographische Erforschung in den letzten Jahren, wir verbeugen uns vor ihnen und ihren Kollegen, die uns dieses Vermächtnis hinterlassen haben.

Wir schauen aber auch in die Zukunft und hoffen, dass der Geist und der Erfolg vergangener Entdecker die heutige Jugend dazu anregen möge, auf diesem Weg weiter zu gehen, den diese Männer so vorzüglich vorbereitet haben."

Als ich wie die anderen Gäste James Lovell applaudierte, holte ich tief Atem. „Zum letzten Satz sag' ich Amen."

Es gab fünf Redner, einschließlich mir.

Zunächst kam Professor Robert Jastrow an die Reihe, der Vorsitzende des Weltraumprogramms an der Universität von Columbia. Er war davon besessen, den Weltraum einem breiten Publikum verständlich zu machen und hatte mehrere Bücher über dieses Thema veröffentlicht. Er hielt einen faszinierenden Vortrag über die Möglichkeit des Zusammentreffens mit anderen Kulturen im All.

Willard F. Rockwell war der Nächste, er führte uns ein in das Reich der Minicomputer und Mikrochips, die es möglich machen, das Gesamtwerk Shakespeares auf einem Stück Material zu speichern, das nicht größer ist als ein Daumennagel. Sehr brauchbar auf kleinen Schiffen.

Elie Rogers, Professor an der George Washington University, zeigte uns die Wunder der mikroskopischen Fotografie und hatte Dias dabei von solch herrlichen Objekten wie den Haaren einer Fliege, die so stark vergrößert waren, dass sie die vier Meter hohe Leinwand füllten.

Dann kam Lowell Thomas, der zu berühmt ist, als dass ich ihn hier vorstellen müsste. Er hatte dreiundfünfzig Bücher geschrieben und war jetzt über Achtzig. Er zeigte uns einen Film von seiner Hochzeitsreise nach Tibet, es war ein sehr origineller Film, voller Farben und Lebensfreude. Ich war begeistert, als ich ihm später die Hand schütteln durfte.

Während Lowells Film noch lief, kam Russell an meine Seite. „Du bist der Nächste, Tristan", sagte er. Ich ging leise hinter den Vorhang auf die Bühne. *Sea Dart* sah so gut aus, wie es ihr unter den gegebenen Umständen möglich war. Ich hatte die kleinen Flaggen der Länder angebracht, die *Sea Dart* auf ihrer *Unglaublichen Seereise* besucht hatte, sechsunddreißig Stück, natürlich so, dass die übelsten Schrammen dekorativ verdeckt waren. Im Scheinwerferlicht sahen ihre Segel einigermaßen sauber und seetüchtig aus. Außerdem hatte ich das abgesägte Kabinendach wieder aufgelegt und das Bugspriet wieder montiert.

Jemand heftete ein Mikrofon an das Revers meines Fracks, ich stellte mich an die Seite von *Sea Dart* und wartete. Ich hatte das gleiche Gefühl wie beim Aufbruch zu einer langen Reise.

Plötzlich machte es „zzzz", der Vorhang ging langsam auf, blendendes Scheinwerferlicht wurde auf mich gerichtet, und ich konnte nichts mehr von den Zuhörern sehen. Zuerst gab es ein leises Raunen, und dann war es als wenn ein Brecher des Atlantiks über die Felsen von Llanfihangel hereinbrechen würde. 1500 Amerikaner holten tief Luft. Es war so laut wie das Toben eines Orkans.

„Guten Abend meine Damen und Herren ... und Segler." Meine Stimme schien nicht mehr zu meinem Körper zu gehören, sie legte einfach los.

Das große Spiel war im Gange, die Karten lagen auf dem Tisch, ich war unterwegs auf einer neuen Reise.

Nach meinem Vortrag besuchten viele Prominente *Sea Dart* auf der Bühne. Einer davon war James Lovell, der Astronaut; er warf einen Blick in die Kabine. „Hey", sagte er, „das ist ja noch enger als in der Apollo – ich weiß nicht, wie du da zurecht kommst?"

„Es ist aber auch langsamer, Kapitän", schlug ich vor. Er schenkte mir ein jungenhaftes Grinsen. „Und man wird mehr durchgeschüttelt", sagte ich.

„Das glaube ich dir!", sagte der Astronaut.

„Und es gibt einen Schlag, wenn es auf dem Boden aufsetzt", kam ich zum Ende.

Jetzt lachte er. „Auch das glaube ich dir, Tristan", sagte er. Erst später wurde mir klar, dass er von der Weltraumkapsel Apollo gesprochen hatte, nicht etwa von der alten *H.M.S. Apollo*, dem amerikanischen Minenleger, den ich gemeint hatte.

Die New Yorker Zeitungen brachten wenig von der Geschichte, sie waren zu sehr mit der „Son of Sam"-Mordserie beschäftigt. Die *Washington Post* brachte einen Bericht, doch die New Yorker Zeitungen verpassten es zu meiner Enttäuschung. Aber Enttäuschungen muss man über Bord werfen, sie haben auf einer Reise noch nie etwas genutzt.

Unter den Zuhörern waren auch mehrere Landwirte, nach der Show traf ich einige von ihnen, die aus Iowa und Kansas stammten. Sie gestanden mir, dass sie die See vor meinem Vortrag nur „als Wasser“ angesehen hatten.

Sea Dart musste bis acht Uhr am nächsten Morgen aus dem Waldorf Astoria heraus sein, um Platz für die nächste Veranstaltung zu schaffen. Um Mitternacht hoben wir sie vorsichtig wie eine alte Dame von der Bühne. Zweiunddreißig Damen und Herren der Gesellschaft halfen mit, alle in Abendgarderobe. Um drei Uhr in der Nacht stand sie wieder draußen auf dem Bürgersteig der Park Avenue. Ich legte mich in meine Koje und machte die Luke dicht. Seit vielen Monaten schlief ich wieder auf meinem Schiff. In der Nacht wurde ich ein paar Mal durch aufgeregte Stimmen geweckt, aber niemand versuchte, an Bord zu kommen.

„Man soll es nicht glauben, Mann ... verdammt, ich dachte, ich hätte schon alles gesehen!“, die Stimme klang aus, und ich legte meinen Kopf wieder auf die bolivianische Flagge, die *Sea Dart* von den Anden mitgebracht hatte.

Nur falscher Stolz kann sich bedroht fühlen – ich schlief.

Oh Shenandoah, I love your daughter,
Oh away, you rolling river!
Oh Shenandoah, I love your daughter
Away, I'm bound to go, 'cross the wide Missouri.

'Tis seven long years since last I've seen thee,
Oh away, you rolling river!
'Tis seven long years since last I've seen thee,
Away, I'm bound to go, 'cross the wide Missouri.

(Oh Shenandoah, ich liebe deine Tochter,
Hinweg, hinweg, du rollender Strom!
Oh Shenandoah, ich liebe deine Tochter,
Hinweg, ich muss hinweg, über den weiten Missouri.

Sieben lange Jahre hab' ich dich nicht geseh'n,
Hinweg, hinweg, du rollender Strom!
Sieben lange Jahre hab' ich dich nicht geseh'n,
Hinweg, ich muss hinweg, über den weiten Missouri.)

Shenandoah ist ein Fallenshanty mit einer herzergreifenden Melodie aus der Mitte des 19. Jahrhunderts. Er wurde üblicherweise beim Setzen der Segel für die Heimfahrt gesungen.

21 Feste Absichten

Ich denke nicht, dass einer von zehntausend New Yorkern weiß, dass es in Manhattan einen Pferdestall gibt. Aber es gibt einen – in der Fifty-second Street, im zweiten Stock, in einem anonym aussehenden Gebäude aus dem 19. Jahrhundert.

Nachdem wir sie in einer schweißtreibenden Prozedur und mit viel Geschnaufe erst einmal wieder oben auf der Pritsche hatten, brachte der Bootstransporter *Sea Dart* genau dorthin. Unterhalb der Ställe wurde sie von dem Laster gehoben und sanft auf ein fahrbares Untergestell gesetzt. Vorne wurden drei Maulesel vorgespannt, nicht die Maulesel, die man in Drittweltländern zu Gesicht bekommt, geschlagene, halbverhungerte, abgewetzte Kreaturen, nein, richtig fette amerikanische Maulesel: willig, kräftig und stark. Jeder einzelne der drei hätte das Untergestell ganz alleine ziehen können, wie ich bald heraus fand. Das Ganze war über das *Quest Magazin* arrangiert worden. Im Gegenzug für den Werbeeffekt und für den Vorabdruck von Teilen der *Unglaublichen Seereise* in der aktuellen Ausgabe hatte es sich verpflichtet, das Schiff vom Waldorf Astoria zum South Street Sea Port zu transportieren.

Drei Tage lang rumpelten wir durch Manhattan, allerdings nicht zu schnell, denn wir hatten keine Eile. Wir zogen über den Times Square, die Sixth Avenue hinauf und durch den Central Park. Den mitlaufenden Kindern erlaubte ich an Bord zu klettern, auf der East Side, der West Side und überall in der Stadt. Die Kinder liebten es.

„Hallo Mister", das kam von einem blassen Knirps von etwa neun Jahren.

„Hallo!"

„Ist das ein richtiges Schiff?"

„Sicher, hier, kletter' mal die Leiter rauf, schau mal hinein!"

Der Knirps zögerte. „Segelt es wirklich?", fragte er zweifelnd. „Kann man damit auf das Meer? Ist es ein *richtiges* Schiff?"

Jake der Mulitreiber, der irgendwoher aus dem Süden stammte, antwortete ihm: „Sicher ist es das."

„Ach nee ... das glaub' ich nicht", sagte der Knirps.

„Warum denn nicht?", fragte Jake. „Du kannst da drinnen die Segel sehen."

„Aber so etwas ist noch nie im Fernsehen gekommen, deshalb ..." sagte der Lümmel.

Ich schaute Jake an. Er war etwa dreißig, trug Westernkleidung und einen Cowboyhut, unter dem rotes Haar hervorlugte. Er hatte eine entspannte, lässige Art. Ruhig erwiderte er meinen Blick, während der Knirps das Schiff inspizierte und dann wieder herunter kletterte. „Also vielleicht doch ...", sagte er.

„Wohin jetzt, Käpt'n?", fragte Jake.

„Zu den CBS Studios", sagte ich. „Das werden wir ändern!"

Ich schätze mal, dass *Sea Dart* während der drei Tage dauernden Fahrt durch Manhattan von etwa einer halben Million Menschen gesehen und etwa zweitausend Kindern besichtigt wurde.

Ich behandle Kinder als das, was sie sind: kleine junge Menschen. Ich denke, dass Kinder (erwachsene Kindsköpfe eingeschlossen) zwei grundlegende Ängste haben. Die erste Angst ist die, dass irgend jemand sie manipulieren könnte, und die zweite Angst die, dass man etwas vor ihnen verstecken könnte. Ich war ausgesprochen offen mit ihnen. Ich erzählte ihnen, was ich tat und warum ich es tat, um ein wenig Aufmerksamkeit auf die Bedrohung der See zu lenken. Ich denke, dass die meisten, die älter als fünf Jahre waren, mein Anliegen verstanden und es irgendwie gut fanden. Von den Erwachsenen aller Altersklassen bekam ich hin und wieder kuriose Blicke, aber das war ich gewohnt, das machte mir überhaupt nichts aus.

Manchmal machten sich Mütter ein wenig Sorgen, wenn ihr Sprössling über die Leiter hinauf kletterte. Ich versicherte ihnen, dass es droben nicht gefährlicher sei als auf der Sprosse der Lebensleiter, auf der er bereits stand, weil er schon sechs Jahre alt oder wie alt auch immer war. Den nicht so braven Knirpsen, und Gott weiß, davon gibt es in New York mehr als genug, gab ich einen leisen kleinen Klaps auf die Schultern, was einen verblüffend beruhigenden Effekt hatte. Aber ich bezweifle, ob einer von ihnen daraus schloss, dass ich sie wegen ihrer plötzlichen Stille weniger schätzte. Wie könnte auch etwas, das zuerst falsch war und dann korrigiert wurde, weniger wert sein als etwas, das nicht korrigiert wurde? Selbst die übelsten Bürschchen, die, die am schlimmsten fluchen konnten und am wildesten waren, hatten einen natürlichen guten Kern, jedenfalls für mich. Ich denke, sie fühlten das instinktiv, und mancher kleine Feind wurde ein kleiner Freund. Dann hielten sie mich stundenlang auf. „Erzähl' doch noch mehr, vom Sturm und den Piraten und so'n Zeugs, Mann!"

Wenn man etwas über Ausdruck lernen will, dann muss man mal einen Knirps aus New York fragen, wie sein Erdbeereis schmeckt, an einem schwülheißen Nachmittag am Tompkins Square. Die einzig erfrischende Sache an New York waren die Kids, besonders die unter fünf, die noch nicht zu viel Zynismus abbekommen hatten.

Als ich dreizehn war, ging ich zur See. Mein erster Skipper kannte Leute, die noch mit alten Seeleuten zusammen gefahren waren, die die Schlacht von Trafalgar als Kanonenfutter miterlebt hatten, damals 1805. Jetzt, hier in New York City, war mir bewusst, dass ich mit den Leuten der Zukunft quasselte. Ich sprach mit Leuten, die einmal einer Kultur angehören würden, die vielleicht noch hundert – zweihundert – oder gar fünfhundert Jahre weiter bestehen wird. Wenn ich mir bewusst machte, dass meine aus nur drei Personen bestehende Menschenkette – mein alter Skipper, ich und die Knirpse eine Zeitspanne über vielleicht zwei Jahrhunderte umfassten, dann musste ich einfach alle Kinder, die mir über den Weg liefen, respektieren und lieben. Unter ihnen war mit großer Wahrscheinlichkeit einer, der einmal zu den Sternen aufbrechen würde. Dieser Gedanke war genug, um selbst einen alten hartgesottenen Salzbuckel bescheiden werden zu lassen, obwohl ich wusste, dass Bescheidenheit wenig dabei hilft, von einer gefährlichen Leeküste frei zu kommen.

Wie die Schiffe der Seefahrer sind die Kinder die Summe all unserer Reisen, in der Vergangenheit und Gegenwart, sie sind unsere gesammelte Hoffnung für die Zukunft. Wie das Schicksal – es zählt, was wir ihm geben, nicht das, was wir von ihm erwarten. Jedes Mal wenn ein kleiner Junge oder ein kleines Mädchen *Sea Darts* Pinne schnappte und das Ruder mit Schwung hin und herbewegte, jedes Mal wenn ein kleiner Bursche oder ein Gör neugierig in meine winzige (für sie ausreichend große) Kombüse schaute, war mir wohl im Herzen, und *Sea Dart* hoch oben auf dem Trockenen erzitterte leicht unter den Kinderfüßen.

Es war Mittag. „Hey Käpt'n." (Warum sind die Amerikaner nur so schrecklich förmlich?) Er war etwa neun oder zehn und hatte ein bronzefarbenes Gesicht und große braune Augen.

„Was gibt's Kumpel?"

„Meinst du, ich werde auch mal solche Abenteuer erleben wie du?"

„Sicher, warum denn nicht?"

„Ach ... alles in der Welt ist doch schon entdeckt."

„Als ich in deinem Alter war, haben das die Leute auch zu mir gesagt."

„Wo kann ich denn hingehen?" Er sprang vor Aufregung von einem Bein auf das andere.

„Viel viel weiter, als wir jemals gekommen sind!" Ich schaute durch den rötlich-blauen Hitzesmog hinüber zum Roosevelt Island ... Hin zu den Orten, wo der Mittag mazarinblau ist ...

„Hey, das ist super ... Hey, wills'te Popcorn?"

„Gib es einem der Mulis ... die mögen das!", sagte ich zu ihm.

„Hey ... danke Käpt'n!"

„Und hilf deiner Schwester die Leiter runter."

„Ach – die kann das alleine, die ist älter als ich."

„Dann bind deine Schnürsenkel zu, du siehst ja aus wie ein vergammelter Fähnrich."

Nachdem *Sea Dart* eine Stunde lang an der Treppe des New York Stock Exchange festgemacht hatte, erreichten wir am achtzehnten April den Liegeplatz, wo sie die nächsten drei Monate bleiben sollte, bis sie, so hatte die Verleger der *Unglaublichen Seereise* geplant, quer durch die Vereinigten Staaten von Boston nach Seattle transportiert werden sollte. Sie sollte im Norden bis an die kanadische Grenze fahren und dann den Mississippi hinabsegeln, von Minneapolis nach St. Louis bis an die mexikanische Grenze. Sie würde sechsunddreißig Städte besuchen und vielleicht zwanzigtausend Amerikaner, Kinder und Erwachsene, würden sie sehen. Als die Mulis an dem Pier des South Street Museums ankamen, hatte die Ausführung des Plans bereits begonnen.

Während Jake die Mulis ausspannte, sah ich eine große Ketsch, die längsseits am Steg festgemacht hatte. Außer dem Aufseher des Piers, der uns sagte, wo er *Sea Dart* auf ihrem Untersatz hin haben wollte, war niemand zu sehen.

Plötzlich kam von der Ketsch eine aufgeregte weibliche Stimme.

„Ihr brutalen Saukerle solltet euch schämen, lasst diese armen Maulesel dieses Ding da ziehen!" Jake und sein Team waren bereits aus dem kleinen

Areal heraus. Die Frau war etwa fünfunddreißig, schätzte ich, mittelgroß und hatte Jeans und einen schwarzen Pullover an. Auf ihrer Nase saß eine Brille, und sie hatte pechschwarzes Haar. Sie starrte mich aggressiv an.

„Sie stehen gut im Futter, und Jake lässt sie immer nur eine halbe Stunde lang am Stück arbeiten ...", versuchte ich zu erklären.

„Ihr solltet euch schämen ... Chauvinisten ... Machos ... nutzt diese armen Kreaturen aus!" Sie schimpfte wie ein Rohrspatz, meckerte und schrie mich mit einer hohen quietschenden Stimme an. Sie erteilte mir zwanzig Minuten lang eine gewaltige Lektion, ein Dutzend Matrosen auf dem Vorschiff sahen und hörten mit ausdruckslosen Gesichtern zu. Während sie schimpfte, erinnerte ich mich an die menschlichen Kreaturen, die ich gesehen hatte, die schwitzenden Cargoleute in Mombasa, die kleinen Indianerkinder mit zentnerschwerer Last aus Kartoffeln auf steilen Klippen, die Gefangenen auf Gorgona mit ihrer irrsinnigen Arbeit, dreißig Kilo schwere Steinbrocken von einer Seite des Standes auf die andere zu schleppten und dann zurück, an die Leistungen, zu denen man die vielen schlecht ernährten Menschen in der ganzen Welt zwingt. Viele ihrer Beschimpfungen hatten für mich den gleichen Wert wie Gänseblümchen im Maul einer Kuh, aber was mich wirklich nervte war, dass sie mich einen „Chauvinisten" nannte ... und das vor allem, weil Chauvin, soweit ich wusste, ein Demagoge zur Zeit Napoleons gewesen war, ein Franzose, noch nicht einmal ein Bretone ... Angesichts ihres Ausbruch sinnierte ich darüber, wer nun zu wem brutal gewesen war. Aber Brutalität ist eine menschliche Eigenschaft, also dachte ich, zum Glück ist sie wenigstens ein Mensch.

Ich sagte nichts und ließ sie toben. Ich dachte daran, was Dr. Samuel Johnson einmal zu James Boswell gesagt hatte über einen Hund, der auf den Hinterpfoten laufen konnte, aber ich hielt die Klappe. Ich war nicht in Harwich im 18. Jahrhundert – das war das Amerika des 20. Jahrhunderts. Ich stand da wie eine gequälte Kreatur, während sie mich der Brutalität gegenüber den Tieren bezichtigte und jeder anderen Böswilligkeit überhaupt. Dann ermüdete sie endlich und marschierte unter Deck. Später erfuhr ich, dass das Schiff, auf dem sie war, für Konzerte benutzt wurde, zur Unterstützung des Umweltschutzes. Genau wie mein Freund Saratoga zu sagen pflegte: „Man kann halt nicht immer gewinnen!"

Von April bis Juni arbeitete ich hart an dem Buch *Gefangen im Eis*, dem nächsten Buch, das im folgenden Jahr (1978) herauskommen sollte. In den wenigen Tagen, an denen ich nicht schrieb, ging ich zum South Street Seaport und arbeitete an *Sea Dart*. Ich besserte ihre Schrammen aus, gab ihr einen neuen Anstrich und säuberte die Kabine. An einem Tag im Mai arbeitete ich gerade an dem Schiff, als es zu meinem Unmut anfing zu regnen. Ich packte meine Werkzeuge zusammen, schloss alles in die Kabine ein und machte mich auf den Weg zurück nach Greenwich Village. Mit meiner Kappe auf dem Kopf und in meiner gelben Ölzeugjacke ging ich quer über die Front Street. Eine junge Frau von vielleicht einundzwanzig, im Regenmantel, ziemlich gut aussehend, aber ohne besondere Kennzeichen, sprach mich plötzlich an.

„Hey!"

Ich blieb stehen und schaute mich um, ob ich etwas fallen gelassen hatte. Sie kam auf mich zu gerannt und keuchte. „Ich weiß, wer du bist, hab' deine Artikel im *Quest* gelesen – kannst du mir bitte einen Gefallen tun?", fragte sie und lächelte.

„Also ... was darf's denn sein?"

„Ich will dir die Hand schütteln! Du hast mir eine Grundlage gegeben für meine Träume!"

Es war das erste Mal im Leben, dass mich jemand erkannte hatte, der weder Seemann war noch Verleger. Ich war zu verblüfft, um etwas heraus zu bringen. Ich schüttelte ihr die Hand und sie ging weg. Der Regen ließ nach. Ich schaute nach hinten auf den Eingang zum Dock; vor meinem geistigen Auge sah ich *Sea Dart* verlassen im Regen sitzen, es gab immer noch viel zu tun an ihr. „Was soll's", sagte ich, und machte mich wieder auf den Weg zum Hafen. Fünfzehn Minuten später brach die Sonne durch die Wolken, und den Rest des Tages war das Wetter schön. Ich machte die Bilge sauber.

Anfang Juni kam endlich der Tag für den Aufbruch zu unserem großen Trip durch die USA. In New York war es heiß und drückend. Die Verleger hatten einen nagelneuen Ford Laster für den Transport von *Sea Dart* organisiert, er strahlte blütenweiß. Der Fahrer stammte aus Kansas und kam zu mir nach Greenwich Village. Ich zeigte ihm den Weg zum South Street Seaport. Dann kam einer der größten fahrbaren Kräne, die ich je im Leben gesehen hatte. Mit unglaublicher Sanftheit hob er das Schiff auf den Truck. Schnell hatten Kansas und ich alles festgezurrt. Wir hatten einen Termin für eine Pressekonferenz beim Explorers Club um ein Uhr nachmittags, danach sollten wir einige große Einkaufszentren auf Long Island besuchen. Das war wichtig, denn dort waren einige große Yachtzentren von New York.

„Wohin?", fragte Kansas, „welchen Weg?" Er war zwanzig, und es war sein erster Besuch in New York. Er beugte sich über eine Straßenkarte.

„Den Broadway hinauf, und dann in die Sixth Avenue", sagte ich. Wir fuhren los, wir hatten nur eine halbe Stunde Zeit, um zur Seventy-second Street zu kommen, aber wir schafften es rechtzeitig. Die Reporter stellten Fragen und schossen Fotos. Sogar Walter Cronkite, der Fernsehmann, auch ein aktiver Segler, kam vorbei. Eine Weile lang saßen wir zusammen im Cockpit von *Sea Dart* und redeten über Schiffe und die See. Er hatte den Ball im Exporers Club verpasst und nahm jetzt die Gelegenheit wahr, uns zu besuchen. Auch viele Mitlieder des Clubs tauchten auf, aber wir hatten es eilig. Alle wünschten uns Glück und sagten auf Wiedersehen. *Sea Dart* fuhr auf der Straße unter den Bäumen entlang, bevor wir in die Lexington Avenue einbogen.

„Mach's gut, Tristan", rief Walter, „pass' auf dich auf!"

„Wohin jetzt?", fragte Kansas, er brauchte seine volle Aufmerksamkeit für den Verkehr auf der Straße.

Ich saß vorne bei ihm im Fahrerhaus und hatte die Straßenkarte auf den Knien.

„Bleib' auf der Lexington Avenue bis hinunter in die Bowery, dann wenn wir nach Delancey kommen, links, dann fahren wir über die Williamsburg Brücke nach Brooklyn und Long Island."

Wenn jemand das erste Mal einen Lkw durch den Verkehr in New York steuert, dann ist das keine einfache Sache, doch Kansas schaffte es irgendwie. Aber jedes Mal, wenn wir an einer roten Ampel halten mussten, flogen uns die bissigen Kommentare der Taxifahrer um die Ohren.

„Was habt ihr denn da? – die *Queen Elizabeth II*?"

„Kann ich das Ding für meine Badewanne zu Hause haben?"

Der Laster schaukelte den Weg die Lexington hinunter, dann geriet er ein wenig aus dem Gleichgewicht beim Gramency Square, schaffte es aber die Third Avenue hinunter und in die Bowery. Ich erinnerte mich an die Zeit vor einem Jahr, als ich in dieser Gegend gelebt hatte. Ich fragte mich, ob der Colonel mit seiner Truppe immer noch an der Kreuzung zur Houston Street arbeitete. Genau – da waren sie, nur der Colonel und Hot Shot fehlten.

„Halt' eine Minute hier an“, sagte ich zu Kansas. Wir stoppten vor der Ampel, in der Mitte der Kreuzung, der ganze Verkehr stoppte, das Hupkonzert und die Flüche waren ohrenbetäubend. Kansas war clever, er rannte nach vorn und öffnete die Motorhaube, so dass es aussah, als hätten wir eine Panne.

Die Gruppe des Colonel, Jimmijo, Big Bluey, Denver Kid – er sah noch älter und verwahrloster aus als früher – und Maximum standen um uns herum, mit ihren Putzlappen in den Händen, die genau so zerrissen und dreckig aussahen wie die Lumpen, die sie anhatten. Alle starrten auf mich, den Laster und das Schiff.

„Hey ... Jesus Christ! ...“, Maximum war der Erste, der die Sprache wieder fand. „Was zum Teufel machst du da, Käp'n?“ Seine ehemals kurzer Schopf war wie ein zerfetzter Mopp, aber er war immer noch so fett wie ein Jahr zuvor.

„Long Island und Boston“, sagte ich und grinste in Richtung Denver Kid „... und Denver!“

„Also ...“, Big Bluey starrte mit weit aufgerissenen Augen auf das Schiff. „Das erschlägt einfach alles ... verdammt ... uhm ... uhhm.“

„Also, Kumpels, einmal putzen“, bot ich an, „aber macht schnell, bevor die Polizei kommt!“

Maximum lachte. „Du elender Sauhund ... du verdammter Seebär ... wenn der Colonel das sehen könnte!“

„Wo ist er?“, fragte ich Maximum, „und was ist mit Hot Shot?“

„Ist nach Florida gegangen – Sommerferien ... Miami Beach ... Hot Shot ist bei ihm ...“

Blitzschnell, während der hupende Verkehr auf beiden Seiten an uns vorbeizischte, wischten die alle Fenster, an die sie herankommen konnten. Dabei spritzten sie ihr Putzmittel über den ganzen Truck und über das Schiff.

Maximum hielt sich zurück, übernahm die Aufsicht und schwätzte mit mir.

„Wie läuft's so, Maximum?“, fragte ich ihn.

„Alles verdammte Scheiße“, wie immer nahm er kein Blatt vor den Mund, außerdem war er ein wenig aufgeregt.

„Und bei dir?“, wollte ich wissen.

„Ahh ... diese beschissene Bowery ... die Fürsorge macht nur Scheiße, die guten Plätze machen zu ... Uncle Sam, das Clover, die meisten anderen auch." Maximum brüllte, um den Verkehrslärm zu übertönen. „Bald kriegt man für zwei Dollar kein Bett mehr, die Fürsorge macht alles kaputt, Käp'n ... die ganze verdammte City."

„Wieso denn das?", wollte ich wissen.

„Zu viele Junkies und Zugereiste ... alle kriegen sie Fürsorge ... keine ehrlichen Kumpels mehr ... die ziehen alle weg ... und die nicht all ihr Geld versaufen, gehen in die billigen Hotels. Die ehrlichen Kumpels ziehen alle nach der Upper West Side, hier findet man keinen mehr, mit dem man mal richtig einen draufmachen kann. Die Fürsorge ist ein Haufen Scheiße." Maximum brüllte Big Bluey an. „Vergiss' nicht die verdammte Heckscheibe an dem verschissenen Taxi da!" Big Bluey grinste und rannte in Richtung auf das Taxi, er musste fertig sein, bevor die Ampel wechselte.

Maximum sprach wieder zu mir. „Und dann die gottverdammten Vorstadtjüngelchen, die kommen daher mit dem Geld vom Alten und spielen sich hier als Künstler auf ... Die Scheiß-Bowery ist bald so richtig spießig!"

Ein paar Blocks entfernt jaulte eine Polizeisirene. Kansas wurde nervös. Ich drückte Maximum vier Dollar in die Hand. „Jeder eine Maus", sagte ich, „aufteilen!"

„Hey, okay", murmelte Maximum. Kansas und ich kletterten ins Fahrerhaus.

„Hey, all right!", rief Jimmyjo.

„So long, Käpt'n", rief Denver Kid und wedelte mit seinem schmierigen Putzlappen; er verzog sein Gesicht zu einer Grimasse.

„So long, Kumpel", schrie Jimmyjo hinter seinem strähnigen Fransenbart hervor.

Kansas ließ den Motor aufheulen, Maximum brüllte noch einmal über das Geräusch hinweg. „Jetzt pass' aber auf die Bullen in Los Angeles auf ... das sind ganz verdammte Sauhunde ... hörst du!"

„Schick' uns 'ne Karte aus Denver!", blökte Kid mit seinem zahnlosen Mund.

„Ich schick' euch ein Buch!", rief ich zurück.

„Wann?", riefen Jimmyjo und Maximum im Chor. Kansas legte den Gang ein. Die Ampel wechselte auf grün. *Sea Dart* zog davon. Wir waren auf unserem Weg – quer durch Amerika.

Epilog

I have tried to write paradise

Do not move
Let the wind speak
That is paradise

Let the gods forgive what I
have made

Let those I love try to forgive
what I have made.

(Ich habe versucht das Paradies zu beschreiben

Beweg' dich nicht
Lass' den Wind reden
Denn das ist das Paradies

Mögen die Götter mir vergeben, was ich
getan habe.

Mögen die Menschen, die ich liebe mir vergeben,
was ich getan habe.)

Canto 120, *The Cantos*, Ezra Pound